Jinrong Keji
Qudong Shangshi Gongsi Gaozhiliang
Fazhan Yanjiu

金融科技

驱动上市公司高质量发展研究

何 涌 / 著

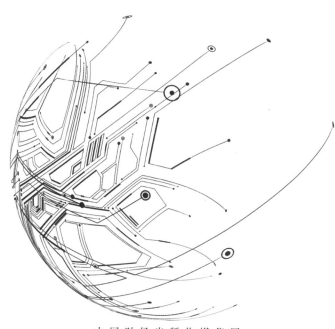

中国财经出版传媒集团
经济科学出版社
Economic Science Press
·北京·

图书在版编目（CIP）数据

金融科技驱动上市公司高质量发展研究/何涌著
．－－北京：经济科学出版社，2023.11
ISBN 978 - 7 - 5218 - 4957 - 8

Ⅰ．①金…　Ⅱ．①何…　Ⅲ．①金融 - 科学技术 - 作用
- 上市公司 - 企业发展 - 研究 - 中国　Ⅳ．①F279.246

中国国家版本馆 CIP 数据核字（2023）第 132784 号

责任编辑：李　雪　袁　澂
责任校对：齐　杰
责任印制：邱　天

金融科技驱动上市公司高质量发展研究

何　涌　著

经济科学出版社出版、发行　新华书店经销
社址：北京市海淀区阜成路甲 28 号　邮编：100142
总编部电话：010 - 88191217　发行部电话：010 - 88191522
网址：www.esp.com.cn
电子邮箱：esp@esp.com.cn
天猫网店：经济科学出版社旗舰店
网址：http://jjkxcbs.tmall.com
固安华明印业有限公司印装
710 × 1000　16 开　18.75 印张　260000 字
2023 年 11 月第 1 版　2023 年 11 月第 1 次印刷
ISBN 978 - 7 - 5218 - 4957 - 8　定价：92.00 元
（图书出现印装问题，本社负责调换。电话：010 - 88191545）
（版权所有　侵权必究　打击盗版　举报热线：010 - 88191661
QQ：2242791300　营销中心电话：010 - 88191537
电子邮箱：dbts@esp.com.cn）

前　言

随着大数据、云计算与人工智能等新兴技术逐渐兴起，数字货币、网络借贷与智能投顾等新型金融业态得到了日新月异的发展。在大数据时代，海量的信息借助互联网和智能终端涌现出来，而人工智能和云计算又赋予人类收集、分析与挖掘信息的能力，这种技术赋能正在深刻影响我们对传统金融的思考和行为。在这种情况下，金融科技应运而生。

2020 年和 2021 年的《政府工作报告》均提到了金融科技或者数字金融，2020 年提到要"要利用金融科技和大数据降低服务成本"，而2021 年则强调"强化金融控股公司和金融科技监管"。然而新型金融业态与新兴信息技术的融合也会产生新的金融问题，比如被全面清退的我国 P2P 网络借贷行业，证明脱离监管的野蛮发展结局是惨淡的。

风险与机遇是并存的。我国在金融科技的监管方面采取包容审慎监管的态度，在确保金融安全、风险可控的前提下给予了一定的试错空间，为金融科技创新有序发展提供了有利环境，也为金融科技服务实体经济发展提供了一定保障，从而能更好地满足实体经济发展的需求，促进实体经济高质量发展。

上市公司是我国实体经济的基石，是推动经济增长的重要力量。本书以上市公司为研究样本，认为金融科技是上市公司实现高质量发展的助推剂，能够通过优化投资管理、改善财务管理、缓解融资难题、推动创新发展、增强发展动力等途径助力上市公司高质量发展。

本书研究了金融科技驱动上市公司高质量发展的"逻辑起点"（相

关理论框架、研究综述与现状）、"管理优化"（金融科技优化上市公司投资管理，改善上市公司财务管理，缓解融资难题）、"发展驱动"（金融科技推动上市公司增加创新投入，提升创新产出，促进上市企业成长）与"实践运用"（金融科技业务对企业高质量发展的影响研究——以腾讯控股为例）。

金融与上市公司发展相依相存。金融创新一直在路上，愿我国的金融市场、金融创新、金融产品与上市公司长久健康有序发展。

目　录

管理优化篇

发展驱动篇

实践应用篇

逻辑起点篇

第 1 章

绪　　论

1.1　研究背景、目的及意义

1.1.1　研究背景

20 世纪 80 年代，我国银行业等传统金融机构开始利用通信技术、计算机技术实现业务和管理的电子化，标志着我国金融业与信息技术融合的开端。21 世纪初，互联网金融的推出和普及突破了传统金融业务模式，并通过技术变革了传统金融渠道，有效提升了金融服务效率（叶陈毅等，2023）。当前，大数据、区块链等新兴技术兴起并深入到传统金融的每个底层单元，深刻改变了传统金融的底层逻辑，创造出更多新型金融业态，智能投顾、智能信贷和数字货币等智能化产业模式层出不穷，金融科技应运而生（陆岷峰，2023）。2017 年《政府工作报告》提出要加快大数据、云计算、物联网应用，以新技术、新业态、新模式推动传统产业变革[①]；2019 年《金融科技（FinTech）发展规划（2019—2021

[①]　中华人民共和国中央人民政府：《2017 年国务院政府工作报告》，2017 年。

年)》指出了金融科技未来三年的发展趋势[①]；2020 年《关于推进证券行业数字化转型发展的研究报告》指出要逐步建立完善人工智能等数字技术在证券行业的应用标准和技术规范，为实体经济提供更高质量、更高效率的金融服务[②]。再到 2021 年国务院出台的《"十四五"数字经济发展规划》，2022 年中国人民银行发布的《金融科技发展规划（2022—2025 年)》，表明金融科技的发展已经上升至国家战略层面，其战略地位日益凸显。因此，在全面深化改革的关键时期，厘清金融科技的经济效应，探讨分析金融科技对企业高质量发展的影响及作用机制，对深入理解金融科技在支持实体经济创新增效与促进经济结构转型等方面所扮演的角色具有重要的现实意义和理论价值。

如何增强金融服务实体经济的能力一直是学术界和政策决策者关注的热点问题。现有研究发现，金融科技发展能够通过促进创新（付会敏和江世银，2022）、缓解融资约束（庞加兰等，2023）、助推产业数字化创新发展（牛丽娟，2023）等方面来助力企业实现高质量发展。政府也为企业制定了相关的金融支持政策。一方面是提高贷款额，国家出台的《关于 2018 年推动银行业小微企业金融高质量发展的通知》[③] 提出关于银行对小微企业融资业务在 2019 年、2020 年连续两年要求五家国有大型银行对小微企业的贷款余额增长不低于 30%，并且实际贷款额逐年增长；另一方面是降低贷款利率，仅 2019 年，金融机构因此让利 1.5 万亿元。

然而，新的金融业务模式也产生了新的金融风险，大数据杀熟（如2020 年某在线旅游平台的大数据杀熟现象）、信息泄露（如 2021 年中信银行泄露客户信息)[④]、法律监管滞后等问题也逐渐暴露了出来。在经济

---

① 中国人民银行：《金融科技（FinTech）发展规划（2019—2021 年)》，2019 年。
② 中国证券业协会：《关于推进证券行业数字化转型发展的研究报告》，2020 年。
③ 中国银监会办公厅：《关于 2018 年推动银行业小微企业金融服务高质量发展的通知》，2018 年。
④ 中国银保监会消费者保护局：《关于中信银行侵害消费者合法权益的通报》，2020 年。

高质量发展的背景下，对金融科技进行适当有效的监管成为必然选择。2021 年十三届全国人大常委会通过《中华人民共和国个人信息保护法》①，以及 2022 年四部门联合发布《互联网信息服务算法推荐管理规定》② 等举措，都明确指出不得进行"大数据杀熟"，不得泄露客户信息。为了助力金融科技高质量发展，国家出台了许多相关政策。除上述政策外，本书还列举了 2014～2022 年与金融科技相关的部分政策，如表 1-1 所示。

表 1-1 金融科技相关政策

年份	政策
2022	《金融科技发展规划（2022—2025 年)》
2021	《"十四五"信息化和工业化深度融合发展规划》《中央引导地方科技发展资金管理办法》《2021 中小银行金融科技研究发展报告》《中国金融科技发展报告（2021）》《中国区块链发展报告（2021）》《推进普惠金融发展规划（2016—2020 年）》《关于推动公司信用类债券市场改革开放高质量发展的指导意见》《关于深入开展中小微企业金融服务能力提升工程的通知》《中国数字人民币的研发进展白皮书》《普惠金融高质量发展的实施意见》《关于 2021 年进一步推动小微企业金融服务高质量发展的通知》等
2020	《关于规范发展供应链金融支持供应链产业稳定循环和优化升级的意见》《关于推进证券行业数字化转型发展的研究报告》《商业银行互联网贷款管理暂行办法》《关于进一步强化中小微企业金融服务的指导意见》等
2019	《2019 年中国金融科技价值研究报告》《第二批支持科技金融等创新相关改革举措》《2019 中国金融科技和数字普惠金融发展报告》《关于发布金融行业标准加强移动金融客户端应用软件安全管理的通知》等
2018	《重庆市推进普惠金融发展工作方案》《关于印发广西推进普惠金融发展实施方案的通知》等
2017	《金融科技信息共享协议》《中国金融业信息技术"十三五"发展规划》《云南省人民政府关于大力发展普惠金融的实施意见》等

① 中华人民共和国中央人民政府：第十三届全国人民代表大会常务委员会第三十次会议《中华人民共和国个人信息保护法》，2021 年。
② 国家互联网信息办公室、中华人民共和国工业和信息化部、中华人民共和国公安部、国家市场监督管理总局：《互联网信息服务算法推荐管理规定》，2022 年。

年份	政策
2016	国务院《推进普惠金融发展规划（2016—2020 年)》《大数据产业发展规划（2016—2020 年)》等
2015	《关于组织申报第二批促进科技和金融结合试点的通知》《广州市人民政府关于推进互联网金融产业发展的实施意见》等
2014	《关于组织开展移动电子商务金融科技服务创新试点工作的通知》《关于大力推进体制机制创新扎实做好科技金融服务的意见》等

1.1.2　研究目的

近年来，关于金融科技的研究如雨后春笋般涌现。不仅由于其对传统金融行业产生深刻的影响，还在于其在经济转型和民生福祉这两方面都有着举足轻重的作用，这意味着金融科技或许可以通过影响上市公司的某些方面，助推其实现高质量发展，但鲜有文献提出有关上市公司高质量发展过程中金融科技驱动问题的完整分析框架和实证结论。

本书的研究目的如下：在经济快速发展向高质量发展转型的关键时期，探讨分析金融科技对上市公司高质量发展的影响及作用机制，厘清金融科技发展的经济效应，并对关键的影响路径进行识别检验，并提出金融科技驱动企业高质量发展的理论模型，为我国金融科技推动上市公司高质量发展的内在机制提供完整的经验证据，为寻找金融科技创新发展与风险控制的平衡点以及企业高质量发展提供相应理论支持以及政策建议。

1.1.3　研究意义

从本书的理论意义上来看，首先，从高质量发展的视角，将金融科技与实体经济相结合，延伸了金融科技的经济效应研究，是对金融科技理论的有益拓展和补充；其次，提出了较为完整的有关于金融科技驱动上市公司高质量发展的分析框架和实证结论，为金融科技助力实体经济高质量发展提供了微观经验证据；同时也为解决高质量发展中所面临的问题及后续研究提供理论依据和借鉴。

从本书的实践意义上来看，相较于传统金融，金融科技通过降低金融服务门槛，提高金融覆盖率和资源配置效率，在推进普惠金融方面展现出了巨大优势。目前，我国正处于经济高速发展向高质量发展转型的重要时期，通过研究金融科技对上市公司高质量发展的作用路径，可以为构建促进我国经济高质量发展的金融支持体系提供合乎实践的经验支撑及相关政策建议，有助于实现金融科技的创新增效，对于推动微观主体良性发展具有重要的实践意义。

1.2 研究相关概念界定

对金融科技、上市公司、上市公司高质量发展等概念进行界定，目的是明晰本书的研究主题，为后续深入研究做好理论铺垫。

1.2.1 金融科技的概念

新一轮技术革命推动了数字经济的出现和成长，并深刻地改变着人类的生产生活方式。作为数字经济至关重要的一环，金融科技成为金融创新变革进程中的关键性因素。金融科技提高了金融资源的可得性，拓宽了金融服务范围，有效地缓解了金融机构与借款人之间的信用约束问题。更为重要的是，金融科技深化金融领域改革，有效推动了金融业以及实体经济的数字化转型，促进经济高质量发展（向海凌等，2023）。

基于对金融科技的学术研究成果和行业发展现状的综合考虑，本书不对金融科技和数字金融作定义层面上的区分。参考金融稳定理事会

（FSB）对金融科技的定义：金融科技是数字技术与金融领域的结合，将大数据、云计算、人工智能、区块链等信息技术应用于金融领域，能够创造新的商业模式、革新业务流程并提供不同的金融产品和服务。从直观上来说，金融科技的侧重点在于"科技"，突出其技术属性，强调应用于金融领域的一系列新型信息技术。而数字金融的侧重点则在于"金融"，突出其行业定位，强调被数字技术重塑的金融业。

2017 年，中国银行业协会首席经济学家巴曙松教授在亚洲金融论坛上发表主旨演讲，他根据数字技术作用于金融领域变革的不同程度将中国金融科技发展阶段划分为金融 IT、互联网金融和金融科技三个阶段。为便于后续研究的开展，本书将金融 IT、互联网金融和金融科技统称为金融科技。

1.2.2 上市公司的概念

世界各国的证券交易市场均对上市公司作出了严格的要求，导致上市公司数量仅占企业总数很小的比例。强监管环境"筛选"后的上市公司往往代表着所在国家中综合竞争能力、治理能力、创新能力、抗风险能力和回报能力最强的一批企业。上市公司在引领企业创新发展、塑造企业品牌价值和国际竞争力以及推动经济改革中发挥着不可或缺的作用。

我国上市公司是国民经济的重要支柱、经济增长的"动力源"、经济转型的"领跑者"和规模以上企业的"优等生"。经过多年的培育，我国资本市场和上市公司的发展环境持续向好，截至 2022 年 3 月，我国上市公司近 4800 家，总市值达到 80.7 万亿元，规模稳居全球第二。上市公司缴纳的税费占全国税收收入近 1/4，研发投入占全国企业研发支出的一半以上[①]。

---

① 中国证监会主席易会满在上市公司协会第三届会员代表大会上的讲话：《奋发有为，迎难而上，努力开创上市公司高质量发展新局面》，2022 年。

本书采用《中华人民共和国公司法》对上市公司的定义："上市公司是指其股票在证券交易所上市交易的股份有限公司。"[①] 并且，依据《公司法》，上市公司还应具备以下几个特征：一年内购买、出售重大资产或者担保金额超过公司资产总额30%的，由股东大会作出决议，并经出席会议的股东所持表决权的2/3以上通过；强制设立独立董事；强制设立董事会秘书；会议决议的关联关系董事不得表决。

1.2.3　上市公司高质量发展的概念

上市公司质量是经济高质量发展的微观基础。要明确上市公司高质量发展的概念，首先应明确高质量发展的内涵。2017年，中国共产党第十九次全国代表大会首次提出了"高质量发展"的表述。高质量发展的提出是以我国社会主要矛盾的转变为前提，即人民日益增长的美好生活需要和不平衡不充分的发展之间的矛盾。因此，本书认为高质量发展是能满足人民物质层面和精神层面上多层次、多样化需求的发展方式，是解决当前我国社会主要矛盾的重要手段。

在社会主要矛盾转变的背景下，一方面企业的人力成本、污染成本、合规成本等一系列运营成本迅速提高；另一方面，我国许多企业存在着产品或服务附加值不高、企业管理粗放、资源配置效率低下、社会声誉和品牌价值偏低等问题，这一系列问题造成企业利润率难以提高，难以覆盖企业持续上涨的运营成本。企业的高质量发展必然围绕利润率的提升和对运营成本的控制。因此，可以从七个维度把握企业高质量发展的内涵：社会价值驱动、产品服务一流、资源能力突出、透明开放运营、管理机制有效、综合绩效卓越和社会声誉良好（张长江等，2022）。上市公司的特殊性，使得对其高质量发展的评价相较于一般企业而言有着

---

① 中华人民共和国中央人民政府：第十三届全国人民代表大会常务委员会第六次会议《关于修改〈中华人民共和国公司法〉的决定》第四次修正，2018年。

不同的侧重点。相比于一般企业，一方面，上市公司规模更大、市场份额更多、可获得的金融资源更充沛，所以在前三个维度上，上市公司应承担更多的社会责任，用更少的资源提供更优质的产品或服务；另一方面，上市公司具有公众性的特点，二级市场为上市公司提供了充沛的资金，上市公司也应履行更多的义务从而保护投资者。因此，在后五个维度上，对上市公司运营的透明程度、信息披露的质量、管理机制的有效性应有着更高的要求。

1.3 研究内容及研究框架

1.3.1 研究内容

党的十九大报告指出，我国经济已由高速增长阶段转向高质量发展阶段。持续推进高质量发展是"十四五"时期经济发展的重要主题，是我国当前和今后的一项重要战略任务。上市公司的高质量发展在我国经济高质量发展过程中发挥着举足轻重的作用。目前，上市公司存在的资源配置效率较低、创新能力不足、融资困难等难题亟待解决。金融科技将传统金融与大数据、区块链及云计算等新兴技术深度融合，与实现经济高质量发展具有逻辑一致性，或许可以解决上市公司面临的现实难题。本书结合定性和定量研究方法，通过理论分析、模型构建定性比较上市企业分别在传统金融和金融科技背景下的发展状况，提出金融科技驱动上市公司高质量发展的理论框架，并基于定性研究结论，采用固定效应模型、中介效应模型、调节效应模型、分位数回归模型等研究方法进行定量研究，再以典型案例得出普适性的结论，最后从政府、金融机构和上市公司自身出发，构建驱动我国上市公司高质量发展，提升金融科技服务实体经济能力的政策支持体系。具体研究内容主要包括以下几个部分。

（1）传统金融与金融科技背景下上市公司发展现状比较

目前鲜有文献对传统金融与金融科技背景下上市公司发展现状进行系统的比较。本书运用比较分析法，从六个层面比较两种背景下的上市公司发展现状，为下面的研究提供理论基础。首先是上市公司面临风险的比较，重点探讨信息不对称情况下上市公司面临的不同风险的比较；其次从企业财务状况角度探究不同背景下上市公司的投资效率、盈余管理和融资约束的变化，再分析不同背景下企业创新投入情况，探究驱动企业创新的因素；最后从企业成长角度分析不同背景下上市公司成长情况，来寻找促进上市公司成长的主要因素。

（2）金融科技优化上市公司投资管理的研究

上市公司投资管理是企业收入的一部分，是企业开展创新的基础，是推动上市公司高质量发展的基础，分析企业的投资管理，减少企业的非效率投资至关重要。本章首先以 2011～2020 年沪深 A 股上市公司的数据为依据，实证检验金融科技与上市公司非效率投资之间的逻辑关系；其次考虑市场外部环境对金融科技的替代效应，再探究企业自身属性、产权和产业异质下金融科技对企业投资效率影响的差异性；最后探讨金融监管在金融科技与上市公司非效率投资之间发挥的调节作用。

（3）金融科技改善上市公司财务管理的研究

以上市公司盈余管理为切入点，借助 2011～2020 年非金融类上市公司的数据，运用实证分析法探究金融科技对上市公司应计盈余管理和真实盈余管理的影响，在此基础上分析融资约束在金融科技与盈余管理之间的调节作用。最后，进一步探究产权异质下，金融科技对企业盈余管理影响的差异性。

（4）金融科技缓解上市公司融资约束的研究

融资约束是上市公司高质量发展中的"绊脚石"，如何缓解上市公司的融资约束是目前研究的热点。本章以 2011～2020 年沪深主板上市公司为研究样本，实证检验金融科技与企业融资约束之间的关系，并通过构建中介效应模型探究会计稳健性在金融科技与企业融资约束之间的中介作用。

（5）金融科技推动上市公司创新发展的研究

创新驱动发展是"十四五"时期经济高质量发展的关键。首先，以2011～2020年沪深A股上市公司数据为样本，运用固定效应模型，基于市场化进程与企业信息透明度的视角，实证检验金融科技对企业创新投入的影响机制，以探究可以促进企业开展创新的因素。同时，根据企业是否有投资行为而将样本分类进行实证检验，探究金融投资行为对金融科技与企业创新投入的异质性影响。其次，以2011～2020年沪深A股上市的制造企业为研究样本，通过构建调节效应和中介效应模型，并从微观层面和宏观层面两方面探究金融科技对制造企业创新产出的直接效应和间接效应。同时，根据不同的产权性质及不同的生产要素特征将样本分类进行实证检验，分析金融科技对制造企业技术创新的异质性。

（6）金融科技增强上市公司发展动力的研究

本书基于2013～2020年非金融类上市公司数据，采用有调节的中介模型研究金融科技与经营风险对企业成长的影响程度、作用机制及结构特征。首先，实证检验金融科技对企业成长的影响及融资约束的中介作用；其次，基于"预防性储蓄"假说和"投资效应"假说，分别实证检验经营风险对直接效应的调节作用和中介效应的调节作用；最后，通过替换被解释变量、经营风险衡量指标和工具变量法进行稳健性检验。

（7）金融科技影响企业高质量发展的实例研究

本书以腾讯控股为例研究金融科技对企业高质量发展的研究。首先，分析了腾讯控股开展金融科技业务的动因，具体内容包括企业简介、开展金融科技业务背景以及开展金融科技业务现状。其次，通过事件分析法、财务指标分析法和非财务指标分析法的绩效评价体系，研究腾讯控股企业应用金融科技这一技术的绩效前后对比情况。最后，运用程序化扎根理论的编码技术对搜集到的案例资料进行分析，深入剖析金融科技驱动腾讯控股高质量发展的实现路径。以此为金融科技优化企业高质量发展提供一些参考。

1.3.2 研究框架

本书研究的技术路线如图 1 - 1 所示。在理论研究部分，首先回顾已有文献，再根据数字经济理论、金融发展理论、信息不对称理论、交易

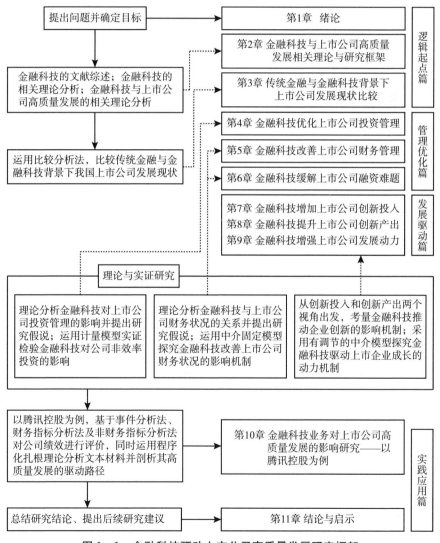

图 1 - 1 金融科技驱动上市公司高质量发展研究框架

成本理论及委托代理理论，探究金融科技对上市公司高质量发展的影响。金融科技对企业高质量发展的影响体现在多方面，本书实证分析主要从上市公司投资管理、上市公司财务管理及上市公司发展动力等方面进行检验。其次给出相应的建议和政策。最后对研究进行总结和展望。

第1章：绪论。说明研究的背景、目的和意义、相关概念的界定、本书结构及创新。

第2章：金融科技与上市公司高质量发展相关理论与研究框架。首先从金融科技概述、金融科技发展水平与金融科技影响效应三个方面进行了文献综述，并分析了已有研究的不足。其次分析金融科技的相关理论，即数字经济理论和金融发展理论，同时对金融科技与上市公司高质量发展相关的信息不对称理论、交易成本理论与委托代理理论进行了分析。最后提出了全书的研究框架，主要探究金融科技对上市公司投资管理、财务管理、融资约束、创新投入及产出和发展动力五个方面的影响。

第3章：传统金融与金融科技背景下上市公司发展现状比较。从上市公司面临的风险、上市公司投资效率、上市公司盈余管理、上市公司融资约束、上市公司创新投入及上市公司成长情况六个方面具体分析了传统金融和金融科技背景下上市公司的发展现状，并对两种背景下的发展现状进行了比较，旨在为金融科技驱动上市公司高质量发展提供理论支撑。

第4章：金融科技优化上市公司投资管理。首先，理论分析金融科技对上市公司投资管理的影响并提出研究假设；其次，通过构建计量模型，实证检验金融科技与上市公司非效率投资之间的关系；再次，以上市公司外部环境，即市场化程度和行业竞争程度为调节变量，探究其对金融科技与企业非效率投资之间的调节效应，同时考虑企业自身属性，探究产权和产业异质下金融科技对企业非效率投资影响的差异性；最后，嵌入金融监管因素，探究金融监管对金融科技与企业非效率投资的影响。

第5章：金融科技改善上市公司财务管理。本章从盈余管理角度分析金融科技对上市公司财务管理的影响。首先，理论分析金融科技与企业盈余管理之间的关系，并提出研究假设；其次，通过构建金融科技与企业应计盈余管理、企业真实盈余管理的基准回归模型、融资约束对金融科技与企业应计盈余管理、企业真实盈余管理的调节效应模型，分析金融科技对企业盈余管理的影响；再次，根据产权异质性来探究金融科技对国有企业和非国有企业盈余管理影响的差异性；最后，通过替换被解释变量、控制变量以及工具变量法实证检验回归结果的稳健性。

第 6 章：金融科技缓解上市公司融资难题。本章首先通过理论分析金融科技、企业融资约束和会计稳健性三者之间的关系，并提出研究假设。其次构建计量模型，实证检验三者之间的关系。其一，金融科技可以有效缓解上市公司融资约束；其二，金融科技的发展可以增强企业会计的稳健性；其三，会计稳健性在金融科技与企业稳健性之间表现为中介效应。最后根据结论提出相应的建议。

第 7 章：金融科技增加上市公司创新投入。本章首先基于宏观市场化进程和微观企业透明度的视角，考量金融科技对企业创新投入的影响机制，并通过理论分析提出研究假说。其次通过构建计量模型实证检验金融科技与企业创新投入的关系及影响机制。最后通过异质性分析，实证检验企业金融投资行为对金融科技与创新投入影响的差异性。

第 8 章：金融科技提升上市公司创新产出。本章首先直接检验金融科技对制造企业技术创新的直接效应并进行稳健性检验。其次通过构建调节效应和中介效应模型，从微观层面和宏观层面两方面选取产融结合、企业融资结构和政府补助分别探究金融科技对制造企业技术创新的间接效应，同时利用门槛模型检验金融科技与制造企业技术创新之间的非线性关系。最后根据产权性质和企业生产要素特征探讨金融科技对制造企业技术创新的异质性差异。

第 9 章：金融科技增强上市公司发展动力。本章采用有调节的中介模型研究金融科技与经营风险对企业成长的影响程度、作用机制及结构特征。首先，实证检验金融科技对企业成长的影响及融资约束的中介作用；其次，基于"预防性储蓄"假说和"投资效应"假说，实证检验经营风险对直接效应的调节作用和中介效应的调节作用；最后，通过替换被解释变量、经营风险衡量指标和工具变量法对其进行稳健性检验。

第 10 章：金融科技业务对上市公司高质量发展的影响研究——以腾讯控股为例。本章以腾讯控股为实例，探究金融科技对企业高质量发展的影响。首先，本章从企业开展金融科技业务背景和业务现状分析腾讯控股开展金融科技的动因。其次通过事件分析法、财务指标分析法和非财务指标分析法的绩效评价体系，研究腾讯控股企业应用金融科技这一技术的绩效前后对比情况，进而运用程序化扎根理论的编码技术对案例资料进行分析，深入剖析腾讯控股企业高质量发展的驱动路径，以此为金融科技优化企业高质量发展提供一些参考。

第 11 章：结论与启示。总结研究结论、提出后续研究的建议。

1.4　研究方法

本书遵循从抽象到具体、从理论到实践的研究过程，运用数字经济理论、金融发展理论与信息不对称理论等经济学理论，综合金融学、经济学、财务学的基本知识，对上市公司投资管理、财务管理及发展动力等方面进行系统的论述。本书采用的研究方法包括以下三种。

1.4.1　系统分析法

上市公司高质量发展的影响因素众多，也涉及各个环节，这些因素与环节之间存在错综复杂的作用关系。因此，必须将上市公司高质量发展的模型与方法作为一个整体系统来研究。本书将以金融科技驱动上市公司高质量发展的影响机制为主线，对上市公司的投资管理、财务管理及发展动力等方面进行系统探讨。

1.4.2 比较分析法

在传统金融背景和金融科技背景下，上市公司所面临的发展环境和压力是不同的。本书从上市公司面临的风险、上市公司投资效率、上市公司盈余管理、上市公司融资约束、上市公司创新投入及上市公司成长情况六个方面具体分析了传统金融和金融科技背景下上市公司的发展现状，并对两种背景下的发展现状进行了比较，旨在为金融科技驱动上市公司高质量发展提供理论支撑。

1.4.3 理论分析与实证检验法

本书首先通过理论分析金融科技驱动上市公司高质量发展的影响机制，并提出相应的研究假设。其次根据构建的固定效应模型、中介效应模型以及调节效应模型，实证检验提出的研究假设。最后给出相应的结论和建议。

本书所使用的分析软件有 Excel、Stata16.0、Nvivo11。

1.5 研究创新点

本书对金融科技驱动上市公司高质量发展研究的创新点主要体现在以下几个方面。

第一，丰富了金融科技与上市公司高质量发展的相关理论。学术界对金融科技的概念并没有一个很权威的解释，本书将金融科技界定为既包含互联网金融的业务层面，也包含金融科技的技术层面，概念范围更加全面。同时，通过信息不对称理论、交易成本理论、委托代理理论，巧妙地将金融科技与上市公司高质量发展联系在一起，揭示了两者的内在逻辑。

第二，以双重降维深层次明晰了金融科技与上市公司高质量发展的关系。以能够反映企业高质量发展的指标—非效率投资、盈余管理为例，针对"金融科技——非效率投资"，以往研究大多只是单方面将某一变量降维进行具体分析，本书将金融科技和非效率投资分别降维分解为"金融科技深度和广度"以及"投资不足和投资过度"，厘清了金融科技与非效率投资的影响关系；针对"金融科技——盈余管理"，将盈余管理降维分解为"应计盈余管理和真实盈余管理"，丰富了金融科技经济后果的研究，为金融科技支持微观企业发展，以及二者深度融合提供有益思考。

第三，以内外部以及宏微观双重视角分析金融科技与上市公司高质量发展。区别于以往单一视角的研究，本书将市场化进程与企业信息透明度、企业融资结构与政府补助纳入"金融科技——创新发展"分析框架中，厘清了其内在机制；且从金融科技与经营风险双重视角完善了企业成长驱动因素研究，有利于理解金融科技对企业高质量发展的实质影响。

第四，引入了有调节的中介模型验证了金融科技与上市公司高质量发展。根据以往的研究只是单独使用中介效应或者调节效应，本书采用有调节的中介模型研究经营风险在调节"金融科技—融资约束—企业成长"中体现为促进或者抑制作用的深层次原因，明晰了背后的作用逻辑，为金融科技与上市公司深度融合提供了借鉴。

第五，基于扎根理论的程序化编码技术，运用 Nvivo 软件分析研究团队所搜集的与腾讯相关的文本资料，提炼出金融科技业务推动腾讯实现高质量发展的影响路径。然后针对各路径分别进行进一步归纳，以典型案例得出较为普适性的结论。

第 2 章

金融科技与上市公司高质量发展
相关理论与研究框架

2.1　国内外相关研究综述

2.1.1　金融科技文献可视化分析

本部分整理了金融科技的相关文献并对其进行可视化分析。设定主题词为"金融科技"，时间范围为"2016～2022 年"，文献类别为"经济与管理科学"，文献来源为"SCI、北大核心和 CSSCI"，在中国知网检索得到文献 815 篇。历年发文量如图 2－1 所示（2022 年发文量为系统预测值），围绕金融科技相关研究的热度逐年提高，自 2019 年以后，相关文献的数量呈现出爆发式增长的态势。

为明确金融科技研究中具体的研究热点，本部分运用 Citespace 对样本文献进行关键词共现分析。剔除会议纪要、编辑部文章等无效文献后得到文献 792 篇并导入 Citespace，节点类型设置为"Keyword"，选择标准为"top50"，合并类似关键词并去除重复关键词"金融科技"后得到关键词网络共现图谱。节点数量 N＝297，连线 E＝639，网络密度 Density＝

0.0145，阈值 Threshold = 11。其中词频排名前十的关键词如表 2 - 1 所示。

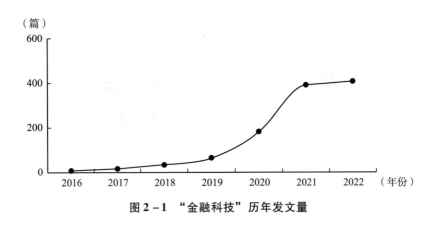

图 2 - 1 "金融科技"历年发文量

表 2 - 1　　　　　　　　金融科技词频排名前十的关键词

序号	词频	中心性	关键词
1	67	0.29	融资约束
2	41	0.10	数字经济
3	41	0.13	金融科技
4	24	0.19	金融发展
5	23	0.04	金融监管
6	17	0.05	企业创新
7	16	0.04	经济增长
8	15	0.02	金融化
9	15	0.10	上市公司
10	12	0.06	技术创新

由可视化结果可知，"融资约束"的词频最高，达到 67 次，中心性为 0.29。并且"金融监管""上市公司""企业创新""技术创新"等关键词也有着较高的词频。可见，当前金融科技相关的研究主要在宏观经济、中观金融行业和微观企业三个层面上展开。

2.1.2　金融科技概述的研究综述

本部分主要从三个方面对现有文献进行整理：一是金融科技的内涵界定，二是中国金融科技的发展脉络，三是金融科技的测度。

首先，明确金融科技的内涵界定。互联网革命深刻影响了全球经济和人们的生产生活方式，中国尤其受益于此。10 余年来，借助于信息、大数据、云计算等互联网技术，中国数字经济得到飞速发展（陈晓红等，2022）。作为数字经济的重要一环，金融科技是互联网时代背景下科技赋能传统金融的典型产物（刘长庚等，2022）。金融科技的本质是金融与科技的结合（Lee S－H ＆ Lee D－W，2015）。金融科技的出现推动了金融行业商业模式的变革，促进了金融行业技术和产品服务创新（Yang L H ＆ Wang S X，2022），促使融资、支付、投资和其他新型金融业务模式实现数字化转型（李瑛，2022）。在定义层面上，金融科技所描述的这种基于数字技术的金融创新活动也常常被定义为互联网金融或金融科技（郑宗杰等，2022），因此，许多研究也并未对这几个概念进行区分。不过，从直观上来说，互联网金融相对更侧重于业务层面，多用于描述互联网金融公司的金融业务；而金融科技被首次提出时是作为信息科技术语，因此金融科技也更侧重于技术层面；金融科技则相对更为中性，所描述的范围也更大（Arner D W et al.，2016；唐士亚，2022）。

金融科技的发展有效地补充了传统金融体系的不足，推动了各地区创新创业，促进了经济发展，而金融科技的作用主要来源其自身的普惠性，因此，部分研究未对"金融科技"和"数字普惠金融"做严格的区分（江金启和王振华，2022；陈柱等，2022；宋科等，2022）。所以，对金融科技内涵的界定离不开对金融普惠性概念的把握。而所谓金融的普惠性，其衡量的是一个金融体系能够在多大程度上全方位地为社会各阶层的人或者组织提供有效的金融服务（马亚明等，2022）。金融体系的普惠性越强，其对解决城乡贫困差距问题的支持作用（Xiong S，

2022）和对经济增长的促进作用（Song N & Appiah - Otoo I，2022）则越强。相比于广泛使用信用卡的城市居民，占总人口近半比例的农村居民往往缺乏征信记录，其金融需求难以得到有效满足，而金融科技的出现则为解决这些难题带来了转机（杨亦民等，2022；刘莉等，2022）。金融科技对金融普惠性的促进作用不被视为"金融科技的作用"而被视为"金融科技的特性"的原因在于数字技术本身在普惠金融的发展中所发挥得不可替代的推动性，这种推动作用的机制主要有三个方面，一是金融服务成本，数字技术的运用可以大幅度地降低金融机构提供金融服务的成本，从而改善了传统金融体系下被排斥的群体的金融资源可得性（李志辉等，2022）。二是信息不对称，信息不对称是制约金融机构向小微企业等信息透明度低的客户提供金融产品和服务的主要因素之一（陈敏等，2023）。大数据、区块链等信息科技的运用使金融机构对客户的信用获取方式不再局限于财务报表和抵押资产，还可以获取到交易记录、公共信息、社会网络等一系列能更深入刻画客户形象的信息（Berg T et al.，2020）。这有效地改善了金融机构与客户之间的信息不对称问题，提高了金融机构对潜在客户进行风险评估的效率（鲍星等，2022），三是各种新型信息技术的不断发展扩宽了金融服务的范围和边界，金融服务供给的增长最终促进了金融系统普惠性的提高（李志辉等，2022）。

其次，梳理中国金融科技的发展脉络。近年来，金融科技在中国取得飞速发展，许多学者将2013年余额宝的上线视为金融科技发展的元年，自此以后，互联网金融呈现出爆发式发展态势，从移动支付的普及到央行数字货币的落地，中国金融科技的发展走在了世界的前列（申明浩等，2022；江金启和王振华，2022）。由于现有研究大多不区分金融科技与数字金融，因此，金融科技的发展脉络可借鉴中国银行业协会首席经济学家巴曙松教授在2017年亚洲金融论坛发表主旨演讲中对中国金融科技发展阶段的划分：金融IT阶段、互联网金融阶段和金融科技阶段。在金融IT阶段，互联网等信息技术主要发挥辅助银行开展金融业务，提高服务效率并降低成本的作用，银行业运用信息技术升级了信息系统使其实现网络化，同时实现日常金融业务的自动化、电子化（徐璐等，2022）。在互联网金融阶段，金融行业充分地利用了以互联网为主的现代信息科技，在一定程度上改造了金融服务的商业模式，显著地提高了金融服务的效率（黄靖雯和陶士贵，2022）。在金融科技阶段，金融与科技的融合更为深入，金融行业除了运用互联网技术，还包括人工智能、区块链、机器学习、大数据、分布计算、生物识别等技术要素，这些技术使金融科技的服务范围相比于互联网金融更为广泛，极大地改变了金融行业的供给主体、运作机制、服务客体、风险生成机制和监管模式（郑宇璐和吴晓黎，2023；黄靖雯和陶士贵，2022）。

最后，总结金融科技的测度研究。现有文献对金融科技发展评价的量化方式主要有三种。一是采用北京大学数字金融研究中心课题组编制的"数字普惠金融指数"，该指数基于支付宝的微观数据，从金融科技覆盖广度、金融科技使用深度和普惠金融数字化程度三个维度上构建而成，指数涵盖了我国 31 个省（自治区、直辖市）、337 个城市，约 2800 个县（郭峰等，2020）。在"数字普惠金融指数"编制之前，衡量地区金融科技发展程度的度量指标的缺乏使宏观层面上金融科技的相关研究陷入困境，该指数弥补了这方面的不足，为深入开展金融科技相关的研究提供了有效的工具（刘伟和戴冰清等，2022）。不过，支付宝的服务对象主要为普通民众和个体工商户等"尾部经济"，当研究对象为银行或大型企业时，基于支付宝数据的"数字普惠金融指数"不再适用（张金清等，2022）。二是部分学者选择了第二种方法，即采用文本挖掘法构建金融科技发展评价指标。首先依据金融科技的核心内涵选择金融科技关键词，并与研究对象的关键进行搭配；其次借助搜索引擎和网络爬虫技术计算关键词搜索结果数量；最后以该结果为基础合成金融科技发展水平指标（鲍星等，2022；盛天翔等，2022）。三是采用问卷调查法，部分学者根据研究内容设计调查问卷，以调查结果为数据基础度量金融科技发展评价指标。比如在金融科技对小微企业的影响研究中设置是否使用金融科技虚拟变量，将"企业商品销售的主要结算方式是否为网上支付或 POS 机"和"销售的主要结算方式是否为网上支付或 POS 机或者是否开通了网上银行和手机银行服务并且经常使用该服务"分别作为一般企业和农业经营者是否使用金融科技的判别标准（梁琦和林爱杰，2020）。

2.1.3 金融科技发展水平的研究综述

本部分主要从发展现状、发展优势以及发展风险这三个方面对金融科技的发展水平进行阐述。

一是金融科技发展现状。随着互联网以及信息技术手段与传统金融服务业态相结合，金融科技这一新型金融服务模式应运而生。经过十几年的发展历程，中国金融科技的生态系统已经逐步融入了传统的金融体系，并且已经深刻地改变了原有的金融布局（郭金录等，2023）。目前，中国金融科技涉及了"信、贷、汇"几乎所有的金融业务，成为金融体系中不可或缺的重要组成部分，同时它也代表了未来金融业的发展方向（谭中明等，2022）。中国金融科技发展水平整体呈现逐年上升趋势，并在各个省份之间存在着差异、集聚与收敛特征（盛天翔等，2022）。一方面表现为金融科技发展水平存在较大的地区差异，具体表现为东部、中部、西部依次递减趋势（王善高等，2022）；另一方面体现在中国金融科技总体上表现出了很强的地区收敛、空间集聚性和空间异质性（王小华等，2023）。中国金融科技发展虽然给传统金融带来了巨大改变并且深刻重塑了生产、生活方式，但其仍然处于起步阶段（朱东波和张相伟，2022）。但不可否认的是，传统金融发展水平在一定程度上促进了金融科技的发展。一方面，在市场化程度较高、金融监管程度较高、法治水平较高的地区，传统金融供给可以在金融科技覆盖广度和使用深度两方面起到更加显著的促进作用（张嘉怡和胡志明，2022）；另一方面，传统金融的使用频率越高，则使用金融科技服务的可能性就越大（宋科等，2022），并且传统金融市场的竞争越激烈，数字普惠金融发展对农村产业融合的促进作用也会更强（董龙训等，2023）。

二是金融科技发展优势。我国金融科技发展在推进普惠金融方面展现出了巨大优势，一方面，它能够解除传统金融普惠存在的地理限制，降低小型企业的融资成本，并且通过互联网、大数据等新兴信息技术的应用提供了更广泛和有效的经济支持，进而能够提高可持续就业的水平与途径（Geng Z C & He G S，2021）。同时也可以推动微型、小型企业使用金融科技，进而提高企业的生产率。甚至在新冠肺炎期间，大多在其商业活动中采用金融科技的企业都获取了更高的收益（Trinugroho I et al.，2022）。另一方面，随着金融科技在网络信贷、网上购物、互联网金融、互联网保险、移动支付等方面的创新发展，能够通过降低金融服务门槛、缓解居民流动性约束、促进支付和交易、扩大投资渠道、通过多样化的金融产品提高家庭金融服务的可获得性，进而促进家庭消费的增长（刘克富等，2023；邓瑜，2022）。并且，金融科技对金融普惠带来的积极影响也是多种多样的，能够将更多的金融科技应用到低收入和贫困人口的生活中，可以改善他们获得基本服务的机会，进而提高金融包容性（Xiong S Y，2022）。而金融科技服务是依赖于客户分布与数字技术应用的金融服务，通过利用信息通信技术不仅可以促进经济可持续增长，还能够提供与传统金融机构相比较低的金融服务成本，进而增强金融包容性和实现企业生产效率的提升（Chen Y Y et al.，2021）。金融科技发展也契合普惠金融向低收入群体提供便利、低成本金融服务的宗旨。并且随着金融科技的不断革新，传统金融机构在推进普惠金融过程中遇到的困境也相应得到了改善（汪雯羽和贝多广，2022）。而金融科技在中国的快速发展可以归因于传统金融服务的供给短缺、金融监管的相对包容以及数字技术的快速发展，再加之中国金融科技在提高金融服务效率（盛天翔等，2022）、促进创新产出（刘元雏和华桂宏，2022）、消除贫困和缩小收入差距（郭露和刘梨进，2023）等方面发挥着不可替代的作用。一方面，金融科技可以通过促进农业向非农业的就业结构转型，提升工资性收入和农业经营性收入，促进消费（陈飞等，2022）以及缩小贫富差距（Tok W Y & Heng D，2022）。另一方面，金融科技发展能够通过减少融资成本、缓解融资约束（文学舟和张盛达，2022）、提高风险承担能力和弱化经营风险的方式来降低企业杠杆率（赵芮和曹廷贵，2022）、促进企业金融化（庄旭东和王仁曾，2023）和数字化转型（王宏鸣等，2022）、助推经济高质量发展（谭中明等，2022）、促进企业出口产品质量升级（杨晓亮，2022）、助力企业创新（刘长庚等，2022）以及促进企业全要素生产率提升，并能够有效改善传统金融中存在的"金融歧视"与"金融错配"的问题（朱杰堂等，2022）。传统金融服务存在供给短缺现象，而金融科技能够有效地缓解民营企业融资约束（达潭枫和刘德宇，2023），且缓解企业融资约束是金融科技实现企业渐进式创新、突破式创新的重要渠道（郑雨稀等，2022）。金融科技具有的普惠性价值，能够通过缓解融资约束进而助推企业技术创新，并且金融科技发展不仅提升了企业创新的"量"，对创新的"质"也有显著促进作用（Gao Y Y & Jin S Y，2022）。一方面是对创新"量"的提升，金融科技发展不仅可以促进能源效率的提升（张云辉和李少芳，2022），而且能够通过提高企业信贷可得性来促进企业创新（熊正德和黎秋芳，2022）。另一方面是对创新"质"的促进作用，金融科技发展可以通过扩大市场潜能与推动产业结构升级来提升技术创新质量（陆凤芝等，2022）。同时，金融科技通过增加实质性创新和策略性创新对产业高质量发展产生促进作用（崔耕瑞，2022）。

三是金融科技发展风险。金融科技作为一种新兴金融业态，具有"普"和"惠"的特性，对微观企业创新和宏观经济增长至关重要（王小华等，2023；刘伟和戴冰清，2022）。金融科技是经济高质量发展的重要动力，是推进普惠金融发展的重要引擎。但是，当前中国金融科技仍处于发展阶段，在推进经济高质量发展和推进普惠金融的过程中存在相关法律制度制定与实施不健全、从事金融科技活动的主体金融素养较低、征信系统管理不完善、客户信息安全缺乏保障、金融监管机制不完善等问题（王威，2023；龚强等，2022），因此也导致了金融科技领域出现的服务不公、诚信失范、共享受限、责任弱化和可持续受阻等不良后果（龚强等，2022）。也可以说是，金融科技的快速发展，在提升金融流通效率、增加信贷市场的参与度、贷款的可得性、金融包容性的同时也带来了新的挑战和风险。相关风险加剧的具体表现有，金融科技不仅由于信贷数额的增加而加剧了金融消费者陷入财务困境的风险（Yue P P et al.，2021），还由于欺诈风险、缺乏互联网连接、系统性风险、技术和基础设施风险等存在使得银行业金融机构面临的挑战进一步加剧（Yu K，2022；郭品等，2021），与此同时表现为随着银行消费信贷业务的不断扩大，银行面临的信用风险也随之增加（Wang Z Y & Wang Y，2021）。就风险加剧状况的出现而言，一方面在于传统监管措施和监管思路难以实施和有效监管（徐冬根和杨潇，2023；王定祥和胡小英，2023），另一方面可归因于金融科技是由数字技术驱动的普惠金融新模式，但数字技术并没有改变金融风险的隐蔽性、突发性和传染性，反而使得金融风险、技术风险、网络风险更容易叠加和扩散，由此进一步放大了风险的危害（王定祥和胡小英，2023）。再加之数字平台垄断问题也为数字经济时代带来了全新挑战，数字平台垄断隐含诸多风险行为，包括涉及公民隐私的个人风险行为、涉及自有资本金不足的金融风险行为以及涉及企业暴利的社会风险行为（夏诗园和尹振涛，2022）。金融科技发展除了由于技术、监管等方面原因滋生的新风险外，其对于金融风险防控、降低企业风险等方面也具有一定的促进作用。就促进金融风险防控方面而言，金融科技虽然给银行风险控制带来了巨大挑战，但金融科技发展反而促进了中小商业银行间竞争，提高了中小商业银行风险承担能力（刘孟飞和王琦，2022）。这是因为数字普惠金融能够抑制系统性金融风险，不仅提升了金融体系内部的抗风险能力，还促进了资本的转移（胡灵等，2022）。就降低企业风险方面，一方面，金融科技发展不仅能够通过减少融资成本、缓解融资约束和弱化经营风险的方式来降低企业杠杆率（赵芮和曹廷贵，2022），还能够通过发挥资源效应与信息效应提升企业风险承担水平（许芳和何剑，2022）。另一方面，金融科技不仅可以通过提高企业的信息透明度和降低财务杠杆来降低企业破产风险（Ji Y et al.，2022），还可以抑制家庭过度负债进而减缓家庭的财务风险（Wang Z R et al.，2022）。

金融科技与经济增长质量间存在基于金融风险的遮掩效应，也就是说金融科技虽然在短期内增加了金融脆弱性，但长期来看金融科技能够降低金融风险，提高经济增长质量（宇超逸等，2020），并为个人和企业提供了一个顺畅、高效的融资渠道，还推动社会进行高效绿色的融资（Fan W L et al.，2022）。

2.1.4 金融科技的影响效应研究综述

近年来，在数字技术与普惠金融深度融合的背景下，金融科技得到了高速发展，其弥补了传统金融的短板，对企业发展和国家经济走势都产生了深刻影响。本部分主要从两个方面阐述金融科技的影响效应。

一是金融科技可以促进企业创新。创新是企业成功的关键因素（赵武等，2022），不管是国家还是企业，只有加强自主创新，才可以促进经济的可持续发展（唐琼，2022）。当前是一个市场竞争日趋激烈，科技创新迅速发展的时代，国家和企业也更加重视创新活动（翁辰和马良泽，2022）。党的十九大报告也明确指出："创新是引领发展的第一动力，是建设现代化经济体系的战略支撑。"然而如何促进创新活动却是一个难题，创新具有高投入、周期长和回报不确定性等特征（向为民等，2022）；除此之外，企业创新活动的进行需要消耗很多的资源，具有较强的资源依赖性，如果不能及时获得资源支持，很可能会导致创新活动的失败（杨英英等，2022）。技术创新的这些特征说明企业既要依靠金融发展提供资金支持，技术创新的微观环境离不开金融支持，金融支持是企业创新的基础（Yao L Y & Yang X L，2022），也要减少信息不对称来降低融资成本和交易成本。然而传统金融中存在"属性错配""领域错配""阶段错配"的弊端，导致很多企业面临"融资难，融资贵"等问题（蒋建勋等，2022），这些问题都不利于企业创新。区别于传统金融，金融科技是金融与数字技术深度融合的产物，是基于数字技术实现支付、投资和融资等产生的新业务模式（黄靖雯和陶士贵，2022），其可以更好地解决企业的资金需求。一方面，金融科技能够打破传统金融的局限性，拓宽企业的融资渠道，提供更多的融资工具（唐松等，2022），同时加强了金融的包容性（Al‑Smadi M O，2022），为微观企业创造了良好的融资环境，进而可以激励企业开展创新活动；依托人工智能、大数据和云计算等新兴技术产生的金融科技，扩大了普惠金融的服务范围和能力，使金融服务克服了时间和空间的限制，缓解了中小企业融资难的问题，为促进中小企业技术创新提供了切实可行的方案（马亚明和周璐，2022；谢煜，2023）；此外，金融科技不仅可以降低银企之间的信息不对称程度，而且可以减少贷款审批流程，提高贷款审批效率，进而帮助企业减少融资成本（宋佳琪等，2022；鲍星等，2022）；通过促进银行业竞争，金融科技发展改善了银行的成本效率，推动了市场利率化进程，降低了银行业的利润，但是让企业享受到了普惠金融服务福利，缓解了中小企业的融资约束，给中小企业技术创新提供了坚实的基础（王小华等，2022；Lu Z Q et al.，2022）。另一方面，金融科技可以帮助企业降低杠杆，稳定企业的财务状况，促进企业成长和创新产品的产出；通过帮助企业分析数据和处理信息，金融科技可以帮助企业作出合理的技术创新决策，同时相对于成长期企业，其对成熟期企业的创新驱动能力更强（唐松等，2022；王宏鸣等，2022）；此外，通过帮助家族企业缓解代理冲突、降低家族控制和增强传承意愿，金融科技还可以提升非家族股东治理水平，促进企业可持续发展，进而促进企业技术创新产出（杜善重，2022）；金融科技还可以帮助企业重塑其商业活动、生产流程，以及创新企业的管理思维，进而促进企业创新（王宏鸣等，2022；李小青等，2022；李万利等，2022）。除了金融科技总指数对企业技术创新具有显著的正向影响，还有金融科技的三个维度，即金融科技使用广度、使用深度以及数字支持服务对企业技术创新也有显的正向影响，其中金融科技使用深度对企业创新的正向影响最弱，金融科技使用广度对企业创新的影响最显著且作用最强，因而我们要有意强化金融科技使用广度来进一步促进企业技术创新。

二是金融科技可以促进企业数字化转型，助力企业高质量发展。党的十九大报告指出，中国经济已经进入高质量发展阶段。党的十九届五中全会强调，坚持把发展经济的着力点放在实体企业经济上。因此，实体企业高质量、可持续发展是我国经济高质量发展的重要基础。但是该如何促进企业高质量发展呢？经济是肌体，金融是血脉，经济的发展离不开金融的支持，将传统金融与大数据、区块链及云计算等新兴技术深度融合的金融科技也许可以促进企业数字化转型，进而促进企业高质量发展。在数字化浪潮的背景下，企业数字化转型是目前研究的前沿问题（王宏鸣等，2022），其在企业成长过程中发挥着积极的作用，首先，企业数字化可以降低企业外部交易成本和信息搜寻成本，显著提升上市公司专业化分工的水平，提高企业劳动生产效率和企业全要素生产率（王璐和李晨阳，2022；涂心语和严晓玲，2022）；而且近年来，随着数字化的不断发展，金融业的服务方式也在不断演化和创新，通过金融科技带来了新的金融产品、数字服务，不断创新企业和金融业的沟通模式（Wang Z L，2022），提高了整个社会的资本配置效率，促进了企业成长。其次，数字技术可以减少企业信息不对称程度，提高企业的信息透明度，提升企业决策效率（王敬勇等，2022），而且金融科技可以借助大数据、人工智能、云计算等先进技术手段，降低企业和银行的信息处理成本，降低银企之间信息不对称程度，帮助长期处于贷款边缘的企业成功融资（Wang Z L，2022），进而可以缓解企业压力，促进企业经济效率的提高；同时，数字化带来的信息化有助于企业获得更准确的信息，助推企业提高投资效率和产能利用率（陈银飞和邓雅慧，2022）。最后，企业数字化还可以作用于企业组织的变革，促进组织与实体经济的深度融合，同时可以削弱高管的权利，使基层权力得到增强，进而降低代理成本和监督成本，增加企业的组织柔性，提高企业在市场上的自生能力

（池仁勇等，2022；姚小涛等，2022）。因此如何提高企业数字化就显得尤为重要。有研究表明金融科技可以帮助企业实现数字化，一方面，金融科技可以打破时空约束，降低信息不对称程度，帮助企业更快获得需要的信息，进而降低企业搜集信息成本和提高企业资源配置率，从而可以提高企业创新和产出效率（唐松等，2022；李为等，2022）；而且金融科技可以帮助企业避免中间人与代理人的利益冲突而导致的信息传递的扭曲，助推企业数字化转型，对企业日常生产和经营活动进行全方位的监督和控制，提高企业的生产和经营效率（Luo S，2022）；通过挖掘数据空间，金融科技可以提高企业的运营效率，帮助企业创造更多的价值（邵学峰和胡明，2022）。此外，金融科技将数据与金融创新产品深度融合来克服传统金融的短板，充分展示其"成本低、速度快、覆盖广"的特点，极大降低了金融服务的成本及门槛，优化了企业的融资环境，从而可以更好地服务普惠金融主体（黄靖雯和陶士贵，2022）。金融科技的这些特点为企业数字化转型奠定了基础。另一方面，已有研究通过实证检验得出金融科技可以通过优化企业的市场环境、增强企业的风险承担能力、缓解企业的融资约束和增加企业的研发投入等渠道来助力企业数字化转型（王宏鸣等，2022）；通过优化企业组织管理，加速组织管理和企业的融合，促进企业数字化转型，以此来应对数字要素对企业的冲击（Luo S，2022）。除此之外，金融科技可以通过减少企业的成本费用、提高资产利用率和产能，以及增强企业创新投入，助力企业数字化转型，进而提高企业经济效益（李小青等，2022）。

综上所述，金融科技具有低成本、低门槛等特征，能通过精准化的管理和生产流程来促进企业开展创新活动，提高企业核心竞争力（Li R et al.，2022）。而且金融科技通过提供便捷的支付、银行服务及数字分析等技术化服务，为银行业带来了新的形态，普惠服务了银行和企业，使银行和企业实现了双赢（Yao L Y & Yang X L，2022；何小钢等，2023）。金融科技可以促进企业技术创新活动的开展，助推企业数字化转型，实现企业高质量发展。同时，普通人在运用金融科技的过程中还可以缩小贫富差距城乡差距、提高城市化水平（Wang X H & Fu Y，2022），间接促进我国经济高质量发展。

2.1.5　研究述评

随着金融科技发展，学者就相关的研究也愈发丰富。在对金融科技测度的研究中，学者给出了较为完善的金融科技测度体系，目前的测度方法体系能够从企业、金融机构、社会公众等多个维度衡量地区金融科技发展状况，为金融科技领域的实证研究提供了可靠的量化工具。在金融科技发展水平的相关研究中，学者研究重点在以下几个方面：一方面基于金融科技对中小企业和金融空白区存在的普惠价值优势角度探讨，从金融科技减少融资成本、缓解融资约束、提高金融服务效率等方面研究对微观企业各方面经济发展指标和宏观经济增长方面的积极促进效应；另一方面基于金融科技发展伴生的法律监管难以同步、技术自身不完善等方面滋生的风险和相关监管问题的机制分析；在金融科技影响效应相关研究中，金融科技通过降低银企之间、企业内部之间的信息不对称程度，缓解了企业的融资约束，提高了企业技术创新决策效率和创新产出，促进了企业技术创新。同时，金融科技与人工智能、大数据和云计算等新技术的结合，极大提高了企业信息化和数字化的程度，促进了企业高质量、可持续发展，使企业顺应了我国经济高质量发展的号召，进而推动中国经济高质量发展，形成新的发展格局。

通过对现有文献的梳理，不难发现对于金融科技相关的研究还存在不足。首先，在对金融科技内涵的研究中，部分学者尝试对金融科技、互联网金融和金融科技进行区分，但未能达成关于上述几个概念内涵界定的共识，可能导致相关研究结果给实务工作造成误导。其次，在金融科技发展水平的相关研究中，金融科技发展相关衡量指标目前大多学者均采用的是北京大学数字普惠金融指数，对金融科技发展影响的作用机制相对固化缺乏创新性。此外，由于目前就金融科技风险相关的测度方面更多借鉴于金融风险测算模型，受到相关测度指标数据获取的限制，有关风险、监管成效等量化实证分析相对较少，一定程度上造成相关政策建议空乏、缺乏可信度等问题。最后，在金融科技的影响效应相关研究中，鲜有文献将金融科技与上市公司高质量发展纳入统一的研究框架，而上市公司是推动我国经济增长的重要力量。这些都可以成为今后研究的方向。

2.2　金融科技的相关理论分析

2.2.1　数字经济理论

数字经济这一概念在 1996 年首次由唐·泰普斯科特（Don Tapscott）提出。数字经济的内涵界定在不同的历史时期侧重点各有不同，至今尚未形成统一的定义。数字经济发展阶段大致可以分为信息经济阶段、互联网经济阶段以及新经济阶段。在信息经济阶段，数字经济侧重于提高内部沟通与生产效率，应用范围较窄；在互联网经济阶段，电子商务逐渐兴起，企业与外部消费者直接沟通，数字经济的应用范围逐渐扩大；在新经济阶段，数字化技术与实体经济深度融合，对传统的生产和消费方式产生了深刻的变革，如共享经济、无人经济的出现。

数字经济与传统的社会经济形态有着本质的差异。它以数据作为生产要素，通过大数据、云计算等技术优势深度挖掘用户的需求，将用户数据转化为信息，分析用户的潜在需求，并创造新的需求，再对用户的潜在需求进行精准的广告推送，从而为企业创造出更多的价值流入。数字经济创造价值流入主要是由于其具有海量的数据信息支持、打破时空主体边界并与其深度融合、以开放共享的平台为依托汇集线上线下数据等特性，深刻地改变了人们的生产交易模式。正是由于数字经济所具有的上述特性，它不仅改变了企业的生产运行模式，而且对传统的经济学理论也带来了新的挑战。对于宏观经济增长理论而言，数据具有可重复使用性、边际成本几乎为零，当数据作为新的生产要素融入生产函数时，经济增长将会出现放大效应。此外，在数字经济中产品的边际效益递减规律失效、弱化了信息不对称的假设以及削弱了产权理论下私有制的优势，最终提高了市场整体的资源配置效率。

2.2.2　金融发展理论

金融发展理论是基于金融对经济发展的作用关系提出来的。起初是基于第二次世界大战背景，金融未得到有效融通导致发展水平低下。金融程度较低情况下，限制性因素较多，对突发事件的处理能力差，因此严格管制下可能会导致金融体系的扭曲。在金融不断发展的过程中，该理论也不断完善，一方面提出要健全金融体系，实现金融的可持续发展，另一方面强调交流与合作，实现经济融通与交流，为构建新发展提高质量，优化格局。现如今，金融工具的应用尤为广泛，金融与技术的结合为整个金融发展进入新阶段又提供了动力支撑。

金融发展理论主要包括以下几方面内容：首先，货币性资产与其他的非货币性资产、银行与其他的金融机构本质相同，具有互相替代性。其次，金融发展与经济增长之间具有互为因果的关系。经济的迅速发展可以为金融发展提供良好的基础，当各种金融工具开始涌现、企业融资来源更为丰富以及非货币性资产的增加，标志着金融行业的质量以及规模都在不断提升。而金融发展到一定程度时，也会促进经济的增长。最后，金融通过不断地与各种技术结合，进行创新融合，可以解决很多传统金融体系无法解决的问题，并采用新的方法和视角改变市场中出现的问题，从而在整体上提高了资金配置效率，缓解了投资者与企业的信息不对称，将资金流入更富有创造价值能力的企业中，提高了投资者的投资水平。20 世纪 80 年代后期，新金融发展理论开始出现，在传统的金融发展理论的基础之上，引入了信息不对称、金融约束等前提条件，更加完善了传统金融发展理论的不足，为推进金融发展理论落地作出了重要贡献。

2.2.3　普惠金融理论

普惠金融的出现能够为经济注入新的活力、解决经济发展中发展不均衡的问题，促进经济转型。因此，我国开始重视普惠金融的发展，相继出台一系列政策方针为普惠金融的发展助力。和普惠金融一样，数字普惠金融作为普惠金融的衍生发展也十分迅速，但是，由于这两个理论处于新兴阶段，相关科研人员对于这两个理论所知较少，缺少一个系统完整的理论结构，再加上相关法律政策不完善，造成普惠金融以及数字普惠金融在我国缺乏监管。1970~1980 年之间，为了扶持企业的发展，南亚以及拉美等几个地区的国家推出了面向民营企业的小额贷款产品，普惠金融这一概念最就是从小额贷款产品的经营中看到了雏形。普惠金融概念的正式提出源于 2005 年，联合国就普惠金融进行了一定的阐述。同年，中国小额信贷联盟在 2005 年国际小额信贷年的宣传活动中将普惠金融概念引入我国，由此普惠金融在我国快速发展。2012 年，在墨西哥举办的 20 国集团峰会上，我国第一次在世界会议上提出了普惠金融。2013 年，在十八届中央委员会第三次全体会议上通过了决议，正式提出了要发展普惠金融，要普惠金融助力脱贫攻坚。随后，为了让普惠金融有序高效地发展，2023 年 2 月，中国银保监会成立了普惠金融部门。

普惠金融的概念主要通过实践和金融理论两个维度来进行界定，两者的核心均是普惠性，强调国家民众无论处于哪个阶层都有享受相应金融服务的权利。普惠金融理论的出现打破了传统的金融"二八定律"经营，但是普惠金融还是沿用了传统的金融模式，随着数字经济的高速发展，数字普惠金融作为数字技术与普惠金融融合创新而来的金融创新服务方式，助推普惠金融的发展。

2.3 金融科技与上市公司高质量
发展的相关理论分析

2.3.1 信息不对称理论

传统经济理论认为市场中各经济活动主体掌握的信息是完全相同的，因此市场是完美的，即市场上的交易成本为零。但这种情况在现实中是不可能存在的，经济活动主体的认知能力以及信息获取成本导致了信息不对称问题在市场中是普遍存在的。非对称信息是指交易的一方掌握但另一方没有掌握的信息。信息不对称理论认为信息是有价值的，且市场中不同经济主体所了解的信息存在差异。在该理论中，享有更多信息的经济主体相较于信息匮乏的经济主体处于优势地位，被称为知情者，而信息匮乏的一方被称为非知情者，知情者通过向非知情者提供信息来获取不对等的利益，非知情者则不得不通过各种方法获取信息以弥补自身的损失，并为知情者的行为承担风险。这种现象在交易中无处不在，进而可能会导致委托代理、不公平交易和不公平竞争等问题。

依据时间和内容的不同可以将信息不对称划分为不同类型。从信息不对称发生的时间来看，发生在经济主体交易行为或契约订立之前的信息不对称称为事前信息不对称，一般通过逆向选择模型来分析。发生在经济主体交易行为或契约订立之后的信息不对称称为事后信息不对称，一般通过道德风险模型来分析。从信息不对称的内容来看，可以分为某些经济主体的行动不对称以及某些经济主体的知识不对称，前者是指非知情者无法观测到知情者的行动，一般采用隐藏行动模型来分析。后者是指非知情者无法观测也无法获得知情者的知识水平，一般采用隐藏知识模型或隐藏信息模型分析此类情况。

2.3.2　交易成本理论

交易成本理论最早由科斯（Coase，1937）提出，是新制度经济学中应用最广泛的理论之一。科斯（1937）认为市场利用价格机制配置资源是有成本的，而企业也同市场一样具备资源配置和协调经济的功能，两者的不同之处在于企业是通过指令和权威达到实现资源配置的目的，而市场是通过价格机制完成的，企业这种权威等级制度能够产生的原因在于企业内部组织交易产生的成本低于在市场上交易产生的成本，那么资源会转向交易成本较低的组织，从而使企业制度作为另一种交易方式取代市场。威廉姆森（Williamson，1979）基于科斯理论，进一步深化和细化了交易成本理论。威廉姆森（1979）搭建了交易成本的分析框架，并从契约的角度将交易成本划分为事前交易成本和事后交易成本，事前成本包括谈判、签约等成本，事后成本包括适应性成本、约束性成本以及讨价还价成本等。威廉姆森（1985）认为人性因素和交易因素是导致交易成本产生的两个根源，人性因素里面的有限理性假设和机会主义行为假设构成了交易成本理论的基本假设。交易成本实际上是指交易双方为促成交易所必须付出的代价。交易成本理论认为当市场中的交易为零的情况下，无论产权如何划分，在产权清晰的前提下，最终作用结果都会实现市场资源的最优化配置。在实际交易中，交易成本不可避免，交易成本过高，企业经营效率也就越低，因此企业采取措施降低交易成本至关重要。

2.3.3　委托代理理论

委托代理理论是信息不对称理论的子集和扩展，是关于因为代理行为而产生代理成本的理论，其主要关注在信息不对称以及发生目标冲突时，委托人如何设立最优激励和约束机制有效缓解委托代理冲突和降低代理成本，尽可能使代理人与委托人的利益趋于一致，是制度经济学理论的重要组成部分。委托代理理论的核心观点是，随着社会生产力的发展与规模化生产，企业的生产效率显著提高，生产分工极大细化，导致企业原有的所有者疲于应对逐渐复杂的企业实际情况，也没有具备足够的专业管理知识与能力掌管数量逐渐增多、规模逐渐扩大的企业。于是企业所有者通过支付报酬的方式，将企业日常生产经营管理权力移交给专业的管理人员，即职业经理人，由此导致了企业的所有权与控制权分离，产生了委托人和代理人基于契约形成的委托代理关系。

委托代理理论主要包括以下内容，分别是：股东与职业经理人之间委托代理问题、股东与外部投资之间的委托代理问题以及股东与债权人之间的委托代理问题。基于以上内容，又可以将委托代理冲突产生的原因归结于以下两点：第一，委托人与代理人的利益诉求不同。例如企业所有者追求股东价值最大化，而管理者追求更高薪资、更多的休息时间与舒适的工作环境。第二，委托人和代理人之间的信息不对称。代理人相较于委托人通常处于信息优势地位，可能会出现为了实现自身利益而使委托人利益受到损害的现象。而如何最大限度提高委托者和代理者的目标一致性，有效缓解委托代理冲突则是委托代理理论研究的主要问题。

第 3 章

传统金融与金融科技背景下
上市公司发展现状比较

3.1　上市公司面临风险比较

3.1.1　传统金融背景下上市公司面临风险

传统金融模式主要以柜台为中心在线下办理各项业务，"资金"被视为最核心的要素。随着科技不断进步，传统金融模式的渠道有限、缺乏创新等固有局限性凸显，在一定程度上阻碍了上市公司的发展。传统金融风险主要包括市场风险、信用风险、流动风险、操作风险等。市场风险主要指由于金融资产价格波动而导致实际收益与预期收益两者发生偏离所带来的损失，具有代表性的是因市场利率变动的不确定性造成的损失；信用风险也称违约风险，主要指债务人无法在约定期限内偿还债权人；流动风险指金融机构由于流动资金不足而无法支付到期债务或者应对突发情况而带来的损失；操作风险是指人员错误、系统故障和内部控制不当等引起意外损失的风险。

第一，传统金融市场中，企业与金融机构之间存在信息不对称，金融机构偏向于将资金贷给信用评级较好、发展更有前景的企业，一些被排斥在传统金融服务之外的长尾群体无法获得应得的金融资源，造成了长尾群体"融资难""融资贵"等问题。随着上市公司数量日益增加，而金融机构数量却没有同比例增长，金融资源分配扭曲程度加深，上市公司发展不平衡加剧。部分上市公司得不到金融资源支持，越发在市场竞争中处于弱势地位，由此带来了市场竞争风险。

第二，在传统金融背景下，上市公司的投资工具较少，风险较为集中，一旦出现投资失误，造成资金链断裂，便会引发财务风险；当出现经营业绩不佳，资金短缺问题时，只得继续举债解决资金不足问题，给企业带来了经营风险，又带来了偿债风险。

第三，传统金融背景下，上市公司对银行等金融机构依赖性过强。从《中国企业风险报告（2020）》①的相关数据来看，创业板企业的平均杠杆率近年来逐渐上升，表现出高杠杆率；从负债结构来看，企业的负债比率逐渐增加，且短期负债占比也比较高，表明企业负债压力较大。因此，银行贷款利率是这部分上市公司需要特别关注的，如果市场环境出现变化，或者政府进行宏观调控，上市公司会因为贷款利率变动导致贷款利息增加，从而增加还款负担。所以，经济政策的不确定性会对上市公司造成消极影响，给上市公司带来政策风险。

3.1.2　金融科技背景下上市公司面临风险

金融科技作为一种新型的金融服务，在传统金融基础上，加入了大数据、人工智能、云计算、区块链等信息技术，这时候"数据"取代"资金"成为最核心的要素。与传统金融相比，金融科技的风险构成更复杂、更集中、风险辐射范围更大，主要包括技术风险、信息安全风险、

---

① 深圳市迪博企业风险管理技术有限公司、广东省企业风险管理智能控制工程技术研究中心：《中国企业风险报告（2020）》，2020 年。

法律风险等。技术风险主要指实际运用技术过程中，由于自身的缺陷以及在运行过程中出现的系统故障、网络安全等问题带来的风险；信息安全风险则主要指在交易信息泄露给客户及相关投资人带来损失的风险；法律风险指对于现有的监管规则并不适用金融科技这一新兴业务模式，相关法律规则不明晰可能引起监管者与被监管者的冲突。虽然在一定程度上解决了传统金融模式下的缺陷，但金融科技带来的新的风险也不容忽视。

第一，以数字化、网络化、普惠性、共享化、合规化为特征的技术驱动了传统金融创新。但技术是一把双刃剑。技术运用促进了上市公司的数字化转型，提升了企业效率的同时，由于技术更新换代的短周期性，对上市公司的要求也特别高，企业一旦不能及时根据国家政策和市场变化对技术研发进行调整，及时将研发投入转化成创新产出，持续让创新产出保持获利，那么在竞争过程中可能会因为产品不能满足客户需求而被淘汰。因此，在金融科技背景下，上市公司进行一系列创新活动可能会进一步加剧产品创新风险。

第二，在金融科技背景下，上市公司融资不仅仅局限于传统的方式，呈现出更加多元化与信息化的特征，同时也带来了数据安全问题。金融科技平台可以利用数据优势获取企业的大量数据与信息，甚至企业的私密信息，这些信息的不恰当使用，会严重损害企业的利益，对平台的信誉也会造成重大影响。目前我国出台一些政策与法律来规范网络平台，但监管难度依旧很大，维护数据安全仍然任重道远。

3.1.3　比较结果

金融科技与传统金融不是对立冲突，而是兼容补充的关系。在传统金融与金融科技背景下，上市公司面临的风险有相似的、有相互交叉的、也有新诱发的。如表 3 - 1 所示，传统金融背景下，上市公司主要面临市场竞争风险、财务风险以及政策风险；而在金融科技时代下，运用数字技术一定程度上消除了企业与金融机构之间的信息不对称，增加了企业资金来源渠道，提升了企业投融资效率，因而可以降低传统金融模式下所存在的一些风险，但是在技术加持下，上市公司也面临着产品创新风险与数据安全风险。总而言之，金融科技的发展一定程度上能降低传统金融模式下上市公司存在的风险，但同时也诱发了新的风险。因此，只有权衡金融科技的利弊，更加重视上市公司的风险管理，才能有利于金融稳定，促进上市公司高质量发展。

表 3-1 上市公司面临风险比较

传统金融背景下	金融科技背景下
（1）市场竞争风险 （2）财务风险 （3）政策风险	（1）产品创新风险 （2）数据安全风险

3.2 上市公司投资效率比较

3.2.1 传统金融背景下上市公司投资效率

投资活动是企业核心的财务活动，投资效率是影响企业发展和业绩的重要指标。合理的投资效率对企业有着重要的意义。为了顺利开展投资，企业必须要保证充足的资金来源。然而，在传统金融背景下，信息不对称和融资约束、委托代理问题加上环境不确定性导致上市公司普遍存在投资不足或投资过度问题。

第一，在传统金融背景下，上市公司普遍存在信息不对称与融资约束问题。企业的经营目的是实现企业价值最大化，而投资是实现这一目的的关键。开展投资活动的前提是公司的财务"健康"且具有抵御风险的能力，具备这些特征要求企业不仅自己生产经营状态良好，且要求企业有较强的融资能力，资金链条较为稳定。然而，根据融资约束理论，市场竞争中存在信息不对称、逆向选择，不仅银行等金融机构会采取提高信用评级、减少融资金额等措施来限制上市公司融资，而且上市公司在向外部融资时往往不能获取全部有效信息，需要承担额外的融资溢价，提高投资成本，引起投资不足。此外，信息不对称还造成投资者不能准确判断投资项目的真实价值，选择偏离最优水平的投资，错误地放弃一些净现值大于零的投资项目，导致投资不足现象的出现，使其投资决策偏离价值最大化的目标。

第二，在传统金融背景下，企业可利用的金融资源有限，体现各利益相关者之间目标不一致的委托代理问题进一步加剧。首先，从经营者与股东的利益冲突来看，由于企业所有权与控制权的分离，经营者与股东的利益目标不一致，两者之间产生了代理成本。经营者为了获取更多的私人利益，未必会完全按照股东价值最大化目标进行投资决策。一方面，经营者盲目投资那些可以扩大企业规模的项目，控制更多的资源，实现更多个人价值，有可能导致投资过度。另一方面，没有大数据等新兴技术的支撑，经营者不能准确识别具备良好发展潜力的项目，从而因为害怕投资失败损害自身利益，而引起投资不足。其次，从股东与债权人的利益冲突来看，债权人不希望企业利用募集到的资金投资过高风险的项目，因为这会危及到债权人的债务求偿权。但是站在股东的立场，为了获取更高收益，股东可能会倾向于投资一些高风险项目。种种原因均会引起企业的非效率投资。

第三，在传统金融背景下，上市公司的投资效率受外界环境不确定性的影响较大。不确定的市场环境会增大上市公司对投资项目的评估难度，降低投资者的决策质量。面对市场环境的不确定性，企业往往会采取一系列措施来调整投资行为，改变投资方向，但传统金融能给予企业的资金支持有限。除此之外，政府的直接干预降低了企业的经营自主权和资源配置效率，进一步使得企业的投资效率下降。

3.2.2　金融科技背景下上市公司投资效率

近年来，金融科技的发展推动了我国经济结构转型和高质量发展，优化了资源配置，它有效吸纳了市场中的金融资源并转化为有效供给，缓解了传统金融背景下企业存在的融资约束问题，驱动了上市公司加大研发投入，提高了上市公司财务风险稳定水平，一定程度上提高了上市公司的投资效率，这种投资效率的提高也可以体现为全要素生产率的提高。

第一，在金融科技背景下，上市公司的融资约束问题得到缓解。首先，在人工智能、大数据、区块链、云计算等技术的支撑下，上市公司能够获取并分析海量数据，获得了更为丰富的融资渠道和融资方式，为企业的投资提供了坚实的基础。其次，原有金融市场中大量的投资者具有"多、小、散"等特征，传统金融市场想要吸收这类投资者需要支付高昂的成本，而互联网金融平台降低了金融服务的门槛，提升了服务速度，显著降低了融资成本。融资问题得到缓解有助于激发企业的创新活力和动力，将资源转化为创新成果，进一步提高投资效率。

第二，金融科技的发展提高了上市公司的财务风险稳定水平，进而有效减少了企业的非效率投资。上市公司在选择投资项目时会面临不同的风险，而不同主体对风险承担的差异也会对其投资效果产生不同的影响。金融科技借助数据追踪、挖掘等技术，通过构建风险分析和管理框架实现智能性风控，降低了融资成本及现金流动性风险，有助于上市公司稳定经营，提高上市公司的风险识别能力，优化风险投资决策，改善上市公司的运营效率。当上市公司面临的财务风险得到控制时，企业增加投资的意愿增加，管理层风险承担水平也会提高，从而弥补了先前的投资不足行为，显著提高投资效率，但是也会产生过度投资，脱实向虚的风险。

第三，在金融科技背景下，上市公司的全要素生产率得到显著提升，企业的技术、资源配置以及产业结构等均得到优化，有助于减少上市公司的无效投资。首先，金融科技的技术创新促使上市公司通过改变技术流动方向，引导全要素生产率的空间流动，释放了创新群体的创新活力，全面提升技术水平。其次，金融科技的普及，使得整个市场行业内的资源要素越来越丰富，有助于拓宽获得资源渠道，提高了资源在投资人和被投资项目之间的流动性。最后，金融科技的高覆盖率促使信息与技术快速融合，提高了人力、物力、财力等资源的合理配置，推动了产业生产率的提高以及产业结构的升级。最终，都直接或间接地提高了企业的投资效率。

3.2.3　比较结果

总的来看，在金融科技背景下，非效率投资问题得到了很大程度的缓解。如表 3-2 所示，在传统金融背景下，上市公司投资效率存在融资约束、委托代理以及环境不确定性等诸多问题。而金融科技背景下，上市公司融资约束问题得到缓解，财务风险也相对稳定，投资动力显著增强，传统金融下的投资不足得到缓解，上市公司有更多资金和空间去加大研发投入，提升企业的全要素生产率，但这在一定程度上也会造成投资过度问题。因此，合理利用金融科技的重点是抑制过度投资引起的非效率投资行为。

表 3-2　　　　　　　　　上市公司投资效率不同的原因比较

传统金融背景下	金融科技背景下
（1）融资约束	（1）融资约束缓解
（2）委托代理问题	（2）财务风险稳定
（3）环境不确定性	（3）全要素生产率提高

3.3 上市公司盈余管理比较

3.3.1 传统金融背景下上市公司盈余管理

在传统金融时代，上市公司的盈余管理还处于起步阶段，我国资本市场也不完善。此时上市公司进行盈余管理的动机主要是能够获得政府补贴、保持债务契约以及防亏扭亏等。

第一，当企业利润指标较好时，政府可能会对其加征税费，这会削减企业的税后净利润。在传统金融背景下，上市公司经营活动所需资金的来源渠道单一，对于企业来说，为了尽可能节约税赋支出并获得补贴，一些上市公司通过递延会计利润，调整应计项目来调减净利润，营造出企业资金紧缺的假象，以此获取政府的津贴补助。

第二，在传统金融背景下，上市公司需要给债权人传递一种企业有能力偿还到期债务的信息。因此企业进行会计变更调整利润的可能性增大。同时，由于与债权人协议中有限制性条款，为了继续获得以后的资金，当财务报表的某些指标可能要超过限值时，企业会通过合理调整财务报表使某些指标依旧处于限制性条款范围之内。

第三，在盈余管理初期，上市公司最主要的目标就是让企业的财务报表能够体现出企业经营良好，发展前景乐观，所以当上市公司当年经营状况不是很好时，企业会采取调整应计项目与变更会计政策等方式调整企业财务报表，避免财务报表出现经营亏损的情况。这样一来，通过盈余管理能够达到财务分析师的预期，避免了股价的下跌，给市场中的投资者传递良好的信息，有助于上市公司进一步得到投资。如果企业经营状况一直不理想，企业在首次出现亏损的前一年会明显调增收入增加利润，尽量推迟出现亏损的时间，给企业寻找补救措施争取尽量多的时间。

3.3.2　金融科技背景下上市公司盈余管理

目前，上市公司盈余管理活动有了一定经验，加之金融科技的发展，在一定程度上改变了企业以前的盈余管理观念，此时上市公司进行盈余管理的动机更多是为获得高额报酬、获得配股权等资本市场动机以及IPO 动机。

第一，在上市公司中，企业管理层比利益相关者了解更多的内部信息与私人信息，为了获得最大收益，他们可以根据自身情况，灵活地决定是否对企业进行会计政策变更以及会计估计变更。且在一个企业中，管理者会因为经营业绩好而获得奖金报酬，如果某年的业绩不好，管理者一是会直接将这一年的利润做差，把今年的少部分利润转到下一年，使自己在下一年的报酬暴增，二是可能调整一些应计项目来增加这一年的收入以此增加利润，从而增加自己报酬所得。

第二，上市公司为了获得配股权很可能进行盈余管理。上市公司通过配股可以筹集到大量经营资本，并且相较于债务筹资，股权筹资所需付出的代价更小，对优化企业资本结构非常有利，因此大部分上市公司都想争取配股权。上市公司的盈余管理行为与配股政策中规定的净资产收益率具有一致性，企业利用关联方交易进行增加收入的会计处理，以及通过调整管理应计利润进行盈余管理，以达到取得配股权的要求。

第三，上市公司在 IPO 过程中很可能进行盈余管理。我国对公司IPO 上市有很严格的规定，其中有明确规定"最近三个会计年度内的净利润必须为正数且累计超过 3000 万人民币"，一些上市公司为了达到上市资格，便会采取盈余管理的措施，使 IPO 前两年的资产收益率处于高水平。因此大多数上市公司 IPO 上市当年的盈余水平即资产收益率很高，之后便逐年下降。

3.3.3　比较结果

会计盈余管理与会计盈余作假有本质区别，所谓盈余管理，是企业管理人员在会计准则和《中华人民共和国公司法》① 允许的范围内，通过会计政策的选择、会计估计的变更、重组经营活动或交易等，以期实现企业价值的最大化。上市公司盈余管理动机比较如表3－3所示，不论是在传统金融背景下还是在金融科技背景下，上市公司实行盈余管理的动机基本都包括政府层面动机、契约动机、资本市场动机，然而，在传统金融背景下盈余管理的动机主要是为获得政府补贴、保持债务契约以及防止亏损；在金融科技背景下抑制了部分盈余管理行为，这时的盈余管理动机主要是为获得高额报酬、获得配股权、IPO 动机。上市公司普遍存在盈余管理行为，他们进行盈余管理的目的都是希望最大限度美化企业财务状况以及经营成果，为企业营造一个良好的形象，向市场传递一种良好的信号。

表3－3　　　　　　　　　上市公司盈余管理动机比较

传统金融背景下	金融科技背景下
（1）获得政府补贴 （2）保持债务契约 （3）防止亏损	（1）获得高额报酬 （2）获得配股权 （3）IPO 动机

3.4　上市公司融资约束比较

3.4.1　传统金融背景下上市公司融资约束

企业的资金来源主要有两个渠道，一是内部利润留存，又称为内源

---

① 中华人民共和国中央人民政府：第十三届全国人民代表大会常务委员会第六次会议《关于修改〈中华人民共和国公司法〉的决定》第四次修正，2018 年。

融资；二是债务融资与股权融资，又称为外源融资。在现实市场中，完美的资本市场是不存在的，加之传统金融模式存在缺陷，导致上市公司融资能力较低、融资成本与融资风险较高、融资效率较低。

第一，传统金融背景下，上市公司的融资能力偏低，企业的外部融资成本高于内部融资成本。一些上市公司的内源融资不足以维持正常经营活动，需要进行外源融资。此时的外部金融市场并不发达，对于外源融资，企业大部分只能选择银行信贷，但是由于企业经营与信用记录不完善，财务报表中披露的信息质量也有待考量，银行与企业之间严重的信息不对称，导致一些企业往往被排斥在正规金融服务的门槛之外。因此，传统金融背景下，对外源融资依赖较高的上市公司面临的融资约束程度更严重。

第二，传统金融背景下，上市公司承担着较高的融资成本与融资风险。传统金融服务主要以线下为主，这不仅增加了时间成本和人工成本，还增加了信息成本和交易成本。传统金融机构为了降低贷款无法收回的风险，以保护债权人利益不受损害，通常会对有贷款需求的上市公司的信贷资格进行严格的审核，增加了上市公司很多额外的融资费用。在传统的金融市场中，银行等资金提供方会提高贷款利率或者贷款抵押来保障自己的利益，将风险大部分转嫁到了资金需求企业，让企业承担了较高的融资风险。

第三，传统金融背景下，上市公司融资效率较低。对于上市公司来说，融资的时效性和资金支配非常重要，是衡量企业融资效率的两个重要因素。就融资的时效性而言，相比于外源融资，企业的内源融资时效性是最好的，外源融资在申请、等待审批、获得融资款项这个完整过程中需要经历一段时间，这可能会让企业错过最佳的融资时间以及投资机会，导致融资效率低下。就资金支配而言，由于资金提供方对企业的限制，企业获取的资金不能灵活地运用于任何地方，从而导致资金无法发挥最大效用，资金使用的自由度降低带来了融资效率的降低。

3.4.2　金融科技背景下上市公司融资约束

大数据、云计算等技术的发展推动了金融科技的不断创新发展，金融科技通过完善传统金融市场体系，扩大了金融服务的范围，缓解了市场间的信息不对称，实现了资源的高效配置，进而拓宽了上市公司的融资渠道、降低了融资成本、提高了融资效率。

第一，金融科技拓宽了上市公司的融资渠道。针对企业而言，金融科技的出现突破了时间限制与地理局限，革新了传统金融服务及商业模式，扩大了传统金融服务的覆盖度，能够提供多种融资路径，增加了外部资金的获得性，有效拓宽了融资渠道。金融科技弥补了传统金融服务的短板，弱化了投资者和金融供给者与企业之间的信息不对称，能够触及到更多分散的、小规模的长尾群体，使之前无法获得金融服务的群体享受到正规的金融服务。

第二，金融科技降低了上市公司的融资成本。金融市场中由于信息不对称的存在，导致上市公司需要承担大量的信息搜寻成本与交易成本，限制了企业的投融资等财务管理活动。互联网金融等金融科技形式解决了传统金融下的交易成本过高问题，增强了金融服务的便利性，以前需要在线下进行的业务，现在通过线上平台便可完成，减少了大量的人力与物力，以及交易过程中一些不必要的资源消耗，加快了审批流程，有效降低了企业的信息成本与交易成本，使得信贷服务更加便捷。

第三，金融科技提高了上市公司的融资效率。由于金融科技是以"数据"为核心的金融服务，因此利用其信息筛选与数据处理的独特优势，金融机构可以快速且高效地收集大量客户的征信信息，全面了解上市公司的资金状况和经营情况，提升了企业信息透明度，可以针对不同等级的企业提供具有差异化的金融服务，提升了资金的配置效率和服务质量。同时，在大数据、人工智能等技术的支持下金融机构资源配置和风险管理能力得到提升，上市公司能够更快享受金融服务，提升了企业的融资效率，缓解了企业融资约束难题。

3.4.3　比较结果

综上所述，如表 3 - 4 所示，在传统金融背景下，融资约束是企业面临的一大难题，这时上市公司融资能力偏低、承担着较高的融资成本与融资风险、融资效率较低，存在着严重的融资约束问题。金融科技的创新发展则为上市公司解决融资难题提供了创新技术以及良好的外部环境，在金融科技背景下，通过拓宽融资渠道、降低融资成本、提高融资效率缓解了上市公司的融资约束问题。

表 3 - 4　　　　　　　　　　上市公司融资约束比较

传统金融背景下	金融科技背景下
(1) 融资能力偏低 (2) 较高融资成本和融资风险 (3) 融资效率较低	(1) 拓宽融资渠道 (2) 降低融资成本 (3) 提高融资效率

3.5　上市公司创新投入比较

3.5.1　传统金融背景下上市公司创新投入

由前文所介绍的传统金融背景下上市公司所面临的风险可知，传统金融存在的缺陷使上市公司进行创新活动受到了阻碍，上市公司普遍存在创新投入不足、创新技术不成熟、创新风险高与创新压力大等问题。

第一，上市公司进行创新活动的前提是充足的资金，在传统金融背景下，大多数上市公司都面临资金不足问题，资金规模与资产流动性的限制对部分上市公司的创新形成一道难以跨越的障碍。在传统金融市场中，上市公司与银行等金融机构之间信息不透明，互相传递与接收的信息存在滞后性，一些企业的创新动力也不足，种种原因均导致企业创新投资能力有限，研发投入不足，难以实现创新产出。

第二，上市公司进行创新活动至关重要的是具备人才，人才是最宝贵的资源。在传统金融背景下，上市公司技术创新的主体地位并不明确，市场及企业内部还未形成完备的创新机制，导致创新体系还不太成熟。一方面，一些上市公司缺乏科技创新人才，基础设施不健全，无法发挥其应有的作用；另一方面，上市公司缺乏主动创新的意愿，传统金融模式下所覆盖的服务范围受限，无法实现资源在市场中的有效配置，从而影响了企业创新活动的积极性与创造性。

第三，随着社会经济的快速发展，市场竞争越来越激烈。在此形势下，上市公司想要站稳脚跟就必须改变旧有发展方式，进行技术创新，以保证可靠的产品需求和质量，维持企业竞争优势，稳步向前发展。成功的创新活动能够将风险转化为收益，但一旦创新失败，企业将遭受巨大损失。因此上市公司面临着很大的创新压力与创新风险。

3.5.2　金融科技背景下上市公司创新投入

金融科技的发展对上市公司创新活动产生了重要影响。我国在"十四五"规划中指出，要坚持创新在我国现代化建设全局中的核心地位，要把科技自立自强作为国家发展的战略支撑，要落实创新驱动发展战略，进一步推进金融科技创新。近年来，上市公司创新活动取得的成效明显、企业创新投入持续增长、自主研发能力也在不断提升，创新人才培育体系与创新环境也得到逐步完善。

第一，金融科技背景下，上市公司的创新活动明显活跃。目前在人工智能、大数据和云计算等新兴技术的普及下，大部分上市公司都具备了创新意识，这为企业创新活动的进行奠定了良好的基础。在金融科技推动下，企业的创新方向多种多样，不仅包括业务产品创新、风险控制创新等针对企业内部进行的创新，还包括业务渠道拓展等针对企业外部展开的创新。在发展阶段不同的企业当中，处于高速成长期的企业创新发展指标较高，这说明成长较好的企业更多地开展了创新活动。金融科技的兴起为上市公司发展带来了很多便利，进一步使企业创新有了明显的进步与成效。

第二，金融科技背景下，上市公司创新投入持续增长。随着经济发展水平的提升，为了在市场中获取更多竞争优势，许多上市公司不断加强研发投入，加强自主创新。创新投入是取得创新成果的前提与保障，创新投入增加所带来的创新成果体现为产品创新和服务创新。根据《2015·中国企业家成长与发展专题调查报告》，上市公司研发资金来源的限制部分得到解决，使得上市公司研发投入所占比重逐渐增加，其中按照地区分类，东部地区上市公司增加的幅度最大，中西部地区增加的幅度较小，这说明东部地区将是以后推动上市公司开展创新活动的主要动力。

第三，金融科技背景下，上市公司自主研发能力不断提升。由调查报告对比可知，上市公司以自主研发作为新产品开发方式所占的比重逐渐增加，企业的观念也慢慢发生改变，从"经营管理能力""战略决策能力"到"研发能力""创新能力"等是核心竞争力的关注点的转变，说明上市公司对创新研发越来越重视。根据《中国科技统计年鉴》[①]统计数据，从衡量创新的中间产出与最终产出效果的专利数量来看，如图 3 - 1 所示，专利数量呈现快速增长趋势，同时创新新产品与新服务的收入也呈现出上升趋势，这表明上市公司的创新研发能力不断提升，并带动了企业绩效的提升。

---

①　中国科技统计官网：《中国科技统计年鉴》专利统计分析，2009～2019 年。

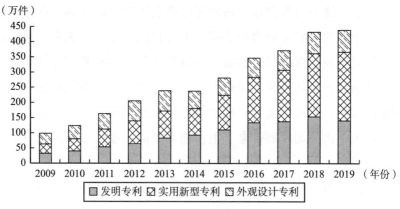

图 3 - 1　三类专利申请总量情况

资料来源：《中国科技统计年鉴》专利统计分析。

3.5.3　比较结果

在传统金融与金融科技背景下，上市公司创新投入有很大不同。如表 3 - 5 所示，传统金融背景下，上市公司创新活动存在着创新投入不足、创新技术不成熟、创新风险与创新压力大的问题；而在金融科技背景下，结合我国实施创新驱动战略，上市公司创新意识逐渐增强，越来越重视创新资源的培育，企业创新投入持续增长，自主研发能力不断提升。金融科技整体上促进了上市公司创新投入与创新产出。

表 3 - 5　　　　　　　　上市公司创新投入比较

传统金融背景下	金融科技背景下
（1）创新投入不足 （2）创新技术不成熟 （3）创新风险与创新压力大	（1）创新意识明显增强 （2）创新投入持续增长 （3）自主研发能力不断提升

3.6　上市公司成长情况比较

3.6.1　传统金融背景下上市公司成长情况

根据成长周期理论，企业成长主要分为五个阶段：创业期、成长期、成熟稳定期、高速发展期和衰退期，本书不讨论衰退期，只讨论企业成长阶段的前四个阶段。在传统金融背景下，成长期、成熟稳定期和高速发展期的企业成长情况各有不同，具体分析如下。

第一，传统金融背景下，处于创业期的上市公司既面临资金问题又面临激烈的竞争问题。这一时期的上市公司资产规模较小，财务制度相对而言还没有形成体系，外源融资的获得性低，主要依赖内源融资，造成了融资速度慢、融资难度大、融资数量少等问题。相对于公开市场上的标准化合约，具有较大灵活性和关系型特征的合约具备更强的解决非对称信息问题的优势，能够降低融资壁垒，较好满足那些具有高成长潜力企业的融资需求。

第二，处于成长期的上市公司在传统金融背景下同样面临着严重的融资约束问题。这一时期的公司有着向外扩张的需求，对资金需求急剧增加，内源融资已经不能满足企业资金需求，企业转向外源融资。以银行代表的间接融资通常会依据企业未来所能获得的收益和风险进行判断。在企业规模较小以及未来收益不确定的情况下，处于成长期的上市公司在传统金融背景下面临"融资难""融资贵"等问题，严重阻碍了上市公司稳定、持续成长。

第三，在传统金融背景下处于成熟稳定期和高速发展期的上市公司，要在未来继续维持稳定的增长势头，需要不断挖掘自身能力与投资机会，需要有高效的运营效率以及精细化的管理，并依靠自身优势，实现可持续增长的能力。经历过成长期后，上市公司通过经营活动具备了较为稳定的现金流，企业的市场地位及影响得到稳固，这时取得金融支持也较为容易。这一阶段，如何为企业注入新活力，加强企业应变能力，保持企业竞争优势，适应市场快速变化的能力，是企业主要考虑的问题。

3.6.2 金融科技背景下上市公司成长情况

金融科技带动了上市公司的发展，处于各个时期的企业在这时均得到了充足的金融资源。尤其是处在发展初期的新兴上市公司，金融科技像一个助推器，源源不断地提供发展动力，助力其快速且安稳度过成长初期。

第一，在金融科技背景下，上市公司在成长期的发展得到了充分保障。金融对发展初期的上市公司起着关键作用，主要可以分为正规金融与非正规金融。正规金融，如银行与资本市场，在获取信息、执行契约与降低交易成本方面优势更大，能够优化资源配置，促进企业在成熟期的成长；非正规金融，如网络借贷，借助其声誉、关系与信任机制，可以降低逆向选择与道德风险成本，有助于企业成长过程中的稳定。传统金融背景下，在经济发达地区正规金融与非正规金融促进企业成长的效果都比较显著，而在经济不发达地区，只有非正规金融的促进作用比较显著，金融科技的出现解决了传统金融下正规金融与非正规金融的不平衡，降低了两者获取难度，深化了两者的支持作用，更大程度上促进了上市公司在创业期的持续发展。

第二，创新是企业保持活力与竞争优势的一个重要因素。首先，创新活动具有很大的不确定性，金融科技可以为企业创新提供资金支持，并提升资金的使用效率，使企业有更多资金可以投入创新研发，以保证企业在市场中的竞争优势，保持持续高速发展。其次，金融科技为上市公司的创新活动提供了技术支持，促进了上市公司核心技术以及商业模式的创新，为上市公司的发展提供了更广阔的空间。不论是从产品还是服务，金融科技对提升企业创新能力都发挥了不可替代的作用。

第三，在金融科技背景下，上市公司融资难、融资贵问题得到了缓解，运用金融科技的核心技术，不仅可以有效降低金融交易的成本，拓展了企业的融资渠道，让处于发展初期的上市公司迅速收集到海量信息并助力其获得融资；还可以让一些真正具备核心竞争力的企业及时获得支持，把握更多的机会。对处于创业期和成长期的企业，可以获得具有针对性的小额信用贷款等各种专属金融服务，极大地缓解了长尾群体在成长过程中面临的资金不足问题。与此同时，在金融科技发挥作用的过程中，促进上市公司快速成长的同时也带来了一定隐患，成长速度过快导致上市公司无法及时识别外部环境变化并及时采取应对措施，这时企业倾向于投资高风险项目以获取高额收益，一旦管理层决策出现失误或者偏差，上市公司将遭受巨大损失。

3.6.3　比较结果

传统金融背景下处于创业期和成长期的上市公司大多存在严重的融资以及行业竞争问题，处于成熟稳定和高速发展期的上市公司同时也面临着诸多挑战；金融科技背景下，成熟稳定期和高速发展期的上市公司，这个时期处于创业期和成长期的上市公司有一个良好的发展环境，金融科技提升了企业对环境的适应程度，缩短了成长年限，总结可见表3-6。与传统金融背景下的上市公司相比，金融科技实现了金融资源"质"和"量"的提升，使得上市公司规模不断扩大，企业内部结构不断完善、企业功能不断优化，企业成长效果更显著。

表3-6　　　　　　　上市公司成长情况比较

传统金融背景下	金融科技背景下
（1）创业期面临资金及竞争压力	（1）缩短创业期和成长期年限
（2）成长期面临严重融资约束	（2）维持成熟稳定期稳定发展
（3）成熟稳定和高速发展期面临诸多挑战	（3）激发高速发展期创新活力

管理优化篇

第 4 章

金融科技优化上市公司投资管理

近几年，金融科技发展迅速，其渗透作用明显，应用场景广泛，深刻改变着金融服务的方式和逻辑，对微观企业活动构成了重大影响，主要表现有激发微观企业活力、提高企业创新能力（李春涛等，2020）、提高企业全要素生产率（巴曙松等，2020）等①。与此同时，企业作为市场的微观主体，目标之一是追求价值最大化，但在此过程中企业可能受多重因素影响会偏离最优目标，非效率投资就是表现形式之一。金融科技对实体经济的"赋能"效果主要通过"技术溢出效应"即缓解信息不对称难题（Huang Y et al.，2018）、提高信贷配置效率来实现（宋敏等，2021）。因此，本章聚焦企业非效率投资，借助 2011～2020 年沪深

---

① 学术界对金融科技的研究主要集中在三个方面。首先是关于金融科技的内涵。其次是金融科技主要发展特征。参见"乔海曙、黄荐轩. 金融科技发展动力指数研究［J］. 金融论坛，2019（3）；王均山. 金融科技生态系统的研究——基于内部运行机理及外部监管机制视角［J］. 上海金融，2019（5）"。最后是金融科技对微观主体的影响作用。参见"王小燕，等. 金融科技、企业生命周期与技术创新——异质性特征、机制检验与政府监管绩效评估［J］. 金融经济学研究，2019（5）；侯层、李北伟. 金融科技是否提高了全要素生产率——来自北京大学数字普惠金融指数的经验证据［J］. 财经科学，2020（12）"。

A股上市公司数据，实证检验金融科技与企业非效率投资间的逻辑关系①，进一步提升企业可持续发展能力与金融服务效能。

4.1 理论分析与研究假设

4.1.1 金融科技多方向缓释非效率投资行为

投资效率作为微观企业生产经营活动的重要指标，研究该因素相当重要。研究表明，上市公司存在较为严重的非效率投资行为（张功富等，2009），非效率投资有两种表现形式，投资不足与投资过度②。企业非效率投资行为主要体现在信息不对称（申慧慧等，2012）和企业代理等问

---

① 从大方向来看，金融科技在一定程度上抑制了非效率投资行为。参见"张斌彬，等. 金融科技发展能否驱动企业去杠杆？[J]. 经济问题，2020（1）"。从二者关系特征上来看，金融科技与企业投资效率呈先下降后上升的关系，前期的抑制作用在监管加强后有所变化，后期呈现出金融科技对投资效率的促进作用。参见"刘园，等. 金融科技有助于提高实体经济的投资效率吗？[J]. 首都经济贸易大学学报，2018（6）"。从关系主体上来看，金融科技对非效率投资的抑制作用在小规模企业、高科技企业、民营企业发挥得更明显；从维度分解上来看，大部分学者都证实了金融科技对企业投资不足的校正作用；从机制渠道上来看，主要是通过加大研发投入、保持财务稳定、提高现金持有水平、降低债务融资成本、缓解融资约束等方式实现非效率投资的下降。参见"王娟、朱卫未. 金融科技发展能否校正企业非效率投资[J]. 财经科学，2020（3）"。不难看出，主客观方面都较为全面地阐述了我国金融科技推动我国企业发展的理论和现实逻辑。但是从现有文献来看，研究金融科技与非效率投资二者关系的文献数量较少；缺少在外部环境影响下"金融科技—非效率投资"的关系研究；缺少金融监管政策对"金融科技—非效率投资"的影响研究。这也正是本章关注与研究的重点。
② 非效率投资通常分为两类：投资不足和投资过度。放弃净现值高于零的投资机会表现为非效率投资中的投资不足，相反表现为投资过度。

题上①。由于企业在生产经营过程中获得的信息限制了决策的全面性，主观上代理人管理能动特征具有主观判断性，企业基于以上问题疏于对项目了解，选择低风险项目（Myers S C & Majluf N S，1984）或是相反，滥用资金，盲目投资等（吕长江等，2011）都会造成投资效率低下。非效率投资会显著影响企业可持续发展能力（杨汉明，2019），提高企业投资的关键就是缓解投资不足，抑制投资过度。金融科技的出现弥补了传统金融短板，金融科技在改善信息不对称，增强企业信息透明度（Brammertz W & Mendelowitz A I，2018），促进融资等方面发挥着积极作用。金融科技也进一步支撑金融业务拓展，其服务范围和触达能力（广度和深度）进一步提升（郭峰等，2020）。金融科技以纵横发展对微观经济主体产生影响。金融科技覆盖面广使得信息可得范围扩大，一定程度上提高了信息的透明度和普及度，使企业可以更多地获取相关投资信息，可帮助企业全面决策，从而提高投资效率。金融科技触达深度加深，进一步提高信息质量，帮助企业更高效地决策，防止"审慎"性的投资不足，抑制"盲目"性的投资过度。梳理理论逻辑可得金融科技和非效率投资存在一定的关联，据此，本章提出以下假设：

① 非效率投资产生的原因，学者们大部分从两方面进行阐述。第一，信息不对称与非效率投资。参见"蔡吉甫. 会计信息质量与公司投资效率——基于2006年会计准则趋同前后深沪两市经验数据的比较研究 [J]. 管理评论，2013（4）；姚曦、杨兴全. 产品市场竞争、财务报告质量与投资现金流敏感性 [J]. 经济与管理研究，2012（8）"。第二，代理问题与非效率投资。参见"彭若弘、于文超. 环境不确定性、代理成本与投资效率 [J]. 投资研究，2018（10）；谢佩洪、汪春霞. 管理层权力、企业生命周期与投资效率——基于中国制造业上市公司的经验研究 [J]. 南开管理评论，2017（1）"。针对非效率投资行为的缓释因素研究，从企业内部来看，会计稳健性强度、内部控制制度、盈余管理程度等都对企业的非效率投资产生影响。参见"周晓苏，等. 会计稳健性、内部控制与投资效率——来自我国A股市场的经验证据 [J]. 山西财经大学学报，2015（11）；王治，等. 内部控制质量、产权性质与企业非效率投资——基于我国上市公司面板数据的实证研究 [J]. 管理评论，2015（9）；冼依婷、赵兴楣. 盈余管理程度、现金股利与非效率投资 [J]. 统计与决策，2020（24）"。从外部环境来看，媒体关注度、财政科技支出、股价崩盘等影响着企业的非效率投资行为。参见"孙彤，等. 媒体关注对企业非效率投资影响的实证 [J]. 统计与决策，2019（15）；刘桔林. 财政科技支出如何影响企业非效率投资？[J]. 当代经济管理，2020（11）；刘喜和、周妙雯. 股价崩盘风险、监督压力与非效率投资 [J]. 预测，2020（2）"。

H4 - 1：金融科技能够抑制企业的非效率投资行为。

H4 - 1a：金融科技能够通过其覆盖广度和触达深度抑制企业的非效率投资行为。

H4 - 1b：金融科技能够通过校正企业投资不足和投资过度两方面来达到抑制非效率投资行为的目的。

4.1.2 市场化调节"金融科技—非效率投资"

企业内部生产经营等活动会受到外部环境的影响，良好的外部环境能够降低代理成本，约束管理者的机会主义行为，以此缓解企业内部的消极影响，提升企业绩效（刘静等，2011；刘莉等，2021；杨华军，2007）。市场化水平高的地区具有稳定的金融市场，较为健全的外部制度环境，更严格的监管机制，一系列有利因素的综合使得微观企业投资效率进一步提高。同时，较高的市场化水平下，其经济活动的自由度、要素及产品市场的流动性也相应较高，企业的投资决策更倾向于市场机制，根据市场信号调整企业投资项目，提高企业投资敏感度，进而实施更高效的投资决策，也可减少低效率的投资行为。因此，市场化程度的高低对微观企业的活动存在重要影响，企业所处地区的市场化水平在一定程度上会影响企业的非效率投资行为。金融科技和市场化一样，都是企业运营活动中重要的条件，从信息普惠化、资源合理配置化等的角度来看，市场化水平同金融科技发挥较为相同的作用，二者存在一定的替代性，市场化水平对"金融科技—非效率投资"具有调节作用，即市场化水平一定程度上会弱化金融科技对非效率投资的影响。

H4 - 2：在其他条件不变的情况下，企业所处地区的市场化水平会抑制金融科技对非效率投资的负向影响。

4.1.3　行业竞争调节"金融科技—非效率投资"

基于竞争理论分析，行业竞争的激烈程度一定程度上影响企业的经营决策。一方面，高行业竞争领域在竞争机制影响下，企业基于稳定企业优势的目的，结合自身比较资源优势，会充分利用内外部信息，及时投资，高效决策从而降低失去投资机会的风险（Akdoǧu E & MacKay P，2009）。另一方面，基于潜在威胁，企业会主动披露更多公司信息，其适应性行为可以降低内外部之间的信息不对称，进而提高投资效率（Darrough M N & Stoughton N M，1990）。但管理人具有主观性，面对高强度的行业竞争，企业不可避免存在非良性竞争，竞争压力下提供给代理人的决策时间减少，其所做出来的投资决策存在一定的盲目性、从众性，行业的竞争可能进一步导致企业的非效率投资行为。由此认为，金融科技与行业竞合关系一定程度上会对企业非效率投资造成混合影响。

H4－3a：行业竞争正向调节金融科技对企业非效率投资的抑制作用。

H4－3b：行业竞争负向调节金融科技对企业非效率投资的抑制作用。

4.2　研　究　设　计

4.2.1　数据来源

本章以 2011～2020 年沪深两市 A 股所有上市公司作为样本且获取其相关财务数据，在此基础上，对样本数据进行相关处理：第一，剔除金融行业、状态异常（ST，*ST）企业、数据缺失的样本观测值；第二，保留至少连续 5 年的样本数据，提升数据质量；第三，对主要连续性变量作首尾 1% 的缩尾处理，消除极端值影响。通过处理最终获得 16083 组样本数据。本章所用财务数据主要来源国泰安数据库（CSMAR）。

4.2.2　变量定义

（1）被解释变量

本章以企业投资效率作为被解释变量，参考理查森（Richardson S，2006）、陈运森和黄健峤（2019）的研究，通过模型（4-1）来计算企业的非效率投资水平：

$$Invest_t = \beta_0 + \beta_1 Growth_{t-1} + \beta_2 Lev_{t-1} + \beta_3 Cash_{t-1} + \beta_4 Age_{t-1} + \beta_5 Size_{t-1}$$
$$+ \beta_6 Return_{t-1} + \beta_7 Invest_{t-1} + Industry + Year + \mu_t \qquad (4-1)$$

其中，Invest 代表企业投资水平，Invest =（购建固定资产、无形资产及其他长期资产的支出 + 取得子公司及其他营业单位支付的现金净额 - 处置固定资产、无形资产和其他长期资产收回的现金净额 - 固定资产折旧、油气资产折耗、生产性生物资产折旧）/总资产。控制变量包括企业成长指标（Growth）、资产负债率（Lev）、现金及现金等价物占总资产的比重（Cash）、企业年龄（Age）、企业规模（Size）、股票回报（Return）。同时进行行业与年份固定，回归获得相关残差，并对残差取绝对值来体现企业投资偏离程度，残差绝对值越大，企业非效率投资的程度越高，即投资效率越低。

（2）核心解释变量

本章参考邱晗等（2018）、盛天翔和范从来（2020）的做法，采用《数字普惠金融指数》衡量金融科技水平。该指数的数据基础来自蚂蚁金服，邱晗（2018）指出蚂蚁金服是中国影响力最大的金融科技企业之一，其数据可以较好反映中国金融科技的发展程度。将 2011~2020 年省级金融科技指数作为实证模型中的主要解释变量。其可进一步划分为三大子维度：使用深度、覆盖广度以及数字支持服务程度。同时，本章借鉴张友棠（2020）的做法，选择省级数据进行衡量，同时将省级金融科技指数除以 100 来解决该指标数值相对过大的问题。

（3）调节变量

市场化水平（Mark）。根据现有研究的衡量方法，本章采用《中国分省份市场化指数报告（2021）》中的市场化指数来衡量市场化水平，该指数由政府与市场的关系、非国有经济发展程度、产品市场发育程度、要素市场发育程度以及市场中介组织发育程度和法律制度环境五个一级指标计算得出。由于《中国分省份市场化指数报告（2021）》中可直接获取的样本数据只到 2019 年，本章借鉴俞红海（2010）、马连福（2015）的做法，根据历年市场化指数的平均增长幅度推算 2020 年的数值。

行业竞争程度（HHI）。赫芬达尔指数综合了集中度指标的优势，通过该指标测度能很好反映行业的竞争程度，当行业内公司数目一定时，赫芬达尔指数与竞争程度呈反向变动关系。本章借鉴张安军（2020）、陈丽蓉（2021）等，用行业内各企业营业收入占行业总收入比重的平方和即 $HHI = \sum_{i=1}^{N} (X_i/X)^2$ 来衡量行业竞争强度的高低。

（4）控制变量

借鉴已有文献，选取营业收入增长率（Growth）、现金资产（Cash）、企业年龄（Age）、公司规模（Size）、资产负债率（Lev）、净资产收益率（Roe）、独董比例（Indep）、两职合一（Mega）、托宾 Q 值（TobinQ）和股权集中度（Shr1）作为控制变量。同时，本章采用控制年份固定效应（Year）、行业固定效应（Industry）进行检验。

各变量具体定义如表 4-1 所示。

表 4-1　　　　　　　　　　　变量定义

变量类型	符号	名称	定义
被解释变量	Absinv	非效率投资	采用 Richardson 模型计算
解释变量	Index	金融科技	借助北京大学互联网金融研究中心编制的《金融科技普惠金融指数》作为金融科技发展水平的度量。数字普惠金融指数除以 100

变量类型	符号	名称	定义
调节变量	Mark	市场化水平	采用王小鲁、胡李鹏、樊纲等主编的《中国分省份市场化指数报告（2021）》中各省份的市场化总指数作为测量变量
	HHI	行业竞争程度	采用行业内各企业营业收入占行业总收入比重的平方和衡量变量
控制变量	Growth	成长性	营业收入的增长率
	Cash	现金持有水平	期末现金及现金等价物余额/资产总计
	Age	成立年限	公司成立年限
	Size	公司规模	总资产的自然对数
	Lev	资产负债率	总负债与总资产的比率
	Roe	净资产收益率	净利润/净资产
	Indep	独立董事比例	独立董事比例
	Mega	两职合一	当公司董事长与总经理为同一人时，取 1；不为同一人时，取 0
	TobinQ	托宾 Q 值	市值/净资产
	Shr1	股权集中度	第一大股东持股比例

4.2.3 模型构建

根据本章的研究设定，构建模型（4-2）来考察金融科技对企业非效率投资的影响：

$$Absinv_{i,t} = \beta_0 + \beta_1 Index_{i,t} + \sum Controls_{i,t} + \sum Industry + \sum Year + \varepsilon_{i,t}$$

$$(4-2)$$

其中，$Absinv_{i,t}$为被解释变量；$Index_{i,t}$为解释变量；$Controls_{i,t}$表示一系列控制变量；$\varepsilon_{i,t}$为不可观测因素；在此回归中本章还进行了如下处理：第一，本章遵循了最典型的"双向固定效应模型"，控制时间（Year），行业（Industry）进行检验。第二，在回归检验中，默认采用稳健标准误。

为了考察市场化水平、行业竞争的调节作用，将二者加入模型作为调节变量，构建回归模型（4-3）、模型（4-4）：

$$Absinv_{i,t} = \beta_0 + \beta_1 Index_{i,t} \times Mark_{i,t} + \beta_2 Index_{i,t} + \beta_3 Mark_{i,t}$$
$$+ \sum Controls_{i,t} + \sum Industry + \sum Year + \varepsilon \quad (4-3)$$

$$Absinv_{i,t} = \beta_0 + \beta_1 Index_{i,t} \times HHI_{i,t} + \beta_2 Index_{i,t} + \beta_3 HHI_{i,t}$$
$$+ \sum Controls_{i,t} + \sum Industry + \sum Year + \varepsilon \quad (4-4)$$

4.3 实证结果及分析

4.3.1 描述性统计与相关性检验

对主要变量进行描述性统计，结果如表4-2所示：第一，本章被解释变量企业非效率投资（Absinv）的最大值为0.3332，最小值仅为0.0006，说明企业的差异性会带来投资效率的差异性，这与现有研究相一致，企业均未达到最优投资规模（陈运森和黄健峤，2019），并且均值0.0439，最小值大于0，说明我国上市公司非效率投资现象普遍存在。第二，本章的解释变量，金融科技的最大值为3.7773，最小值为0.2889，标准差为0.8210，说明不同地区的金融科技发展水平存在明显差异。

表4-2　　　　　　　　　　　　描述性统计

变量	样本数	均值	标准差	最小值	中位数	最大值
Absinv	16083	0.0439	0.0524	0.0006	0.0292	0.3332
Index	16083	2.1608	0.8210	0.2889	2.2445	3.7773
Growth	16083	0.1813	0.4412	-0.5431	0.1052	2.8849

变量	样本数	均值	标准差	最小值	中位数	最大值
Cash	16083	0.1713	0.1184	0.0160	0.1396	0.5921
Age	16083	11.3816	6.4496	2.0000	11.0000	25.0000
Size	16083	22.3146	1.2686	19.9257	22.1498	26.1677
Lev	16083	0.4451	0.2059	0.0560	0.4419	0.8918
Roe	16083	0.0630	0.1145	-0.5443	0.0657	0.3424
Indep	16083	0.3744	0.0539	0.3333	0.3333	0.5714
Mega	16083	0.2341	0.4234	0.0000	0.0000	1.0000
TobinQ	16083	1.9208	1.7406	0.1608	1.4035	9.7018
Shr1	16083	34.3005	14.8461	8.4833	32.1393	74.2950

表4-3列示了主要变量的 Pearson 相关系数，结果显示：第一，金融科技与企业投资效率之间显著负相关，与本章预期相符；第二，主要变量相关系数的绝对值大都远小于0.5，基本不存在严重多重共线性。

4.3.2 基准回归

（1）金融科技对非效率投资的影响分析

为探究金融科技是否会对企业非效率投资产生影响，本章从控制年份、控制行业、同时控制行业与年份三个方面分别检验了金融科技对非效率投资的当期影响，影响结果如表4-4所示。第1～3列显示，Index系数在1%水平显著为负，表明金融科技在校正非效率投资，改善企业投资效率方面发挥了重要作用，验证了本章假设 H4-1。在此基础上，滞后一期金融科技，借此探析金融科技发展对企业非效率投资的长短期影响差异。第4列显示，L. Index系数在10%水平上显著为负，表明针对企业非效率投资，金融科技对其具有持续性影响，即金融科技影响企业本期和下期的投资计划、投资决策及相应的投资效率。

表 4 - 3　主要变量 Pearson 相关系数矩阵

变量	Absinv	Index	Growth	Cash	Age	Size	Lev	Roe	Indep	Mega	TobinQ	Shrl
Absinv	1											
Index	-0.027***	1										
Growth	0.291***	0.018**	1									
Cash	0.00400	-0.064***	0.014*	1								
Age	-0.135***	0.162***	-0.045***	-0.129***	1							
Size	-0.064***	0.160***	0.049***	-0.196***	0.300***	1						
Lev	-0.067***	-0.067***	0.013*	-0.329***	0.316***	0.513***	1					
Roe	0.044***	-0.076***	0.220***	0.156***	-0.022***	0.145***	-0.137***	1				
Indep	0.0110	0.050***	0	0.00800	-0.035***	0.015*	-0.00200	-0.038***	1			
Mega	0.060***	0.062***	0.033***	0.059***	-0.195***	-0.148***	-0.115***	-0.00500	0.112***	1		
TobinQ	0.144***	0.058***	0.072***	0.254***	-0.218***	-0.522***	-0.488***	0.100***	0.065***	0.133***	1	
Shrl	-0.035***	-0.091***	-0.014*	0.016***	-0.0110	0.241***	0.097***	0.125***	0.035***	-0.071***	-0.107***	1

注：*，**，***分别代表在10%，5%，1%的水平上显著；t 值经过稳健标准误调整，以下各表同此。

表 4 - 4   金融科技对非效率投资的影响

变量	1 Absinv	2 Absinv	3 Absinv	4 Absinv
Index	- 0. 0050 *** (- 3. 4492)	- 0. 0023 *** (- 4. 6624)	- 0. 0036 ** (- 2. 3918)	
L. Index				- 0. 0030 * (- 1. 7105)
Control	YES	YES	YES	YES
Constant	0. 0409 *** (4. 3859)	0. 0192 * (1. 9423)	0. 0389 *** (3. 8840)	0. 0199 * (1. 8453)
时间固定效应	YES	NO	YES	YES
行业固定效应	NO	YES	YES	YES
Observations	16083	16083	16083	13754
R-squared	0. 1184	0. 1255	0. 1304	0. 1413

金融科技对非效率投资的抑制作用和持续性影响可能的原因在于：金融科技是以技术为驱动力的金融创新，采用"大数据""云计算"等为金融所赋能，用以推动金融发展，提高金融质量。其科技特征促使信息交互性、网络化提高，降低企业因信息不对称所导致的非效率行为；信息整合性、利用度加深，企业可充分利用数据进行分析，来提高企业投资决策效率；信息普及化、时空渠道拓宽，进一步加强了不同地区之间的投资合作，进而实现优化配置。其金融特征促使金融工具丰富化、多样化，提升了金融服务供给能力，弥补传统短板，进一步满足微观企业的服务需求。

（2）金融科技指数分解对非效率投资的影响分析

为了进一步明晰金融科技对企业非效率投资活动的影响，本章将金融科技指数分解降维至三大层面：广度（Index - B）、深度（Index - D）

及数字化程度（Digitization）。基于此来分析金融科技细分层面下，哪些因素在校正企业非效率投资上有着更显著的作用效果，是金融科技的广泛程度、金融科技服务的层次，抑或是金融科技的数字化程度。其结果如表4－5所示：第1列显示，金融科技的覆盖广度（Index－B）与非效率投资的回归系数在5%水平上显著为负；第2列显示，金融科技嵌入深度（Index－D）的回归系数为－0.0027且通过5%的统计显著性检验。而数字化程度（Digitization）对企业非效率投资缓解效果不显著。可见，金融科技对企业非效率投资的校正作用主要是通过其所覆盖的广度及使用的深度所实现的。

表4－5 金融科技对非效率投资的影响：指标降维

（广度—深度—数字化）

变量	1 Absinv	2 Absinv	3 Absinv
Index－B	－ 0.0030 ** （－2.2542）		
Index－D		－ 0.0027 ** （－2.5241）	
Digitization			0.0024 （0.9602）
Control	YES	YES	YES
Constant	0.0383 *** （3.8082）	0.0394 *** （3.9332）	0.0378 *** （3.7366）
时间、行业固定效应	YES	YES	YES
Observations	16083	16083	16083
R-squared	0.1303	0.1304	0.1301

（3）金融科技对非效率投资的动态叠加影响分析

非效率投资包含投资过度与投资不足的两种情况，金融科技改善企业投资效率是通过抑制投资过度还是改善投资不足值得探讨，在此基础上，本章借鉴理查森（Richardson S，2006）的研究，在前期计算 Absinv 的基础上，重新定义模型（4－1）计算出的正负残差，正残差即为公司投资过度（Over_INV），负残差说明该公司投资不足（Under_INV）。用以分析"广度—深度"两个维度的发展程度对不同性质的非效率投资的影响，结果如表4－6所示。研究发现，金融科技对企业投资不足呈负相关且系数10%水平上显著，金融科技发展可在一定程度上缓解企业投资不足。通过降维分析可以得出，金融科技的这种校正作用主要来自金融科技的发展深度，而广度对缓和企业投资不足的作用不明显；金融科技与投资过度在5%水平上显著为负，说明金融科技对企业投资过度也存在着抑制作用。在金融科技发展广度、深度两维度下，其对企业投资过度的系数均在5%水平上显著为负。说明金融科技是通过广度、深度两大维度对非效率投资行为进行抑制的。

表4－6　　　　　　金融科技对非效率投资的影响：动态叠加
（"广度—深度"与"过度—不足"）

变量	1 Under_INV	2 Over_INV	3 Under_INV	4 Over_INV	5 Under_INV	6 Over_INV
Index	－ 0. 0021 * （ － 1. 8861）	－ 0. 0076 ** （ － 2. 0068）				
Index － B			－ 0. 0012 （ － 1. 3375）	－ 0. 0066 ** （ － 1. 9741）		
Index － D					－ 0. 0020 ** （ － 2. 5259）	－ 0. 0057 ** （ － 2. 1475）
Control	YES	YES	YES	YES	YES	YES
Constant	0. 0770 *** （10. 9153）	0. 0350 （1. 3763）	0. 0767 *** （10. 8512）	0. 0335 （1. 3104）	0. 0774 *** （10. 9746）	0. 0362 （1. 4246）

变量	1 Under_INV	2 Over_INV	3 Under_INV	4 Over_INV	5 Under_INV	6 Over_INV
时间、行业 固定效应	YES	YES	YES	YES	YES	YES
Observations	10416	5667	10416	5667	10416	5667
R-squared	0.1007	0.2102	0.1006	0.2102	0.1010	0.2103

通过该实证结果说明金融科技的运用，可有效识别和挖掘企业能力，信息精准度加强使得金融科技对企业非效率投资的校正作用更准确，进一步理解，金融科技的发展不仅需要靠面积覆盖也要实现深度挖掘，二者都不可或缺，这样才能为微观经济主体提供支持来提高持续发展动力和投资效率。

4.3.3　市场化、金融科技与非效率投资

前文通过基准回归明晰了"金融科技—非效率投资"二者之间的整体关系，在基于以上回归分析的基础上，本章进一步探究市场化水平对金融科技与非效率投资关系的影响。市场化水平的调节效应的结果如表4-7所示。第1~3列分别为市场化水平在不同维度下对金融科技与非效率投资之间的回归结果，金融科技指数、金融科技广度、金融科技深度与市场化指数的交互项回归系数均在10%水平上显著，表明市场化水平起到了调节作用。交互项系数符号均为正，说明市场化水平削弱了金融科技对非效率投资的改善作用，企业所处地区市场化水平与金融科技之间存在替代效应。金融科技广度与市场化水平的交互项系数为0.0026，金融科技深度与市场化水平的交互项为0.0033，可得，在市场化的作用下，金融科技广度相较于深度而言对非效率投资的校正作用更强。

表 4 - 7　　　　　　　　市场化、金融科技与非效率投资

变量	1 Absinv	2 Absinv	3 Absinv
Index	-0.0047** (-2.0041)		
Index × Mark	0.0030* (1.8619)		
Index - B		-0.0033* (-1.7200)	
Index - B × Mark		0.0026* (1.7564)	
Index - D			-0.0039** (-2.2320)
Index - D × Mark			0.0033* (1.9583)
Control	YES	YES	YES
Constant	0.0349*** (3.2261)	0.0355*** (3.2822)	0.0340*** (3.1229)
时间、行业固定效应	YES	YES	YES
Observations	16065	16065	16065
R-squared	0.1309	0.1309	0.1309

4.3.4　行业竞争、金融科技与非效率投资

行业竞争调节效应的结果如表 4 - 8 所示。第 1 ~ 3 列分别为行业竞争程度在不同维度下对金融科技与非效率投资之间的回归结果，金融科技指数、金融科技广度与行业竞争的交互项回归系数均在 10% 水平上显著正相关，但金融科技深度与行业竞争的交互项不显著，表明行业竞争在一定程度上对金融科技与非效率投资起到了负向调节作用。说明行业竞争削弱了金融科技对非效率投资的改善作用，降低了金融科技作用于

非效率投资的敏感性。验证了假设 H4 - 3b。

表 4 - 8　　　　　　　　行业竞争、金融科技与非效率投资

变量	1 Absinv	2 Absinv	3 Absinv
Index	- 0. 0034 ** (- 2. 1208)		
Index × HHI	0. 0012 * (1. 6733)		
Index - B		- 0. 0027 * (- 1. 9412)	
Index - B × HHI		0. 0013 * (1. 7420)	
Index - D			- 0. 0026 ** (- 2. 2835)
Index - D × HHI			0. 0008 (1. 1365)
Control	YES	YES	YES
Constant	0. 0424 *** (4. 1074)	0. 0420 *** (4. 0464)	0. 0427 *** (4. 1375)
时间、行业固定效应	YES	YES	YES
Observations	15389	15389	15389
R-squared	0. 1264	0. 1264	0. 1264

4.3.5　稳健性检验

本章使用多种方法对基本模型进行稳健性检验。一是调整样本期间，缩短时间窗口，剔除部分不易观测但存在重大影响的因素，如金融危机；二是改变样本容量，通过子样本回归和缩尾处理进行检验；三是变

量替换法，采用替换因变量的方式对原有假设进行验证；四是更换模型，采用 Tobit 模型进行进一步检验；五是采用工具变量方法，试图解决可能存在的内生性问题。

（1）调整样本期

中国股灾（2015 年）对我国宏微观经济发展都存在一定影响，其具有范围广、程度深等特点，由此在调整样本期间时，删除股灾及其之后的数据，缩短测试年限，选择 2011 ~ 2014 年进行回归。尽可能排除股灾的后效干扰，结果如表 4 - 9 所示，与主检验一致。

表 4 - 9   稳健性检验：调整样本期

变量	Absinv
Index	− 0. 0054 ** (− 2. 4577)
Control	YES
Constant	0. 0934 *** (7. 0694)
时间、行业固定效应	YES
Observations	7351
R-squared	0. 0904

（2）改变样本容量

本章参照中国证监会 2012 年颁布的《上市公司行业分类指引》[①] 的行业分类标准选取 2011 ~ 2020 年信息技术服务业上市公司为子样本，并重新进行回归。本章以信息技术服务业公司为子样本，控制行业固定效应和年份固定效应进行回归。结果如表 4 - 10 所示，第 1 列显示金融科技对非效率投资的系数显著为负与主检验一致，说明本研究结论在信息

---

① 中国证券监督管理委员会：《上市公司行业分类指引》，2012 年。

技术服务业行业中依然适用。

表 4 – 10　　　　　　　　　稳健性检验：改变样本容量

变量	1 Absinv	2 Absinv
Index	– 0. 0190 *** （ – 2. 7123）	– 0. 0014 ** （ – 2. 0247）
Control	YES	YES
Constant	– 0. 1070 ** （ – 2. 2603）	0. 0648 *** （14. 5410）
时间、行业固定效应	YES	YES
Observations	903	14485
R-squared	0. 1320	0. 0934

基于避免系统性偏差的目的，本章在选取相关稳健性检验的样本数据时，将模型（4 – 1）中所得的残差绝对值进行排序，企业非效率投资采用后 90% 的样本数据代替。再次进行回归，结果如第 2 列所示，回归结论保持不变。

（3）投资效率的替代变量

基于避免被解释变量衡量偏误的目的，参考比德尔等（Biddle G C et al. , 2009）和陈峰等（Chen F et al. , 2011）的做法采用模型（4 – 5）和模型（4 – 6）作为非效率投资的代替变量：

$$\text{Invest}_t = \beta_0 + \beta_1 \text{Growth}_{t-1} + \xi_t \qquad (4-5)$$

$$\text{Invest}_t = \beta_0 + \beta_1 \text{Growth}_{t-1} + \beta_2 \text{NEG}_{t-1} + \beta_3 \text{Growth}_{t-1} \times \text{NEG}_{t-1} + \xi_t$$

$$(4-6)$$

其中，NEG 为虚拟变量，当营业收入增长率小于 0 时取 1，否则取 0；Growth 即衡量企业成长性。采用行业和年份双向固定模型，以此进行实证检验，非效率投资水平以残差的绝对值表示。

本章以基于模型（4-5）计算出来的投资效率 Absinv2 和基于模型（4-6）计算出来的投资效率 Absinv3 进行回归，结果如表 4-11 所示，与主检验一致，表明投资效率的变量度量不影响本章研究结论。

表 4-11 稳健性检验：替换投资效率模型

变量	1 Absinv2	2 Under_INV2	3 Over_INV2
Index	- 0.0052 *** (- 4.4301)	- 0.0022 *** (- 3.0992)	- 0.0100 *** (- 2.9598)
Control	YES	YES	YES
Constant	0.0576 *** (7.3236)	0.0953 *** (19.1495)	0.0434 ** (1.9784)
时间、行业固定效应	YES	YES	YES
Observations	16243	10749	5494
R-squared	0.0845	0.1814	0.1121
变量	Absinv3	Under_INV3	Over_INV3
Index	- 0.0050 *** (- 4.2305)	- 0.0017 ** (- 2.3790)	- 0.0105 *** (- 3.1677)
Control	YES	YES	YES
Constant	0.0527 *** (6.7641)	0.0888 *** (17.4209)	0.0307 (1.4324)
时间、行业固定效应	YES	YES	YES
Observations	16243	10710	5532
R-squared	0.0843	0.1603	0.1092

（4）更换模型

本章用 Tobit 回归模型作为更换模型对原假设再次进行检验。估计结果如表 4-12 所示。在改变检验模型的情况下，金融科技仍然会抑制企业的非效率投资行为，与主检验一致，说明模型的选取不会影响本章关于金融科技与非效率投资关系的结论。

表 4 – 12　　　　　　　　**稳健性检验：Tobit 替代模型**

变量	1 Absinv	2 Over_INV	3 Under_INV
Index	– 0.0030 ** （ – 2.4172） （ – 2.7168）	– 0.0062 ** （ – 2.2183） （ – 1.2169）	– 0.0017 * （ – 1.9185） （ – 2.0988）
Control	YES	YES	YES
Constant	0.0311 *** （2.8119）	0.0187 （0.7058）	0.0725 *** （10.3139）
时间、行业固定效应	YES	YES	YES
Observations	16083	5667	10416

（5）内生性检验

本章选用企业所在省份的受教育年限和接壤省份金融科技发展水平作为工具变量。

采用受教育年限作为工具变量的原因如下：其一，各省份人口的受教育年限并不会直接影响企业的投资效率；其二，受教育年限越高，金融科技使用效果、运用程度越好。基于此本章将受教育年限的变量引入方程，使用 2SLS 估计处理内生性问题，受教育年限数据来自《中国统计年鉴》。估计结果如表 4 – 13 所示，在第一阶段中，工具变量的估计系数显著为正，说明受教育年限越高时，金融科技的发展水平越高，证实了工具变量与解释变量的相关性；从第 2 列可以看到，在第二阶段中，金融科技对企业非效率投资的影响依然显著为负。

表 4 - 13　　　　　　　　　　内生性检验：2SLS 工具变量法

变量	1 first Index	2 two Absinv	3 first Index	4 two Absinv
Edu	1. 764 *** （120. 39）		1. 172 *** （117. 82）	
Index		- 0. 005 ** （ - 2. 37）		- 0. 007 *** （ - 3. 15）
Control	YES	YES	YES	YES
Constant	- 3. 226 *** （ - 70. 34）	0. 038 *** （3. 77）	- 0. 382 *** （ - 10. 21）	0. 039 *** （3. 78）
时间、行业固定效应	YES	YES	YES	YES
Observations	16011	16011	16011	16011
R-squared	0. 954	0. 131	0. 953	0. 131
排他性检验		14493. 67 *** （0. 000）		13881. 11 *** （0. 000）
弱 IV 检验		1. 4e + 04 < 16. 38 >		1. 4e + 04 〈16. 38〉
IV 可识别检验		7617. 037 *** （0. 000）		7444. 800 *** （0. 000）

借鉴张杰等（2017）、张璇等（2019）的研究，第二个工具变量选取该省份所有与其接壤的各省份金融科技的平均值。选取原因如下：其一，接壤省份具有发展上的相似性；其二，基于地域分割性、差异性等特点，接壤省份的金融科技难以通过信贷路径影响本地企业投资效率。相关结果如第 3 列、第 4 列所示，金融科技对企业非效率投资的影响依然显著为负。

由此可见，在控制潜在的内生性问题后，金融科技对非效率投资的抑制作用仍然显著，与主效应回归结果一致。

4.3.6　异质性分析

上述针对金融科技与企业非效率投资的研究具有概括性，但其忽略了差异化的研究，在面对同等条件的金融科技作用时，企业的投资效率因企业属性的不同存在差异，本部分按照产权性质将企业分为国有企业与非国有企业，按照产业性质将企业分为高新技术企业和非高新技术企业，以识别金融科技对不同属性企业差异化下非效率投资的校正作用。

（1）产权异质性

由于我国从计划经济转变为市场经济的特殊性，国有企业是中国经济社会发展的中坚力量，而不同所有权性质的企业在社会经济中所起的作用不同（吴德军，2011），这决定了国有企业与非国有企业在代理问题上存在着显著的差异（姜付秀等，2009），因此企业的产权性质是影响管理者特征与企业过度投资之间关系的重要因素。在此基础上，根据国有及非国有产权性质的差异对全样本进行划分，并分别进行回归，结果如表 4-14 所示，国有企业中金融科技对企业非效率投资的影响并不显著，非国有企业中二者系数显著为负，体现了金融科技在非国有企业下较好地校正了非效率投资行为。国有企业与非国有企业的差异与现有研究保持一致，因为国有企业处于政府的管控之下，其投资决策要基于政府的治理目标所作出（闫伟宸等，2020），因此金融科技与投资效率之间的关联在国有企业中不那么明显（Ullah I et al.，2020）。非国有企业较为自主，在金融科技的运用上更加灵活，基于企业效益最大化的原则，金融科技可以很好地校正企业的非效率投资行为，提高企业投资效率。

表 4 – 14　　　　　　　金融科技对非效率投资的影响：产权异质

变量	1 Absinv	2 Absinv
	国有企业	非国有企业
Index	– 0.0013 （ – 0.7198）	– 0.0063 *** （ – 2.6900）
Control	YES	YES
Constant	0.0797 *** （6.8047）	– 0.0326 * （ – 1.8154）
时间、行业固定效应	YES	YES
Observations	6769	9314
R-squared	0.1140	0.1301

（2）产业异质性

参考张晓旭等（2021）的研究，依据相关文件分类标准，采用九大战略性新兴产业、六类制造业、九大高技术服务业来衡量高新技术企业。本部分将样本分为高新技术企业和非高新技术企业两组，进一步研究不同产业性质下金融科技对非效率投资的影响。其结果如表 4 – 15 所示，在非高新技术企业，金融科技对非效率投资存在显著的抑制作用，可能的解释是，非高新技术企业相较于高新技术企业来说发展水平较低，意味着非高新企业所受的金融抑制程度可能更强，金融科技一定程度上替代传统金融模式支持实体，此时非高新技术企业使用金融科技的效用体现得就更明显，从而使得其更好地抑制企业的非效率投资行为。

表 4 – 15　　　　　　　金融科技对非效率投资的影响：产业异质

变量	1 Absinv	2 Absinv
	高新技术企业	非高新技术企业
Index	– 0.0005 （ – 0.2230）	– 0.0063 *** （ – 3.1394）

变量	1 Absinv	2 Absinv
	高新技术企业	非高新技术企业
Control	YES	YES
Constant	－0.0113 （－0.7085）	0.0659 *** （5.2388）
时间、行业固定效应	YES	YES
Observations	7226	8857
R-squared	0.1331	0.1311

4.3.7　拓展性研究

在研究"金融科技—企业非效率投资"的基础上，本部分进一步嵌入金融监管因素，探究金融监管对金融科技与非效率投资的影响。参考王韧等（2019）的研究方法，用地方金融监管支出与地方金融业增加值的比值来衡量金融监管。以50%分位数为界，对金融监管强度进行分组，重新进行方程的回归检验，以分析在金融监管的不同强度下，金融科技对企业非效率投资的矫正作用。其结果如表4-16所示。由第1~3列的回归结果不难看出弱金融监管环境下，金融科技对企业投资不足和投资过度的相关系数均不显著，由第4~6列的结果来看，在强金融监管环境下，金融科技对企业总的非效率投资行为的矫正作用不明显。细化来看，金融科技与投资不足的相关系数在1%的水平上呈负相关，说明金融科技在强监管环境下企业的投资安全感更强，可以矫正企业的投资不足。金融监管的加持，可进一步引导金融科技规范发展，推动金融服务实体经济本质。为确保研究结果的稳健性，本章还采用金融科技与金融监管的交互项进行研究，交互项系数（Index × Supervision）在10%的水平上显著为负，以此明晰在金融监管下金融科技对企业非效率投资的矫正作用更明显。但是基于现有数据分析来看，金融监管对金融科技与非效率投资之间的影响较小，其原因可能是样本量的选取范围（2011 ~ 2020 年）较窄，未覆盖近几年金融监管力度持续加大的时期，也可能金融监管存在一定的滞后性，随着金融科技监管的效能的提高，监管的积极作用会进一步凸显，金融监管对二者之间的矫正效果预计会更加显著。

表 4 – 16　　　　　　金融监管、金融科技与非效率投资

变量	1 Absinv	2 Under_INV	3 Over_INV	4 Absinv	5 Under_INV	6 Over_INV	7 Absinv
Index	– 0. 0011 （ – 0. 5703）	0. 0013 （0. 8987）	– 0. 0074 （ – 1. 4486）	– 0. 0047 （ – 1. 6243）	– 0. 0065 *** （ – 3. 1742）	– 0. 0014 （ – 0. 2060）	– 0. 0018 （ – 1. 1388）
Supervison							0. 1353 ** （2. 4693）
Index × Supervison							– 0. 1393 * （ – 1. 7344）
Control	YES	YES	YES	YES	YES	YES	YES
Constant	0. 0484 *** （3. 8127）	0. 0851 *** （9. 7012）	0. 0557 * （1. 6553）	0. 0225 （1. 3774）	0. 0637 *** （5. 3656）	0. 0176 （0. 4433）	0. 0370 *** （3. 6839）
时间、行业 固定效应	YES	YES	YES	YES	YES	YES	YES
Observations	9184	6003	3181	6899	4413	2486	16083
R-squared	0. 1293	0. 1030	0. 2132	0. 1356	0. 1062	0. 2199	0. 1314

4.4　结论与建议

本章采用 2011 ~ 2020 年沪深 A 股上市公司数据，以金融科技作为切入点探究其与企业非效率投资的关系，得到下述结论：第一，金融科技能够显著地抑制企业的非效率投资。这种抑制作用主要体现在三大方面：

其一，长期性。金融科技对非效率投资的校正作用不仅是对当期有影响也会影响后期，具有时间上的延续性和扩散性；其二，横向普及性。金融科技的广度明显抑制了企业投资过度，金融科技使得信息的普及性和共享性提高，可让企业充分对比信息，减少盲目决策，进而抑制非效率投资；其三，纵向延伸性。金融科技的深度对投资不足和投资过度都有一定的抑制作用，主要体现在金融科技的深度使得信息准确性及运用效率提高，企业可充分权衡利弊，客观决策。第二，外部环境对金融科技与企业非效率投资之间存在调节作用，体现在市场化水平和行业竞争两大方面。市场化较高说明其金融生态较好，其金融科技的发展也会相对较好，市场化水平和金融科技具有一定的替代作用，进而市场化水平抑制了金融科技与非效率投资之间的关系。行业竞争程度也降低了金融科技作用于非效率投资的敏感性，负向影响金融科技与非效率投资。第三，从属性特征差异化上来看，相较于国有企业和高新技术企业而言，由于非国有企业的灵活性、非高新技术企业的低效性使得金融科技对企业非效率投资的校正作用更明显。第四，金融科技在强监管环境下可以矫正企业的非效率投资，推动金融服务实体经济本质。

结合研究结论，基于中国经济转型阶段特征，为使金融科技持续为实体经济发展"赋能"提出如下建议：

第一，发挥金融科技的革新作用，构建多元化金融科技服务业态。优化金融科技服务企业的机制体制，实现金融与企业的精准对接，使金融科技进一步覆盖微观经济实体，延伸其覆盖触角。强化金融科技的普惠性，进一步缓解传统金融中"普"而不"惠"或"惠"而不"普"的对立。降低服务门槛，助力缓解市场上信息不对称、不透明等问题，提高企业获得金融服务的质量。进一步提高企业投资敏感效度，为企业投资解难纾困。

第二，充分发挥市场机制，进一步推进市场化改革。优化外部市场环境，推动行业良性竞争，为金融科技这一新业态发展提供环境支持，为微观主体生产经营活动提供良好支撑。实现宏观环境的优势增效，为企业提升投资效率提供保障。

第三，强化风险跟踪和风险防范能力，实现金融宏观审慎监管与微观治理相结合。一方面，金融科技风险呈现出复杂性、系统性、脆弱性等特点，其风险感染速度更快，风险波及范围更广，对微观企业的影响更大。要强化金融科技监管，注重监管全局性、针对性和及时性，创新监管体制，实现创新与监管的动态平衡。另一方面，金融科技对微观企业的作用特征要求提出更符合实际的治理方案来应对差异化实体，实现金融科技的高效赋能。

第 5 章

金融科技改善上市公司财务管理

依托于数字技术，金融科技被认为具有缓解信息不对称（贺英杰，2021；薛莹和胡坚，2020）、服务长尾群体（李斌和江伟，2006）两大显著优势。投资方可以借助金融科技深度挖掘具有创新潜力的公司进行投资，同时对企业生产运营环节进行实时监控，从而减少管理层自利行为（李春涛等，2020）。同时，丁娜等（2020）提出金融科技与分析师市场具有显著的替代效应，即由于金融科技与分析师具有相似的功能，金融科技会挤出证券分析师占据的市场，从而导致分析师提供信息的阅读和评论数量下降。基于此，本章认为金融科技具有缓解信息不对称、减少管理层自利行为以及替代分析师市场等功能。但是，金融科技能否真正抑制企业盈余管理行为[①]？金

[①] 企业进行盈余管理会减少企业创新的投入和产出、对企业未来绩效产生负面影响以及加重企业税负，同时企业盈余管理行为还具有同群效应。因此，防范和遏制企业盈余管理行为对于单个企业自身发展以及整体经济高质量发展十分必要。现有研究发现，董事会结构变化、高管特征、会计信息可比性、内部控制水平等企业内部治理机制可以有效影响企业盈余管理行为。参见"胥朝阳、刘睿智. 提高会计信息可比性能抑制盈余管理吗？[J]. 会计研究, 2014（7）；姚宏，等. 产品市场竞争、董事会结构变化与盈余管理 [J]. 管理评论, 2018（4）；周晓惠，等. 高管团队异质性、盈余管理与企业绩效 [J]. 南京审计大学学报, 2017（3）；刘行健、刘昭. 内部控制对公允价值与盈余管理的影响研究 [J]. 审计研究, 2014（2）"。同时也有研究发现分析师关注、媒体关注、市场环境以及行业竞争等外部治理机制也会对企业盈余管理行为产生一定的影响。参见"李春涛，等. 分析师跟踪与企业盈余管理——来自中国上市公司的证据 [J]. 金融研究, 2014（7）；张婷婷，等. 媒体关注下上市公司盈余管理行为的差异研究——一种治理盈余管理的新途径 [J]. 管理评论, 2018（2）；周夏飞、周强龙. 产品市场势力、行业竞争与公司盈余管理——基于中国上市公司的经验证据 [J]. 会计研究, 2014（8）；陈晖丽、刘峰. 融资融券的治理效应研究——基于公司盈余管理的视角 [J]. 会计研究, 2014（9）"。尽管也有研究从金融环境视角来探讨对企业盈余管理行为的影响，但鲜有文献研究金融科技是否能对企业盈余管理行为产生影响。

融科技对应计盈余管理和真实盈余管理这两种盈余管理行为的作用逻辑是否一致？这些问题的答案还有待进一步探索。因此，本章同时以企业应计盈余管理和真实盈余管理为研究对象①，试图考察金融科技对企业盈余管理的影响效应，并深入分析企业融资约束以及企业之间的不同特征将如何影响两者之间的关系。

5.1 理论分析与研究假设

5.1.1 金融科技与企业应计盈余管理

企业是否进行盈余操纵主要考量盈余管理成本与收益的大小②。同时，管理层为了牟取自身利益，也可能进行盈余管理。依托于数字技术发展的金融科技，凭借其独特优势，一方面可以通过缓解信息不对称以及提高企业信息透明度，来增加企业盈余管理成本。金融科技在提高企

---

① 管理层进行盈余管理主要有两种途径，一种是应计盈余管理，即管理层通过操纵会计政策或会计估计的选择，对企业的盈余进行调增或调减以达到自身的目的。但是，这种盈余操纵方法不会改变企业真实的财务状况，只会改变利润的时间分布状况，具有易识别性。相比于应计盈余管理，真实盈余管理具有难以识别性，主要是因为它将盈余管理方式糅合进了日常的生产经营中，通过改变企业真实的营业情况来达到盈余操纵的目的，主要有销售操控（降低企业销售单价、改变企业赊销政策等）、生产操控（扩大企业生产规模以降低单位产品分摊的固定费用等）和费用操控（减少广告支出、管理费用等）三种模式。参见"Gunny K A. The relation between earnings management using real activities manipulation and future performance：Evidence from meeting earnings benchmarks［J］. Contemporary Accounting Research，2010，27（3）；胥朝阳、刘睿智. 提高会计信息可比性能抑制盈余管理吗？［J］. 会计研究，2014（7）；李春涛，等. 按下葫芦浮起瓢：分析师跟踪与盈余管理途径选择［J］. 金融研究，2016（4）"。

② 现代企业的两权分离制度导致了管理层和所有者之间的信息不对称，管理层可能基于获得薪酬激励和维护企业声誉等一系列动机，利用自身信息主导地位以及对公司的管理权对企业的盈余进行管理，以谋求自身或企业利益的最大化。参见"李延喜，等. 薪酬激励、董事会监管与上市公司盈余管理［J］. 南开管理评论，2007（6）；管考磊、张蕊. 企业声誉与盈余管理：有效契约观还是寻租观［J］. 会计研究，2019（1）"。

业信息透明度的同时（谢纬等，2019），也加大了企业进行应计盈余管理被发现的概率（牟卫卫和刘克富，2021）。而凭借互联网应运而生的金融科技加快了信息传播速度、覆盖广度以及影响度，企业也将付出更大的声誉损失。同时，银行在进行信贷评估时也会考虑企业的违规行为，银行会通过提高有违规历史的企业借贷利率以降低自身风险，从而加大了企业融资成本（朱沛华，2020）。另一方面金融科技可以通过降低企业财务费用以及缓解企业融资约束，来降低企业盈余管理倾向。当金融科技引入企业的资源越充足，将越有利于企业创新（李春涛等，2020）、企业成长（吴传琦和张志强，2021）以及提高企业全要素生产率（宋敏等，2021），降低企业进行应计盈余管理的动机（牟卫卫和刘克富，2021）。综上所述，金融科技可有效增大企业进行应计盈余管理的成本和潜在的风险，减弱应计盈余管理的动机。因此，提出如下假设：

H5－1：金融科技的发展程度越高，企业应计盈余管理程度越低。

5.1.2　金融科技与企业真实盈余管理

金融科技虽然可以一定程度上抑制企业应计盈余管理行为，但是管理层是否会为了满足盈余需求寻求更为隐蔽的盈余管理方式——真实盈余管理，主要取决于以下三点动机。首先，应计盈余管理方式调增或调减的金额有限，不能满足管理层的盈余需求（Roychowdhury S，2006）。其次，应计盈余管理潜在风险的加大。在财务报表审计日益严格的当下，对财务报表应计项目的操纵会引起审计师的详查。最后，真实盈余管理具有隐蔽性，潜在风险较低。由于真实盈余管理是通过改变企业的经营活动从而达到盈余管理的目的，审计师通过审查财务报表难以有效甄别盈余信息（李江涛和何苦，2012）。

金融科技的发展是否会抑制企业真实盈余管理，关键在于金融科技能否改变管理层将应计盈余管理转向更为隐蔽的真实盈余管理的动机。金融科技的发展会缓解信息双方的不对称（贺英杰，2021；薛莹和胡坚，2020），而信息不对称程度的降低会减少监管层的审计成本（施先旺等，2015），从而加剧了企业进行应计盈余管理的潜在风险，但是并没有增大真实盈余管理的风险。主要是由于审计师只是对企业财务报表进行审计，而并非对真实盈余管理进行审查。此外，一般的审计人员难以甄别出真实盈余管理的信息，只有具备行业专长的审计师才具有相应的识别功能（范经华等，2013）。因此，金融科技可能加剧了这两种盈余管理方式转换的动机。据此，提出如下假设：

H5-2：金融科技的发展程度越高，企业真实盈余管理程度越高。

5.1.3 融资约束的调节作用

融资约束作为强化企业盈余管理行为的重要动机之一，当企业融资需求达到一定程度时，融资约束越高则表明企业越难获取到资金（卢太平和张东旭，2014）。当企业融资约束越高时，金融科技对企业盈余管理行为具有双重动机。一方面，企业可能为了获取更多的资金，从而进行盈余管理行为；另一方面，企业实行较高的应计盈余管理行为，相应的被识别风险也会加大。同时，企业进行真实盈余管理会损害企业价值，加剧企业风险（罗琦和彭梓倩；2016），从而减少企业盈余管理行为。融资约束和金融科技交互作用影响企业盈余管理行为时虽然存在加剧盈余管理动机以及风险两种相反的机制，但卢太平和张东旭（2014）通过构建模型发现，在企业面临融资约束的情况下，企业进行盈余管理带来的收益将小于其获得的成本，即企业融资约束越高，企业盈余管理行为越弱。综上所述，融资约束会加快金融科技对应计盈余管理的抑制作用，同时会削弱金融科技对真实盈余管理的促进作用。据此，提出如下假设：

H5-3：企业融资约束越强，金融科技对企业应计盈余管理的抑制效应会增强。

H5-4：企业融资约束越强，金融科技对企业真实盈余管理的推动效应会减弱。

5.2　研　究　设　计

5.2.1　数据来源与处理

本章选取 2011~2020 年中国上市公司作为初始样本，剔除金融行业、ST 和 *ST 以及数据严重缺失的企业，并对所有的连续型变量进行上下 1% 缩尾处理，最终得到 18525 个样本。本章所需的数据主要来源 CS-MAR 数据库和 Wind 数据库，金融科技指数来源北京大学金融科技研究中心数据。

5.2.2　变量定义

（1）真实盈余管理

借鉴罗伊乔杜里（Roychowdhury S，2006）、蔡春等（2013）的方法，本章将企业真实盈余管理分为销售操纵、生产操纵以及费用操纵三个维度，并分别采用异常经营现金净流量（R_CFO）、异常产品成本（R_PROD）和异常酌量性费用（R_DISEXP）来衡量这三个维度的盈余操纵程度。此外，由于企业可能存在采用多种盈余操纵方式来进行盈余管理，借鉴李增福等（2011）的做法，构建了衡量企业盈余管理的综合性指标 REM2（R_PROD – R_CFO – R_DISEXP），REM2 为正表明企业进行向上的盈余管理，为负表明企业进行向下的盈余管理。

（2）应计盈余管理

本章以可操控性应计利润的绝对值衡量公司应计盈余管理程度。借鉴德高和迪切夫（Dechow P M & Dichev I D）的方法，对模型（5 – 1）按年份和行业逐步回归，用残差表示可操控性应计利润，残差的绝对值表示企业应计盈余管理程度（DD）。具体模型如下：

$$\Delta WC_{i,t}/TAST_{i,t} = \alpha + \beta_1 CFO_{i,t-1}/TAST_{i,t} + \beta_2 CFO_{i,t}/TAST_{i,t}$$
$$+ \beta_1 CFO_{i,t+1}/TAST_{i,t} + \varepsilon_{i,t} \tag{5-1}$$

其中，WC 代表企业的营运资金，等于折旧和摊销前营业利润减去经营活动现金流量净额；CFO 代表公司的经营活动现金流量净额；TAST 代表公司年初和年末的平均总资产。

（3）金融科技

借鉴吴传琦等（2021）的研究，本章采用北京大学数字金融研究中心发布的"数字普惠金融指数（2011—2020 年）"衡量金融科技的地区发展水平，该指数涵盖全国 31 个省份（不含港澳台地区）、337 个地级市，全面收集了金融科技数据，指标来源可靠。

（4）融资约束

本章采用 kz 指数测度融资约束，kz 指数采用多指标法全面衡量企业面临的融资约束，被广泛应用于测度企业融资约束水平。

（5）控制变量

参考已有研究，在模型中引入企业微观层面等控制变量，变量具体说明如表 5-1 所示。

表 5-1　　　　　　　　　　　具体变量说明

变量类别	变量符号	变量名称	变量定义
被解释变量	REM2	真实盈余管理	R_PROD - R_CFO - R_DISEXP
	R_PROD	异常生产成本	企业生产操控程度
	R_CFO	异常经营现金净流量	企业销售操控程度
	R_DISEXP	异常酌量性费用	企业费用操控程度
	DD	应计盈余管理	DD 模型计算的可操控性应计利润绝对值
解释变量	Index	金融科技	数字普惠金融指数进行归一化处理
调节变量	FC	融资约束	kz 指数法。FC 越大，融资约束越大

变量类别	变量符号	变量名称	变量定义
控制变量	Size	企业规模	总资产取对数
	Lev	资产负债率	年末总资产/年末总负债
	Roe	净资产收益率	企业利润/平均净资产
	Growth	营业收入增长率	本年营业收入/上一年营业收入 −1
	Balance	股权制衡度	第二到五位大股东持股比例之和/第一大股东持股比例
	BM	账面市值比	账面价值/总市值
	Dturn	月均超额换手率	反映股票流动性程度
	Mfee	管理费用率	管理费用/营业收入

5.2.3　模型构建

（1）金融科技影响企业应计盈余管理模型的构建

为了验证本章提出的假设 H5 − 1，构建模型（5 − 2）：

$$DD_{i,t} = \beta_0 + \beta_1 Index_{i,t} + \beta_2 Controls_{i,t} + \beta_3 Year_t + \beta_4 Firm_i + \varepsilon_{i,t} \quad (5-2)$$

（2）金融科技影响企业真实盈余管理模型的构建

为了验证本章提出的假设 H5 − 2，构建模型（5 − 3）：

$$REM2_{i,t} = \alpha_0 + \alpha_1 Index_{i,t} + \alpha_2 Controls_{i,t} + \alpha_3 Year_t + \alpha_4 Firm_i + \varepsilon_{i,t}$$
$$(5-3)$$

（3）融资约束调节金融科技与企业应计盈余管理模型的构建

在模型（5 − 2）的基础上，引入融资约束以及金融科技与融资约束的交互项（FC × Index）来构建模型（5 − 4），检验假设 H5 − 3。

$$DD_{i,t} = \delta_0 + \delta_1 Index_{i,t} + \delta_2 FC_{i,t} + \delta_3 FC \times Index_{i,t} + \delta_4 Controls_{i,t}$$
$$+ \delta_5 Year_t + \delta_6 Firm_i + \varepsilon_{i,t} \quad (5-4)$$

（4）融资约束调节金融科技与企业真实盈余管理模型的构建

在模型（5 − 3）的基础上，引入融资约束以及金融科技与融资约束的交互项（FC × Index）来构建模型（5 − 5），检验假设 H5 − 4。同时，为了避免多重共线性的影响，对交互项进行了中心化处理。

$$REM2_{i,t} = \chi_0 + \chi_1 Index_{i,t} + \chi_2 FC_{i,t} + \chi_3 FC \times Index_{i,t}$$
$$+ \chi_4 Controls_{i,t} + \chi_5 Year_t + \chi_6 Firm_i + \varepsilon_{i,t} \qquad (5 − 5)$$

5.3 实证结果及分析

5.3.1 描述性统计

变量描述性统计如表 5 − 2 所示，真实盈余管理（REM2）以及真实盈余管理的三个子指标异常生产成本（R_PROD）、异常经营现金净流量（R_CFO）、异常酌量性费用（R_DISEXP）的均值虽接近于 0，但并不意味着样本公司不存在真实盈余管理行为，可能是由于样本公司盈余管理方向不一致而导致正负抵消。同时，从真实盈余管理的最小值和最大值来看，跨度为 1.071，表明样本公司进行上下真实盈余管理的差异程度较大。企业应计盈余管理（DD）的最大值为 1.726，远远高于真实盈余管理数值，表明企业应计盈余管理水平要远远大于真实盈余管理水平。同时，金融科技的最小值和最大值分别为 0.13 和 0.96，说明各个地级市的金融科技发展水平存在一定的差距。

表 5 − 2　　　　　　　　　描述性统计

变量名	样本数	均值	中位数	标准差	最小值	最大值
REM2	18525	− 0.002	0.008	0.178	− 0.602	0.469
R_CFO	18525	0	0	0.07	− 0.209	0.198
R_PROD	18525	− 0.001	0.003	0.099	− 0.32	0.289
R_DISEXP	18525	0.001	− 0.006	0.058	− 0.129	0.239

变量名	样本数	均值	中位数	标准差	最小值	最大值
DD	18525	0.117	0.057	0.222	0.001	1.726
Index	18525	0.603	0.636	0.205	0.13	0.96
FC	18525	0.535	0.740	1.705	−4.903	5.127
Size	18525	22.29	22.12	1.282	19.52	26.39
Lev	18525	0.443	0.437	0.206	0.031	0.925
Roe	18525	0.058	0.066	0.136	−1.112	0.397
Growth	18525	0.177	0.102	0.466	−0.623	4.806
Balance	18525	0.697	0.524	0.602	0.018	2.961
BM	18525	1.106	0.713	1.169	0.051	8.232
Dturn	18525	−0.048	−0.025	0.381	−2.487	1.585
Mfee	18525	0.096	0.076	0.083	0.007	0.766

5.3.2　基准回归

（1）金融科技与应计盈余管理

表 5-3 的第 1 列显示了金融科技与企业应计盈余管理之间的关系，在控制了年份以及企业个体差异后，金融科技影响企业应计盈余管理的系数 $\beta_1 = -0.421$，且在 1% 置信水平上显著为负，假设 H5-1 得到验证。表明金融科技的发展会降低企业采用会计政策或会计估计来进行盈余管理的倾向，从而抑制企业应计盈余管理的水平。

表 5-3　　　　　　　金融科技与企业盈余管理回归结果

变量	1 DD	2 REM2	3 R_PROD	4 R_CFO	5 R_DISEXP
Index	−0.421 *** (−4.20)	0.158 *** (2.72)	0.0483 (1.36)	−0.0309 (−1.06)	−0.0683 *** (−4.84)
Size	0.0225 *** (4.49)	0.00857 *** (2.94)	0.00634 *** (3.58)	−0.00677 *** (−4.65)	0.00627 *** (8.87)

续表

变量	1 DD	2 REM2	3 R_PROD	4 R_CFO	5 R_DISEXP
Lev	0.0306 (1.60)	0.0279 ** (2.52)	0.0447 *** (6.62)	− 0.00111 (− 0.20)	0.0134 *** (4.99)
Roe	0.00490 (0.31)	− 0.139 *** (− 15.19)	− 0.0718 *** (− 12.87)	0.0621 *** (13.54)	0.00291 (1.31)
Growth	0.0911 *** (23.71)	− 0.0415 *** (− 18.65)	− 0.00611 *** (− 4.51)	0.00167 (1.50)	0.0344 *** (63.70)
Balance	− 0.000739 (− 0.12)	− 0.00652 * (− 1.89)	− 0.00548 *** (− 2.61)	0.000430 (0.25)	0.00166 ** (1.99)
BM	− 0.00562 * (− 1.79)	0.00765 *** (4.19)	0.00504 *** (4.53)	− 0.000713 (− 0.78)	− 0.00230 *** (− 5.18)
Dturn	− 0.0188 *** (− 3.48)	− 0.0136 *** (− 4.34)	− 0.00532 *** (− 2.78)	0.00670 *** (4.27)	0.00110 (1.45)
Mfee	0.267 *** (7.05)	− 0.0929 *** (− 4.23)	0.0575 *** (4.29)	− 0.00324 (− 0.29)	0.166 *** (31.04)
_cons	− 0.283 *** (− 2.62)	− 0.211 *** (− 3.37)	− 0.171 *** (− 4.49)	0.150 *** (4.79)	− 0.150 *** (− 9.90)
企业固定效应	YES	YES	YES	YES	YES
年份固定效应	YES	YES	YES	YES	YES
Observations	18525	18525	18525	18525	18525
R-squared	0.098	0.056	0.035	0.019	0.241

注：***、**、* 分别表示在1%、5%和10%的统计水平上显著；括号内为稳健标准误，以下各表同此。

（2）金融科技与真实盈余管理

表5－3的第2列显示了金融科技与企业真实盈余管理的回归结果。回归结果显示金融科技影响企业真实盈余管理的系数 $\alpha_1 = 0.158$，且在1%置信水平上显著，因此，假设H5－2得到验证。从真实盈余管理的分指标来看，表5－3的第3～5列分别显示了金融科技与销售操纵、生产操纵以及费用操纵之间的关系，回归结果表明，金融科技主要通过减

少广告支出、降低管理费用等费用操纵方式来进行企业的向上盈余管理。同时，虽然金融科技对销售操纵、生产操纵的回归系数并不显著，但是从其系数的方向可以看出，金融科技促进了企业向上的盈余管理。

5.3.3　金融科技、融资约束与企业盈余管理

融资约束调节效应回归结果，如表 5 - 4 所示。第 1 列显示了金融科技与企业融资约束交互作用对企业应计盈余管理的影响。回归结果显示，金融科技与企业融资约束交互项系数显著为负，与金融科技系数方向一致，表明融资约束进一步促进了金融科技影响企业应计盈余管理的抑制作用，假设 H5 - 3 得到验证。同时，第 2 列显示了金融科技与企业融资约束交互作用对企业真实盈余管理的影响，金融科技与企业融资约束交互项系数显著为负，与金融科技系数方向相反，表明融资约束削弱了金融科技影响企业真实盈余管理的促进作用，假设 H5 - 4 得到验证。回归结果进一步表明，随着企业融资约束的提升，金融科技与企业融资约束交互作用会抑制企业两种盈余管理的强度。

表 5 - 4　　　　　　　　　　融资约束调节效应回归结果

变量	1 DD	2 REM2
Index	- 0. 404 *** (- 4. 04)	0. 105 ** (2. 02)
FC	- 0. 016 *** (- 9. 27)	0. 052 *** (58. 86)
FC × Index	- 0. 031 *** (- 5. 93)	- 0. 009 *** (- 3. 34)
Size	0. 014 *** (2. 71)	0. 033 *** (12. 51)

变量	1 DD	2 REM2
Lev	0.096 *** (4.62)	− 0.232 *** (− 21.51)
Roe	− 0.018 (− 1.16)	− 0.078 *** (− 9.37)
Growth	0.085 *** (21.58)	− 0.014 *** (− 7.04)
Balance	0.002 (0.27)	− 0.005 (− 1.52)
BM	− 0.002 (− 0.79)	0.003 * (1.94)
Dturn	− 0.019 *** (− 3.59)	− 0.012 *** (− 4.39)
Mfee	0.272 *** (7.19)	− 0.103 *** (− 5.22)
Constant	− 0.119 (− 1.10)	− 0.647 *** (− 11.44)
企业固定效应	YES	YES
年份固定效应	YES	YES
Observations	18525	18525
R-squared	0.104	0.244

5.3.4 稳健性检验

（1）替换被解释变量

借鉴蔡利等（2015）、高荣婧等（2013）的研究，本章将 McNicols 模型计算出来的可操纵应计利润作为应计盈余管理的替代变量，同时采用 RM1（R_PROD − R_DISEXP）作为真实盈余管理的替代变量代入模型重新回归作为稳健性检验，如表 5 - 5 所示。从回归结果来看，不论是金融科技对企业盈余管理的回归结果还是金融科技与企业融资约束相互作用对企业盈余管理行为的回归结果，均与主模型回归结果一致。进一步证明了本章结论的稳健性。

表 5 - 5 稳健性检验：替换被解释变量

变量	1 McNicols	2 McNicols	3 RM1	4 RM1
Index	- 0. 522 *** (- 5. 58)	- 0. 508 *** (- 5. 44)	0. 117 *** (2. 86)	0. 102 ** (2. 54)
FC		- 0. 013 *** (- 7. 87)		0. 015 *** (21. 21)
FC × Index		- 0. 027 *** (- 5. 67)		- 0. 005 ** (- 2. 35)
Size	0. 022 *** (4. 68)	0. 015 *** (3. 13)	0. 000 (0. 03)	0. 007 *** (3. 33)
Lev	0. 026 (1. 46)	0. 077 *** (3. 96)	0. 031 *** (4. 02)	- 0. 042 *** (- 5. 04)
Roe	0. 004 (0. 24)	- 0. 015 (- 1. 03)	- 0. 075 *** (- 11. 64)	- 0. 058 *** (- 9. 08)
Growth	0. 069 *** (19. 14)	0. 064 *** (17. 38)	- 0. 041 *** (- 25. 97)	- 0. 033 *** (- 20. 91)
Balance	- 0. 006 (- 1. 01)	- 0. 003 (- 0. 62)	- 0. 007 *** (- 2. 96)	- 0. 006 *** (- 2. 70)
BM	- 0. 008 *** (- 2. 67)	- 0. 005 * (- 1. 76)	0. 007 *** (5. 73)	0. 006 *** (4. 91)
Dturn	- 0. 019 *** (- 3. 84)	- 0. 020 *** (- 3. 94)	- 0. 006 *** (- 2. 92)	- 0. 006 *** (- 2. 81)
Mfee	0. 164 *** (4. 65)	0. 168 *** (4. 76)	- 0. 108 *** (- 7. 02)	- 0. 111 *** (- 7. 31)

续表

变量	1 McNicols	2 McNicols	3 RM1	4 RM1
Constant	−0.218 ** (−2.17)	−0.086 (−0.85)	−0.021 (−0.48)	−0.140 *** (−3.21)
企业固定效应	YES	YES	YES	YES
年份固定效应	YES	YES	YES	YES
Observations	18525	18525	18525	18525
R-squared	0.091	0.095	0.072	0.102

（2）替换控制变量

作为稳健性检验，本章将控制变量 Roe 替换为 Roa，并代入模型重新进行回归，如表 5 - 6 所示。根据回归结果显示，替换控制变量没有明显改变主要解释变量系数方向以及显著性，进一步揭示了本章结论的稳健性。

表 5 - 6   稳健性检验：替换控制变量

变量	1 DD	2 REM2	3 DD	4 REM2
Index	−0.421 *** (−4.20)	0.148 ** (2.56)	−0.405 *** (−4.04)	0.101 * (1.95)
FC			−0.016 *** (−9.31)	0.051 *** (57.38)
FC × Index			−0.031 *** (−5.94)	−0.009 *** (−3.31)
Size	0.023 *** (4.50)	0.010 *** (3.55)	0.014 *** (2.72)	0.033 *** (12.65)
Lev	0.031 (1.60)	−0.003 (−0.25)	0.094 *** (4.50)	−0.242 *** (−22.39)

续表

变量	1 DD	2 REM2	3 DD	4 REM2
Roa	0.012 (0.33)	-0.449 *** (-21.42)	-0.055 (-1.49)	-0.240 *** (-12.49)
Growth	0.091 *** (23.62)	-0.038 *** (-17.30)	0.085 *** (21.62)	-0.013 *** (-6.56)
Balance	-0.001 (-0.12)	-0.008 ** (-2.44)	0.001 (0.24)	-0.006 * (-1.82)
BM	-0.006 * (-1.79)	0.007 *** (3.98)	-0.002 (-0.79)	0.003 * (1.90)
Dturn	-0.019 *** (-3.48)	-0.015 *** (-4.74)	-0.020 *** (-3.61)	-0.013 *** (-4.60)
Mfee	0.268 *** (7.05)	-0.118 *** (-5.41)	0.269 *** (7.12)	-0.114 *** (-5.82)
Constant	-0.283 *** (-2.63)	-0.218 *** (-3.52)	-0.117 (-1.08)	-0.640 *** (-11.35)
企业固定效应	YES	YES	YES	YES
年份固定效应	YES	YES	YES	YES
Observations	18525	18525	18525	18525
R-squared	0.098	0.070	0.104	0.247

（3）工具变量法

借鉴李春涛等（2020）、邱晗等（2018）的研究，为了解决模型中可能存在的内生性问题，本章采用相邻省份的金融科技发展水平、互联网普及率分别作为模型（5-2）和模型（5-3）的工具变量。工具变量回归结果如表 5-7、表 5-8 所示，工具变量均通过了弱工具变量检验以及不可识别检验，表明采用相邻省份金融科技发展水平的均值以及互联网普及率作为工具变量是合理的。同时，在解决了模型中可能存在的内生性问题之后，回归结果与基准回归保持一致，进一步证明了本章结论的稳健性。

表 5 - 7　　　　　　　工具变量回归结果——互联网普及率

变量	1 Index	2 DD
iv	-0.057^{***} (-23.79)	
Size	0.001 (1.25)	0.024^{***} (3.55)
Lev	0.004^{**} (2.26)	0.040^{*} (1.67)
Roe	-0.003^{**} (-2.07)	-0.002 (-0.12)
Growth	0.000 (0.39)	0.091^{***} (11.16)
Balance	-0.001^{**} (-2.21)	-0.003 (-0.41)
BM	-0.001^{***} (-3.07)	-0.007^{*} (-1.90)
Dturn	0.001^{***} (2.80)	-0.017^{***} (-2.78)
Mfee	-0.006^{*} (-1.82)	0.253^{***} (3.99)
Index		-2.128^{***} (-5.11)
企业固定效应	YES	YES
年份固定效应	YES	YES

续表

变量	1 Index	2 DD
Observations	18134	18134
R-squared		0.081
伪识别检验（Kleibergen – Paap rk LM statistic）		121.450
P 值		0.000
弱工具稳健检验（Kleibergen – Paap rk Wald F statistic）		106.555

表 5 – 8　工具变量回归结果——相邻省份金融科技发展水平的均值

变量	1 Index	2 REM2
mmx_IV	0.060 *** （10.32）	
Size	0.001 * （1.75）	0.008 ** （1.97）
Lev	0.005 *** （3.08）	0.027 * （1.91）
Roe	– 0.006 *** （– 4.27）	– 0.122 *** （– 9.60）
Growth	– 0.000 （– 1.00）	– 0.041 *** （– 9.92）
Balance	– 0.001 （– 1.19）	– 0.007 * （– 1.67）
BM	– 0.001 *** （– 2.59）	0.007 *** （2.81）
Dturn	0.001 *** （3.21）	– 0.012 *** （– 3.45）
Mfee	– 0.009 *** （– 2.83）	– 0.088 *** （– 3.08）

变量	1 Index	2 REM2
Index		1.280** (2.22)
企业固定效应	YES	YES
年份固定效应	YES	YES
Observations	16864	16864
R-squared		0.039
伪识别检验（Kleibergen – Paap rk LM statistic）		121.450
P 值		0.000
弱工具稳健检验（Kleibergen – Paap rk Wald F statistic）		106.555

5.3.5 异质性分析

企业产权性质可能会影响金融科技对企业盈余管理方式的作用机制。相较于非国有企业，国有企业不仅要面临市场的监督，还要面临来自政府、国有资产管理机构的多重监督。同时由于国有企业管理层往往具有行政级别，一旦被检查出财务舞弊行为，管理层付出的代价相应地也会更高（叶陈刚和刘猛，2018）。而应计盈余管理相较于真实盈余管理被检查出来的风险较大（牟卫卫和刘克富，2021）。因而，金融科技对企业应计盈余管理的抑制作用在国有企业更为显著。

相较于国有企业，非国有企业一般获得的政府扶持较少，主要依靠银行、股票市场进行融资，融资来源较为单一，企业资金压力较大（余国杰和赵钰，2018）。金融科技的迅速发展可以降低企业财务费用、缓解企业融资约束，为缓解非国有企业的资金压力提供了契机（牟卫卫和刘克富，2021）。金融科技的发展抑制企业应计盈余管理的同时，非国有企业为实现其目标转向真实盈余管理的动机也就更强。而国有企业由于其本身独特的性质，导致其资金压力较小，进行真实盈余管理的动机也就越小。因而，随着金融科技的发展，非国有企业进行真实盈余管理的程度会提高，而在国有企业中这一现象不明显。

产权性质异质性分析如表 5 - 9 所示，第 1 列、第 2 列分别代表在国有企业和非国有企业中金融科技对企业应计盈余管理的影响，回归结果表明不论是在国有企业还是在非国有企业，金融科技均能显著降低其应计盈余管理的行为，进一步比较两者系数可知，在国有企业中金融科技对企业应计盈余管理的抑制作用更强。第 3 列、第 4 列分别代表在国有企业和非国有企业中金融科技对企业真实盈余管理的影响，回归结果表明在非国有企业中，金融科技将有效促进企业真实盈余管理。而这一现象在国有企业中并不显著，进一步验证了前面的推理。

表 5 - 9　　　　　　　　　产权性质异质性分析

变量	1 DD 国有企业	2 DD 非国有企业	3 REM2 国有企业	4 REM2 非国有企业
Index	- 0. 494 *** (- 3. 46)	- 0. 318 ** (- 2. 22)	0. 130 (1. 53)	0. 146 * (1. 78)
Size	0. 015 * (1. 74)	0. 027 *** (4. 02)	0. 014 *** (2. 75)	0. 006 * (1. 65)
Lev	- 0. 011 (- 0. 33)	0. 060 ** (2. 41)	0. 046 ** (2. 38)	0. 024 * (1. 70)
Roe	- 0. 030 (- 1. 12)	0. 008 (0. 38)	- 0. 153 *** (- 9. 59)	- 0. 142 *** (- 12. 04)
Growth	0. 088 *** (13. 49)	0. 090 *** (18. 44)	- 0. 040 *** (- 10. 40)	- 0. 043 *** (- 15. 17)
Balance	0. 014 (1. 01)	0. 009 (0. 96)	0. 001 (0. 10)	- 0. 005 (- 1. 01)
BM	- 0. 006 (- 1. 53)	- 0. 010 * (- 1. 79)	0. 002 (0. 89)	0. 015 *** (4. 60)

变量	1 DD 国有企业	2 DD 非国有企业	3 REM2 国有企业	4 REM2 非国有企业
Dturn	0.009 (0.87)	−0.027*** (−4.10)	−0.017*** (−2.80)	−0.011*** (−2.93)
Mfee	0.150** (2.02)	0.262*** (5.52)	−0.123*** (−2.80)	−0.091*** (−3.37)
Constant	−0.153 (−0.82)	−0.424*** (−2.94)	−0.318*** (−2.88)	−0.172** (−2.09)
企业固定效应	YES	YES	YES	YES
年份固定效应	YES	YES	YES	YES
Observations	7160	11121	7160	11121
R-squared	0.075	0.118	0.053	0.064

5.4　结论与建议

本章考察了金融科技对企业盈余管理方式的影响。以非金融类上市公司2011~2020年非平衡面板数据为研究样本，实证检验发现金融科技会显著抑制企业应计盈余管理；同时，金融科技会促进企业真实盈余管理，且主要通过费用操纵的方式进行真实盈余管理。此外，本章还进一步探究了融资约束与金融科技交互作用对企业盈余管理方式的影响，以及不同产权性质下对企业盈余管理方式的影响。研究结果表明：融资约束会抑制企业的盈余管理程度，具体来说，融资约束会放大金融科技对应计盈余管理的抑制作用，同时会削弱金融科技对真实盈余管理的促进作用。同时，在国有企业中金融科技对企业应计盈余管理的抑制作用更强。在非国有企业中金融科技会显著促进企业真实盈余管理，而这一现象在国有企业中并不显著。本章的研究结论明晰了金融科技作用于企业盈余管理的双面性、为助力企业良性发展提供了如下经验证据：

第一，加强对企业真实盈余管理的监管力度。金融科技的使用方应关注企业打折、扩大生产线以及广告费用支出等异常经营活动，并对不合理的活动进行相应的量化，以纳入信用评级范畴。同时，政府部门应对企业的真实盈余管理行为制定规章进行规范，比如可以强制企业在年度报表中对企业异常经营活动进行合理性说明，并对不合理的部分进行相应的处罚。

第二，灵活发挥金融科技的优势，深入企业挖掘企业信息，以降低企业应计盈余管理行为。此外，在运用金融科技优势的同时，也要考虑企业进行真实盈余管理的动机，加大金融科技数据算法在企业中的运用，加剧企业真实盈余管理的识别风险。

第三，监管部门应对不同产权性质的企业实行差异化监管政策。在金融科技迅速发展的当下，相关部门应加大金融科技在国有企业中的使用程度，辅之少量监管人员、物资的投入；在非国有企业，相关部门要警惕企业的真实盈余管理行为，制定相应规章制度，大力查处企业盈余管理行为，加大盈余管理成本。

第 6 章

金融科技缓解上市公司融资难题

早在 20 世纪 90 年代，金融科技（Fintech）概念由花旗集团董事长提出。此后，金融科技便成为各国完善金融生态建设中至关重要的一环。2017 年，中国人民银行成立金融科技委员会，旨在加强金融科技工作的研究规划和统筹协调。无论是党的十九大、十九届五中全会，还是全国金融工作会议，均对金融市场乃至金融科技发展提出了相关指导意见。2022 年 1 月，中国人民银行印发了《金融科技发展规划（2022－2025年)》。同年，国务院政府工作报告对资本市场改革作出安排，报告强调要不断完善融资支持机制，促进资本市场平稳健康发展。证监会、银保监会也推出一系列政策措施，进一步拓宽企业融资渠道。金融科技利用大数据、人工智能、区块链等数字技术为企业融资提供技术支持，对企业融资的作用也日渐显现。

近年受新冠疫情影响，中国经济正经历着前所未有的大变局，市场主体的资金链更是面临巨大挑战。资金链如同"血管"，向企业各项经营活动不断输送资金支持。金融科技发展会对企业融资约束产生何种影响，是会增加其融资约束还是降低融资约束？企业应采取何种措施积极应对？这是本章探讨解决问题之一。同时，会计稳健性可以降低企业各契约方的违约可能性，提升会计信息披露透明度，降低中小企业的代理成本，缓解委托代理等问题（杨承启，2021），进一步降低信息不对称程度，有利于企业融资活动的推进。近年学者们的研究多是针对金融科技与融资约束二者关系，鲜少有学者研究金融科技、会计稳健性与融资约束三者关系。那么在金融科技与融资约束二者之间，会计稳健性又会起到怎样的中介作用呢①?

本章选取 2011～2020 年沪深主板上市企业为研究样本，依据信息不对称理论、信贷配给理论及委托代理等基本理论，研究分析金融科技对企业融资约束产生的作用及原因并进行实证检验，进一步剖析会计稳健性在两者关系中产生的中介效应。可能存在的创新点为：第一，目前关于金融科技对企业融资约束的影响研究多从中小企业角度展开（马广奇和陈雪蒙，2021；姚王信等，2017）。与其他学者研究角度不同，本章为研究金融科技政策与企业融资约束提供了新思路。第二，就会计稳健性对企业融资约束的两面性进行了补充。第三，从新的视角拓展了金融科技相关文献。现有文献关于金融科技的研究多数为金融科技风险与监管研究（李新宁，2022；程雪军，2022），少有文献单独以会计稳健性为视角，探寻金融科技与其他变量之间的关系研究。本章旨在厘清宏观金融科技发展对微观市场主体融资约束的影响程度及内在机制，为金融科技提高要素流动性，促进市场主体发展壮大提供微观经验证据。

6.1　理论分析与研究假设

6.1.1　金融科技与融资约束

融资约束属于企业财务管理过程中的特殊情况。自 1988 年，法扎里

---

①　虽然已有文献对会计稳健性与企业融资约束呈负相关关系、会计稳健性与企业融资约束呈正相关关系都有过说明，但在该领域的讨论从未停止。参见"张金鑫、王逸. 会计稳健性与融资约束—基于两类稳健性视角的研究 [J]. 会计研究，2013 (9)；王杰. 会计稳健性对企业融资约束的影响实证研究 [D]. 成都：西南财经大学，2013；竹挺. 会计稳健性对企业融资效率的影响研究 [D]. 太原：山西财经大学，2016"。

等（Fazzari S et al.，1988）对融资约束进行定义后，国内外学者便没有停止对融资约束的研究与讨论。关于融资约束的研究方向，基本可以梳理分为以下三大类：第一类学者专注于研究融资约束产生的原因，他们认为信息不对称（谭之博和赵岳，2020）、企业所有制（赵尚梅和陈星，2007）、金融扶持制度缺失（吴晓俊，2013）等因素均能造成企业融资效率低、融资成本高等融资问题；第二类方向则是关于缓解融资约束的路径研究，众多学者提出增加信贷供给（陈建丽，2020）、获取企业"软信息"（刘畅等，2017）、优化金融结构（姚耀军和董钢锋，2014）等措施都有效缓解融资约束的效果；第三类研究方向则是在企业存在融资约束的前提下，与企业经营行为，如进出口行为（项桂娥等，2021）、创新投资行为（黄子珩，2021）或者与国家经济政策（魏浩等，2019）等多个因素的作用机制。在此基础上，随着大数据、人工智能、区块链等数字技术服务于金融领域，金融科技也越来越成熟，部分学者也逐渐开展对融资约束的框架研究。

金融科技可通过以下途径影响企业融资约束：首先，金融科技是一种金融创新，是金融与科技的结合。金融科技在企业中的广泛运用体现在为其提供融资渠道，它以金融科技借贷和众筹融资两种应用类型推动企业融资发展（Boot A et al.，2021），金融科技也被认为是一种能降低融资约束的新型融资模式。其次，金融科技的发展能够通过风险分散机制降低企业融资约束，有效提高资源分配效率。如果企业融资约束偏高，可能会出现对银行贷款依赖增加、无法取得金融机构借款、内部资产流动性减弱、外部融资难度增加等问题（Lamont O et al.，2001）。企业现金持有预防性动机将增加，一旦发生现金流不稳定的情况，现金持有量也将增加。这是属于企业积累内部资金行为，流动资金将大受限制。再次，金融科技运用数据化、网络化手段，打破时间与地域限制，极大程度上降低了企业融资约束（粟勤和魏星，2017），有效压缩企业融资成本，疏通企业融资渠道。最后，金融科技越成熟，企业的成长性越好（Beck T et al.，2008）。金融市场的自由度越高，金融发展潜力越大，大数据、人工智能、区块链等数字技术能够快速并且准确地收集各企业的相关财务数据，并加以整理成有用的信息数据，能有效提高各企业财务信用，财务信用好的企业备受金融机构青睐，各金融机构也能用较低的成本快速通过各企业的融资申请。基于上述分析，提出如下假设：

H6－1：金融科技能有效缓解融资约束。

6.1.2　会计稳健性的中介作用

金融科技具有拓宽融资渠道、增强信息对称程度、缓解融资约束、增强信贷联结、弱化交易中介等作用，使证券、保险和银行等金融机构间的边界模糊化，促进金融和非金融因素融合发展（谢平等，2015）。它打通了与金融机构间的壁垒，建立企业与银行之间的信息桥梁，通过建立企业数据库向银行提供真实有效的客户信息。同时，帮助银行丰富其金融产品数据库，也可以帮助企业在寻求资金的过程中辨析选择更为适合的金融服务产品（魏成龙和郭琲楠，2020）。这就使得企业与金融机构间的信息对称程度增加，提高了资金的配置效率。并且，依托金融科技的技术支持，各企业不断提高企业管理水平，各金融机构处理内外部信息的能力也得到提升。企业与金融机构间的市场信息对称程度不断提升。由此可见，金融发展水平与公司治理水平、会计信息披露制度均呈正相关关系（顾群，2016）。在企业与投资者间，通过横向的多层次、多渠道的非结构化企业数据与纵向的供应链上下游中的结构化数据（黄锐等，2020），提升投资者的信息获取能力，缓解"委托—代理"问题，有效提升会计信息的透明度与对称性。学术界普遍认为信息不对称性会增加企业的融资约束。在不完美市场条件下，借贷双方会基于法律规定签订相关条款，但伴随着逆向选择和道德风险问题，资金借方将面临较高的融资成本，从而加重企业融资约束。并且，会计稳健性被视为衡量会计信息质量的重要特征值之一，也是会计信息披露质量的重要标准。若会计信息披露透明、信息质量高、信息对称程度高，则会计制度稳健性越强。金融科技通过数字技术为目标企业提供可信度高、安全性强、透明度高、稳定性强的金融科技创新服务，极大程度上提高了企业会计信息的稳健性。由此，提出如下假设：

H6-2：金融科技能有效促进会计制度的稳健性。

企业融资约束也与会计制度的稳健性有千丝万缕的关系。一方面，稳健的会计制度有助于抑制税收的"挤出效应"和企业无效投资、投资过度等行为，缓解融资约束，释放更多的资金进行有效投资。不仅如此，会计稳健性的提高也使得公司组织的透明度有所提升，能在一定时间内基于会计谨慎性的原则将企业当前阶段所面对的风险及可能会面对的风险以会计信息的方式向利益相关者进行传递，制定更明确合理的企业战略投融资决策和提出公司财务管理的应对措施，使投资者安心并提升其投资信心（涂凌，2021），外部融资约束得以缓解。外部融资与内部融资相关信息存在不对称的情况，会形成内外部融资成本差额。当成本差额不断增加，且增加到一定值的时候，企业的融资方向会更倾向于内部融资，并对其产生较大的依赖性。但内部融资的资金有限，无法满足企业经营资金需求，存在资金缺口，不得不面临缓解融资约束的情况。另一方面，根据相关研究得知，信息披露质量和资本投入增长率与资本产出增长率之间的灵敏程度显著正向相关，促进了资本向高效率领域配置（李海凤和史燕平，2015）。如果信息不对称程度偏高，那么有可能会导致研发投入难以被公司内部监察机构监控和管理，而且也有可能让股东及外部投资者无法及时获取公司相关财务数据，从而会引发不必要的融资约束，增加融资成本。稳健的会计制度为会计信息使用者作决策时提供帮助，有利于资金的高效分配，促进企业发展。并且，金融机构基于有效的会计信息，对于投资项目的评估也会更加准确，可以引导信贷资金用于更好的投资项目上，使信贷分配的效率得以改善。

基于上述理论，金融科技会对会计稳健性造成影响，而会计稳健性会影响企业融资约束。同时，金融科技会缓解企业融资约束。因此，提出如下假设：

H6 - 3：会计稳健性在金融科技与融资约束之间起中介作用。

6.2　研究设计

6.2.1　数据来源

本章选取 2011 ~ 2020 年沪深主板企业面板数据为研究对象，并对样本数据作如下处理：剔除被 ST、金融业上市以及停牌公司样本以及相关变量存在缺失、异常的样本。同时，为了消除样本数据中异常值的极端影响，本章对小于 1% 和大于 99% 的数据进行缩尾处理。所有年度财务数据均从万得（Wind）数据库、国泰安数据库和各交易所官网手工整理获得，最终得到 25869 个观测数据，数据整理和处理均使用 Excel 和 Stata16.0 完成。

6.2.2　变量定义

（1）被解释变量

本章借鉴哈德洛克和皮尔斯（Hadlock C J & Pierce J R，2010）构建的 SA 指数，对样本企业中的企业融资约束（FC）变量进行衡量与计算：

$$SA = 0.737 \times lnSize + 0.043 \times (lnSize)^2 - 0.04 \times Age$$

同时参考吴秋生和黄贤环（2017）对数据的处理过程并加以改进：Size = ln（企业资产总额）。企业资产总额计量单位为元，Age 为企业上市时间。最后一步的处理尤为关键，计算所得 SA 指数必须取绝对值：FC = abs（SA）。FC 数值越小表示企业融资约束越轻微，数值越大则表示企业融资约束越严重。

（2）解释变量

为更严谨地对金融科技进行研究，参考王相宁和刘肖（2021）所使用的中国数字普惠金融指数对金融科技进行测度。该指数具有稳健性、客观性的特点，是由北京大学数字金融研究中心根据金融科技的本质与特性，通过选取 33 个分指标进行无量纲化处理并赋予一定权重耦合而成的。不论从数字化水平、数字化覆盖广度还是数字化使用深度，中国数字普惠金融指数对其进行较全面的诠释。本书以各上市公司注册地省份为数据对象，选取 2011～2020 年中国数字普惠金融指数用来衡量各企业金融科技发展水平，并为缩小与其他数据在数值上的差距，根据宋敏等（2021）多位学者的数据处理过程，在模型回归中对该指标进行如下处理：Index = ln(中国数字普惠金融指数 + 1)。

（3）中介变量

本章借鉴汉和瓦特斯（Khan M & Watts R L，2009）的 C_SCORE 模型对样本企业中的会计稳健性进行衡量和计算。首先，根据巴苏（Basu）模型：

$$\text{EPS}_{i,t}/\text{P}_{i,t} = \rho_{1,t}\text{DR}_{i,t} + \rho_{2,t}\text{DR}_{i,t} + \rho_{3,t}\text{Ret}_{i,t} \times \text{DR}_{i,t} + \varepsilon_{i,t} \qquad (6-1)$$

其中，$\text{EPS}_{i,t}$ 为样本企业 i 第 t 年的基本每股收益，并且已扣除非经常性损益进行了相应的会计处理；$\text{P}_{i,t}$ 为样本企业 i 第 t-1 年末股票价格；Ret 为样本公司现金红利分配后的年股票回报率；DR 为虚拟变量，当 Ret 值小于 0 时取值为 1，否则取值为 0。

为提升会计稳健性的计量准确性，在模型（6-1）的基础上加上其他影响因素，如企业规模、股权市账比、资产负债率三个对会计稳健性有影响作用的因素，得到如下模型：

$$\text{G} - \text{Score} = \rho_{2,t} = \alpha_{1,t} + \alpha_{2,t}\text{Size}_{i,t} + \alpha_{3,t}\text{MTB}_{i,t} + \alpha_{4,t}\text{LEV}_{i,t} \qquad (6-2)$$

$$\text{C} - \text{Score} = \rho_{3,t} = \delta_{1,t} + \delta_{2,t}\text{Size}_{i,t} + \delta_{3,t}\text{MTB}_{i,t} + \delta_{4,t}\text{LEV}_{i,t} \qquad (6-3)$$

接着将模型（6-2）、模型（6-3）式代入模型（6-1）中，经过整理得出：

$$EPS_{i,t}/P_{i,t} = \rho_0 + \rho_{1,t}DR_{i,t} + (\alpha_{1,t} + \alpha_{2,t}Size_{i,t} + \alpha_{3,t}MTB_{i,t} + \alpha_{4,t}LEV_{i,t})Ret_{i,t}$$

$$+ (\delta_{1,t} + \delta_{2,t}Size_{i,t} + \delta_{3,t}MTB_{i,t} + \delta_{4,t}LEV_{i,t})Ret_{i,t} \times DR_{i,t} + \varepsilon_{i,t}$$

$$(6-4)$$

进一步对模型（6-4）进行分年度回归，可以估计出系数 1~4，代入模型（6-3）中即可得到样本企业会计稳健性指数 C-Score 的值，该值越小表明企业会计稳健性越低，C-Score 值越大表明企业会计稳健性越高。

（4）控制变量

考虑金融科技、会计稳健性与融资约束所涉及的财务数据，参考国内外学者的研究，为对以上主要变量关系进行更好的观测，本章选取资产负债率、盈利性、现金流比率、成长性、独立董事比例，并控制年度、企业固定效应，具体的变量定义如表6-1所示。

表6-1　　　　　　　　　　　　主要变量定义与说明

变量类型	变量符号	变量名称	变量定义
被解释变量	FC	融资约束	SA 指数的绝对值
解释变量	Index	金融科技	ln（中国数字普惠金融指数 +1）
中介变量	C-Score	会计稳健性	根据模型（6-3）计算得到，数值越大稳健性程度越高
控制变量	Lev	资产负债率	年末总负债除以年末总资产
	Roa	盈利性	净利润/总资产平均余额
	Cash	现金流比率	经营活动产生的现金流量净额除以总资产
	Growth	成长性	营业收入增长率 = 本年营业收入/上一年营业收入 -1
	Indep	独立董事比例	独立董事除以董事人数
	TobinQ	托宾 Q 值	（流通股市值 + 非流通股股份数 × 每股净资产 + 负债账面值）/总资产

6.2.3　模型构建

为检验假设 H6 - 1，本章以融资约束为被解释变量、金融科技为解释变量，并加入资产负债率、盈利性、现金流比率、成长性、独立董事比例等多个关键控制变量对金融科技对企业融资约束的影响加以解释：

$$FC_t = \gamma_1 + \varphi_1 Index + \omega_1 Controls_t + \sum Firm + \sum Year + \varepsilon_{1t} \quad (6-5)$$

为检验假设 H6 - 2，本章根据巴伦和肯尼（Baron R M & Kenny D A，1986）提出的中介效应模型及检验，以融资约束为被解释变量、金融科技为解释变量、会计稳健性作为中介变量，建立如下回归模型，并通过该模型对融资效率的中介作用进行分析：

$$C - Score_t = \gamma_2 + \varphi_2 Index_t + \omega_2 Controls_t + \sum Firm + \sum Year + \varepsilon_{2t}$$
$$(6-6)$$

$$FC_t = \gamma_3 + \varphi_1 Index_t + \varphi_2 C - Score_t + \omega_3 Controls_t$$
$$+ \sum Firm + \sum Year + \varepsilon_{3t} \quad (6-7)$$

检验前先进行豪斯曼检验，检测结果中检验结果中的"$p < 0.01$"，拒绝原假设，拒绝 RE 模型，选择 FE 模型。所以根据豪斯曼检验统计值，本书的回归结果以固定效应模型回归为准。

6.3　实证结果及分析

6.3.1　描述性分析

通过前面对各数据的测算，最终得到相应变量的数值，并对其进行描述性统计，结果如表 6 - 2 所示。

表 6 - 2　　　　　　　　　描述性统计

变量类型	变量名称	均值	标准差	最小值	最大值
被解释变量	FC	2.102	0.286	1.528	2.6
解释变量	Index	5.444	0.539	3.509	6.071
中介变量	C - Score	0.059	0.092	-0.146	0.351
控制变量	Lev	0.43	0.206	0.059	0.887
	Roa	0.039	0.061	-0.205	0.206
	Cash	0.046	0.069	-0.157	0.234
	Growth	0.157	0.39	-0.574	2.309
	Indep	0.376	0.054	0.308	0.571
	TobinQ	2.026	1.258	0.888	7.445

由表 6 - 2 可知，被解释变量（FC）的均值为 2.102，标准差为 0.286，且均值大小更偏小于最大值 2.6，这表明融资约束普遍存在于研究样本企业中，各企业的融资约束水平差异小；核心解释变量金融科技（Index）的最小值和最大值分别为 3.509、6.071，均值较大，标准差为 0.539，这表明样本企业的金融科技均处于较高水平，且个体差异不大；会计稳健性（C - Score）的均值较小，且均值 0.059 偏向于最小值，标准差也小，这表明样本企业观测值分布较为均匀，在会计稳健性应用方面仍有较大的上升空间，而且最小值为 -0.146，最大值为 0.351，这也说明样本企业个体之间稳健性程度还是有所差异，但并没有拉开较大差距；资产负债率（Lev）的极值差值不大，均值约为中位数，这表明各企业财务状况良好，均保持了良好的资产负债率，财务风险相对较低，有利于对其进行融资约束问题研究；盈利性（Roa）最大值 0.206 与最小值 -0.205 差距不大，且均值为 0.039，这表明样本企业盈利模式都较为完善，整体处于盈利状态，标准差为 0.061 则说明微观经济体之间盈利性差距较小，个体发展相对较平衡；现金流比率（Cash）最大值为 0.234 与其最小值 -0.157 差值较小，从标准差 0.069 来看，样本间离散

程度较低，这表明各企业的财务弹性较低，且差异较小，企业融资成为增加企业现金流至关重要的途径；成长性（Growth）均值为 0.157，数值大于 0，表明样本企业的营业收入增长率总体呈正向增长，但最大值大于 0，最小值小于 0，表明样本企业个体差异明显；独立董事比例（Indep）均值 0.376，相较于最大值 0.571 更偏向于最小值 0.308，这表明样本企业中多数企业独董比例较小，存在董事与企业高管兼任的情况，那么这样的企业可能存在一定程度的"委托—代理"问题；托宾 Q 值（TobinQ）最大值为 7.445，最小值为 0.888，且标准差为 1.258，这表明各企业间企业市价与企业的重置成本间差异大，投资状况各不相同，投资回报率也差异极大，均值为 2.026，更偏向于最小值，当托宾 Q 值较小时，各企业会更倾向于将产业资本转化为金融资本。综上所述，选择的样本企业与控制变量均符合观测条件。

6.3.2 多重共线性检验

为检验变量之间是否存在多重共线性，本研究对被解释变量、解释变量、中介变量和控制变量均进行了方差膨胀因子检验，结果如表 6 – 3 所示。

表 6 – 3　　　　　　　　　方差膨胀因子检验结果

变量	模型（6 – 4）
Index	1.03
Lev	1.25
Roa	1.47
Cash	1.21
Growth	1.10
Indep	1.01
TobinQ	1.10

经方差膨胀因子检验得知，模型（6-4）以融资约束作为因变量进行基准回归时，自变量金融科技的方差膨胀因子最大为1.03，由此判断在模型（6-4）中不存在显著的多重共线性问题。

6.3.3 回归分析

为进一步对企业融资约束与金融科技关系及会计稳健性的中介效应进行验证，利用模型（6-5）~模型（6-7）对假设H6-1~假设H6-3进行多元回归，结果如表6-4所示。

表6-4　　　　　　　　　　　中介效应检验结果

变量名称	模型（6-5） FC	模型（6-6） C-Score	模型（6-7） FC
Index	-0.0066*** （-4.64）	0.0115*** （3.37）	-0.0039*** （-3.32）
C-Score			-0.2351*** （-102.69）
Lev	0.0582*** （51.73）	0.2303*** （84.83）	0.1123*** （105.41）
Roa	0.0737*** （28.56）	-0.1191*** （-19.12）	0.0457*** （21.33）
Cash	-0.0095*** （-4.83）	0.0424*** （8.96）	0.0005 （0.30）
Growth	0.0045*** （15.48）	-0.0080*** （-11.28）	0.0027*** （11.00）
Indep	-0.0170*** （-5.33）	0.0142* （1.84）	-0.0137*** （-5.20）
TobinQ	-0.0066*** （-47.90）	0.0017*** （5.04）	-0.0062*** （-54.67）

续表

变量名称	模型（6-5） FC	模型（6-6） C-Score	模型（6-7） FC
Firm	控制	控制	控制
Year	控制	控制	控制
Observations	25869	25869	25869
_cons	2.0890 *** (357.58)	-0.1067 *** (-7.56)	2.0639 *** (428.51)
R-squared	0.555	0.654	0.698

注：*** 、 ** 、 * 分别表示相关系数在1%、5%、10%水平上显著，下同。

模型（6-5）检验了金融科技对融资约束的影响，金融科技与企业融资约束回归系数 -0.0066 在1%的水平上显著为负，这表明越高的金融科技水平越能缓解企业的融资约束。本章的假设 H6-1 得到验证，同时验证了赵瑞瑞等（2021）学者的结论，即金融科技能有效缓解企业融资约束；模型（6-6）检验了金融科技对会计稳健性的影响，融资效率与会计稳健性回归系数 0.0115 在1%的水平上显著为正，综合以上可以看出金融科技能有效提高企业会计制度的稳健性，本章假设 H6-2 得到验证，即金融科技能有效促进会计制度的稳健性，这同时也侧面验证了马凌远等（2021）提出的会计稳健性会降低企业信息不对称程度这一结论，进而根据会计稳健性是衡量会计信息质量的重要特征值之一，企业信息不对称程度的降低能有效提升会计制度的稳健性，推断出金融科技能有效促进会计制度的稳健性；模型（6-7）检验会计稳健性作为金融科技与企业融资约束的中介变量，结果显示，金融科技与融资约束的回归系数 -0.0039 在1%的水平上显著为负，会计稳健性与融资约束的回归系数 -0.2351 在1%的水平上显著为负，这表明会计稳健性在金融科技与企业融资约束之间起到中介作用，本章的假设 H6-3 得到验证。

6.3.4　异质性分析

考虑到企业所有制性质的不同，各企业所面临的融资约束程度也会不同。为了进一步分析在国有企业与非国有企业之间，金融科技水平对融资约束程度的影响有何不同，本章将所研究的样本整理分类成两种产权性质的企业，并进行回归分析，结果如表6-5所示。

表6-5　　　　　　基于企业所有权差异的金融科技效用比较

变量名称	1 非国有	2 国有
Index	-0.0007 (-0.32)	-0.0043** (-2.35)
Lev	0.0514*** (36.95)	0.0576*** (30.02)
Roa	0.0765*** (25.16)	0.0681*** (14.30)
Cash	-0.0092*** (-3.70)	-0.0142*** (-4.77)
Growth	0.0041*** (11.21)	0.0050*** (10.89)
Indep	-0.0200*** (-4.69)	-0.0041 (-0.92)
TobinQ	-0.0066*** (-40.15)	-0.0069*** (-27.61)
Constant	2.1567*** (252.50)	1.9127*** (253.85)
Observations	16716	9134
R-squared	0.581	0.531
Number of stkcd	2690	1193
F	1215	560.4

表 6 - 5 表明，在非国有企业中，金融科技程度对企业融资约束影响不显著。而在国有企业中，金融科技与企业融资约束回归系数 - 0. 0043 在 5% 的水平上显著为负。产生这样巨大差异的原因可能是，国有企业与非国有企业相比，因其独特的产权性质，必定会极大程度运用金融科技手段达到信息披露要求，进而缓解企业融资约束。同时，公司运营与生产会更加稳定，企业所持有的抵押物也将更多，银行与企业之间的关系会更加和谐稳定，获取资金的渠道也将更加丰富。因此，国有企业在金融科技的作用下所面临的融资约束程度小于非国有企业。

6.3.5　稳健性检验

（1）替换解释变量

为了使"金融科技能有效缓解企业融资约束"和"会计稳健性在金融科技与企业融资约束之间起到中介作用"结论更加稳健，选取 2011 ~ 2020 年城市层面的中国数字普惠金融指数来替换 2011 ~ 2020 年省份层面的中国数字普惠金融指数进行稳健性检验替换解释变量回归结果，如表 6 - 6 所示。

表 6 - 6　　　　　　　　　替换解释变量回归结果

变量	1 FC	2 FC
C-score		- 0. 2359 *** (- 100. 38)
Index-city	- 0. 0153 *** (- 5. 67)	- 0. 0108 *** (- 4. 85)
Lev	0. 0585 *** (50. 27)	0. 1125 *** (102. 52)
Cash	- 0. 0091 *** (- 4. 49)	0. 0005 (0. 31)

续表

变量	1 FC	2 FC
Growth	0. 0045 *** (14. 84)	0. 0026 *** (10. 51)
TobinQ	− 0. 0065 *** (− 45. 85)	− 0. 0061 *** (− 52. 75)
Roa	0. 0731 *** (27. 32)	0. 0455 *** (20. 51)
Indep	− 0. 0166 *** (− 5. 04)	− 0. 0129 *** (− 4. 78)
Constant	2. 1242 *** (181. 66)	2. 0903 *** (217. 30)
Observations	24462	24462
企业固定效应	YES	YES
年份固定效应	YES	YES
R-squared	0. 556	0. 700
F	1642	2879

由此可知，城市层面的金融科技水平与企业融资约束回归系数 − 0. 0153 在 1% 的水平上显著为负；会计稳健性作为金融科技与企业融资约束的中介变量，城市层面的金融科技水平与融资约束的回归系数 − 0. 0108 在 1% 的水平上显著为负，会计稳健性与融资约束的回归系数 − 0. 2359 在 1% 的水平上显著为负。相较于主回归结果与中介回归结果，替换解释变量回归结果与主回归结果、中介回归结果在系数上略有偏差，但均在 1% 的水平上显著为负，说明前述结果具有稳健性。

（2）内生性处理

在回归模型中，若存在被忽视的变量问题、变量之间互为因果或者存在测量误差问题，那么可能会出现不一致的估计量。此时，若存在工具变量，那么内生性问题也将得到解决，能够得到一致的估计量。借鉴李春涛等（2020）的数据处理办法，在已知各省份中国数字普惠金融指数的基础上，手工整理出毗邻省份的中国数字普惠金融指数均值并进行面板数据处理，以此作为工具变量。一个有效的工具变量需要满足两个条件：其一，工具变量与内生解释变量存在相关性；其二，该变量与误差项不相关。而毗邻省份的金融科技水平与该省份的金融科技发展有密切联系，但又不足以影响该省份企业的融资约束。因此，毗邻省份的中国数字普惠金融指数均值满足以上两个条件。如表6-7所示，第一阶段，工具变量的系数为正，并在1%的水平上显著，符合预期。第二阶段，在考虑了工具变量的基础上，金融科技与融资约束的回归系数-0.0042在10%的水平上显著为负。虽结果显著性不如原有基准回归结果，但依旧显著，说明金融科技发展对企业融资约束的缓解作用是稳定的。

表6-7 工具变量回归结果

变量	1 Index	2 FC
Index		-0.0042 * (-1.80)
Lniv	1.0376 *** (113.72)	
Lev	-0.0309 *** (-7.27)	0.0589 *** (52.04)
Roa	-0.0058 (-0.59)	0.0734 *** (28.39)
Cash	0.0023 (0.31)	-0.0090 *** (-4.59)
Growth	0.0005 (0.43)	0.0046 *** (15.67)
Indep	-0.0081 (-0.67)	-0.0175 *** (-5.43)
TobinQ	-0.0030 *** (-5.85)	-0.0066 *** (-47.39)

续表

变量	1 Index	2 FC
企业固定效应	YES	YES
年份固定效应	YES	YES
Observations	25604	25604
R-squared	0.987	0.557
伪识别检验（Anderson canon. corr. LM statistic）：		8146.537 ***
弱工具检验（Cragg – Donald Wald F statistic）：		1.3e+04 ［16.38］

注：方括号内为 Stock – Yogo 检验对应的 10% 临界值。

（3）剔除部分干扰因素

无论是上市公司的经营发展还是金融科技的发展，都与国内外金融市场的稳定性息息相关。若忽略了资本市场系列因素，也可能对回归结果产生偏差。本书选取 2011～2020 年沪深主板上市公司为研究样本，其中包含 2015 年中国股灾。考虑到 2015 年中国股灾对沪深主板上市公司的冲击与影响，借鉴王道平和刘琳琳（2021）对样本数据处理方式，本章在回归检验中剔除 2015 年相关数据，将中国股灾对中国股市的干扰降低。数据回归结果如表 6 – 8 所示，除系数大小发生变化外，其余结果均与基准回归结果、中介回归结果一致，核心结论未发生任何变化，这进一步佐证了本书的结论。

表 6 – 8　　　　　　　　　剔除 2015 年数据回归结果

变量	1 FC	2 C – Score	3 FC
C – Score			– 0.2257 *** （– 94.25）

变量	1 FC	2 C – Score	3 FC
Index	– 0. 0066 *** (– 4. 53)	0. 0111 *** (3. 10)	– 0. 0041 *** (– 3. 37)
Lev	0. 0618 *** (51. 57)	0. 2218 *** (75. 20)	0. 1119 *** (99. 06)
Roa	0. 0761 *** (27. 60)	– 0. 1232 *** (– 18. 15)	0. 0483 *** (20. 89)
Cash	– 0. 0079 *** (– 3. 78)	0. 0426 *** (8. 25)	0. 0017 (0. 96)
Growth	0. 0041 *** (12. 63)	– 0. 0073 *** (– 9. 22)	0. 0024 *** (9. 01)
Indep	– 0. 0167 *** (– 4. 87)	0. 0141 * (1. 68)	– 0. 0135 *** (– 4. 73)
TobinQ	– 0. 0073 *** (– 45. 88)	0. 0027 *** (6. 77)	– 0. 0067 *** (– 50. 59)
Constant	2. 0937 *** (346. 42)	– 0. 1025 *** (– 6. 89)	2. 0705 *** (411. 49)
Observations	23578	23578	23578
R-squared	0. 568	0. 642	0. 701
Number of stkcd	3653	3653	3653
F	1744	2382	2920

6. 4　结论与建议

金融科技运用数据化、网络化手段，打破时间与地域限制，对企业经营发展产生深远影响，而企业融资更是其中重要一环。因此，厘清宏观金融科技发展对微观市场主体融资约束的影响程度及内在机制具有较强的现实意义。本章选择 2011～2020 年沪深主板上市企业为研究样本，通过其财务数据对会计稳健性金融科技与企业融资约束之间的相关性进行实证检验。得到以下主要研究结论：

第一，金融科技与企业融资约束呈负相关关系，即金融科技程度越高，企业融资约束越低，金融科技能有效缓解企业融资约束。

第二，金融科技对会计稳健性产生正向影响，金融科技数字化程度的增强会促进企业会计制度的稳健性。

第三，会计稳健性在金融科技与企业融资约束之间具体表现为中介效应。

本章从会计稳健性视角为研究金融科技政策与企业融资约束提供了新思路，并基于宏观经济数据加以分析，为缓解企业融资约束，激发实体经济活力提供了如下政策启示：

第一，建议国家政府制定相关政策规定扶持金融科技的发展，并应构建金融监管体系和监管框架，不断完善国家企业信用公示系统，使其规范化发展。金融科技能搭建企业与各企业、各金融机构之间的信息桥梁，拓展企业融资渠道，缓解融资约束通过推动金融科技与传统金融业更好地融合发展。引导金融中介机构与之相匹配升级，培养更多的金融科技类人才运用大数据、人工智能、区块链等数字技术为实体经济的蓬勃发展保驾护航。

第二，企业管理者应通过金融科技对企业金融结构的升级，减少信息不对称情况的出现，提高会计制度的稳健性，不断降低企业所面临的融资约束，逐步提升公司治理水平。但在运用金融科技的过程中，也要及时升级公司的风险预警系统，提防新技术带来的新风险。同时，也要发挥主观能动性，要寻求更多的融资渠道、借助更多的融资工具。不仅要注重资金融通的效率，也可以通过提高企业内部的债券治理、资源配置效率进一步规范和提升投融资能力。

发展驱动篇

第 7 章

金融科技增加上市公司创新投入

创新虽然是一个"老话题"，但时代的进步，特别是技术的更新换代给予了创新"新的动力与内涵"。党的十九届六中全会指出，坚持实施创新驱动发展战略，要把科技自立自强作为国家发展的战略支撑，而企业作为微观创新的主体，如何增强创新投入意愿与创新能力是落实创新驱动发展战略的关键。在金融科技呈现井喷式发展并对社会生产活动产生重大影响的背景下，金融科技能否推动创新驱动发展战略的落实①，又能否推动市场化改革？市场化进程又在金融科技的创新效应中扮演何种角色②？与普通投资不同，创新投资是一个更为系统的工程。企业内部与外部存在严重的信息不对称无疑抑制了企业创新活动（王可第，2021）。本章以 2011～2020 年沪深 A 股上市公司为样本，运用固定效应

---

① 已有文献表明金融科技的发展对企业创新有显著的激励作用。参见"郭沛瑶、尹志超. 小微企业自主创新驱动力——基于数字普惠金融视角的证据［J］. 经济学动态，2022（2）；刘长庚，等. 金融科技如何影响企业创新？——来自中国上市公司的证据［J］. 经济评论，2022（1）"。相关研究还从税收返还、财务状况、经营收入、企业金融资源错配程度、融资成本等视角讨论了金融科技的发展对企业创新的影响。参见"谢雪燕、朱晓阳. 金融科技与中小企业技术创新——来自新三板企业的证据［J］. 国际金融研究，2021（1）；杨先明、杨娟. 金融科技对中小企业创新激励——效应识别、机制和异质性研究［J］. 云南财经大学学报，2021（7）；赵晓鸽，等. 数字普惠金融发展、金融错配缓解与企业创新［J］. 科研管理，2021（4）"。部分研究从公司治理的角度，探究金融科技影响企业创新的潜在路径。参见"李宇坤，等. 金融科技、股权质押与企业创新投入［J］. 科研管理，2021（8）；贾俊生、刘玉婷. 金融科技、高管背景与企业创新——来自中小板和创业板上市公司的经验证据［J］. 财贸研究，2021（2）"。

② 对于正在全面深化改革的中国来说，以市场化为导向的制度改革和完善也是影响企业创新绩效的重要因素。参见"戴魁早、刘友金. 市场化改革对中国高技术产业研发投入的影响［J］. 科学学研究，2013（1）"。

模型，基于市场化进程与企业信息透明度的视角，考量金融科技对企业创新投入的影响机制。

7.1 理论分析与研究假设

7.1.1 金融科技与企业创新投入

从企业研发动力的角度来看，金融科技中的智能化交易降低了市场交易的难度，显著提高了用户的支付意愿，从而促进了居民消费水平（Falk T et al.，2016），导致市场产品的规模和质量上升，促使企业加大研发力度（Foellmi R & Zweimüller J，2008）。此外，通过大数据全面评价企业特征（Zhu C，2019），有效提升了政府财政政策和税收政策的实施效果，实际缓解企业面临的融资困境，增强企业创新意愿（李春涛等，2020）。

从企业研发能力的角度来看，一方面，金融科技通过扩大融资渠道，降低融资门槛为创新主体提供资金保障（李春涛等，2020；叶莉和王荣，2021）。金融科技使用主体还能享受到更多便捷与多元的服务（Ifere F O & Okosu N D，2017），有利于企业招致人才，增加创新人才储备（庄旭东和王仁曾，2021）。另一方面，金融科技挖掘与分析数据的能力有助于企业瞄准市场潜在需求，把握创新方向（庄旭东和王仁曾，2021），大大提高了创新活动效率。基于以上分析，提出如下假设：

H7-1：金融科技的发展激励企业加大创新投入。

7.1.2 基于市场化进程的作用机制

从宏观角度看，尽管创新行为会受到企业规模、融资能力的影响，但这种影响的大小受到了外部环境市场化程度的制约。金融科技对市场化进程的影响主要体现在以下几个方面：

第一，金融科技通过减少地方政府行政干预行为，提高研发资源配置效率。一方面金融科技与传统金融竞争，挤出存款资源并降低信贷规模，减少了地方政府可直接干预的金融资源（张红伟等，2020）。另一方面新兴金融科技机构有着更多的自主经营权，对金融资源的分配较少受到地方政府的干预，抑制了地方政府对金融机构的控制（张红伟等，2020；程毅然和李永建，2021）。而政府行政干预较少可以显著提高资源配置效率，将有限的 R&D 资源整合起来，投入到契合市场需求、回报丰厚且风险较小的创新活动中（戴魁早和刘友金，2013）。

第二，金融科技通过提高要素市场和产品市场的发育程度，提高研发资源的流动性。以区块链、大数据和云计算为代表的金融科技有效降低了金融服务提供成本（蔡秉坤，2020），大大方便了 R&D 资金在行业间、企业间的流动。在智能时代下，人才成为企业争夺的首要资源（程雪军，2021），优厚的待遇、专业的学习平台等因素吸引人才向创新程度高的企业转移（叶蜀君和李展，2021），而大数据、云计算和人工智能等前沿技术工具不断创造和挖掘市场新需求，提升信息传递的透明度和准确性（易宪容，2017），及时反映了产品供求信息，提高企业创新效率，激发创新活力。

第三，金融科技通过推动非国有经济发展，激励企业增加研发投入。数量方面，金融与科技加速融合，催生出大量的金融科技企业，而民间资本在这些金融科技企业中占比显著（张红伟等，2020）。融资环境方面，大数据和云计算等信息技术提升了金融机构信用评价与风险控制能力，为长期得不到资源青睐的非国有企业提供了融资渠道（杨君等，2021；黄锐等，2021）。数量的增加和融资环境的改善大大提高了市场的竞争水平，促使企业提高管理水平和 R&D 投入以保持优势地位（戴魁早和刘友金，2020）。基于此，提出如下假设：

H7－2：金融科技的发展通过推动市场化改革进程促进企业创新投入。

7.1.3 基于企业透明度的作用机制

对微观企业来说，金融科技有助于提高上市公司信息透明度，进而促进企业创新投入强度。

对企业来说，金融科技可以帮助企业实时抓取并迅速分析信息，提高企业信息披露的效率（李小玲等，2020）。对监管部门来说，金融科技的普及帮助监管机构及时、能动地追踪企业动态，显著提高了监管效率（牟卫卫和刘克富，2021），减少了公司违规的时间和空间，迫使企业提高信息披露质量（杨松令等，2021）。对投资者等社会公众来说，大数据等技术提高了信息使用主体获取企业信息的能力，可以挖掘出更具有深度和广度的信息，在信息的分析与发布方面也更为及时有效，提高了上市公司的透明度（牟卫卫和刘克富，2021；杨松令等，2021）。

而信息透明度的提高促进了企业研发投入。首先，提高信息透明度能够将企业现在与未来的经营状况传递给投资者，降低了信息不对称，提高投资者的出资动力（Bushman R M & Smith A J，2001）。其次，透明度较高的信息环境有助于股东客观认识管理者创新失败或经营不善（Armstrong C S et al.，2010），提升股东和管理者的失败容忍水平，降低管理者的职业风险和短视行为，激励管理者加大创新投资强度（刘柏和徐小欢，2020；陈红等，2021）。最后，提高信息透明度有利于监督资金用途（Qian C L et al.，2017），确保资金流向有价值的创新项目（姜双双和刘光彦，2021）。基于以上分析，提出如下假设：

H7-3：金融科技的发展通过提高企业信息透明度提升企业创新投入强度。

7.2 研 究 设 计

7.2.1 数据来源

由于北京大学数字普惠金融指数于 2011 年开始统计，本章选择

2011～2020 年的沪深 A 股上市公司作为研究对象，并对原始数据进行如下筛选：第一，剔除金融类上市公司；第二，剔除 ST、*ST 或 PT 上市公司；第三，剔除主要财务数据存在缺失的上市公司；第四，对样本所有连续变量进行首、尾 1% 的缩尾处理，避免极端值对研究结论的影响。最终得到 23376 个公司年度观测样本。数据来源如下：金融科技指数选自北京大学数字金融研究中心数据；市场化指数来源于《中国分省份市场化指数报（2021）》；上市公司信息披露考评结果来源于上交所和深交所官网；其余数据均来自根据 CSMAR 数据库和 WIND 数据库。

7.2.2　变量定义

（1）被解释变量

创新投入（RD）。借鉴李常青等（2018）、谷成和王巍（2021）的研究，采用企业研发投入总额与营业收入之比（RD）衡量企业创新投入。

（2）解释变量

金融科技（Index）。借鉴唐松等（2020）、冯永琦和张浩琳（2021）的做法，采用北京大学数字金融研究中心编制的省级层面数字普惠金融总指数衡量金融科技发展水平（郭峰等，2020），并对该指数进行归一化处理（唐松等，2020）。数字普惠金融指数基于以蚂蚁金服为代表的金融科技公司的底层交易账户数据构建，分为总指数、覆盖广度指数、使用深度指数、数字化程度指数以及支付、保险、货币基金、投资、信用等业务指数，更为全面刻画了我国金融科技发展水平（冯永琦和张浩琳，2021）。因此数字普惠金融指数可以更为客观地衡量我国金融科技发展情况。

（3）中介变量

市场化水平（Mark）。采用王小鲁等（2022）编写的《中国分省份市场化指数报告（2021）》中的市场化总指数作为各省份市场化进程的代理变量，并借鉴俞红海等（2010）的做法，用 2009～2016 年的平均增长率推算 2017~2020 年的数值。将数据取对数处理，以保证数据的平稳性（赖黎等，2020）。该指数越大，表明该地区市场化水平越高。

企业信息透明度（Trans）。参照辛清泉等（2014）的做法，从盈余质量、上市公司信息披露考评结果、分析师跟踪人数、分析师盈余预测准确性、是否聘请国际四大审计机构五个角度构建会计信息透明度指标（Trans）。

第一个指标是根据德高和迪切夫（Dechow P M & Dichev I D，2002）计算的盈余质量指标。首先根据行业—年份分组回归估计如下模型：

$$TCA_{i,t} = \alpha_0 + \alpha_1 CFO_{i,t-1} + \alpha_2 CFO_{i,t} + \alpha_3 CFO_{i,t+1} \quad (7-1)$$
$$+ \alpha_4 \Delta REV_{i,t} + \alpha_5 PPE_{i,t} + e_{i,t}$$

其中，TCA 表示总流动应计利润，CFO 表示经营现金流量，ΔREV 指营业收入改变量，PPE 表示年末固定资产价值，i 和 t 分别表示企业和年份，e 表示误差项。TCA 的计算公式为：总流动应计利润等于营业利润减经营现金流再加上折旧和摊销费用。所有变量均除以总资产进行平减。分组回归后，得到各企业各年的回归残差，即当年的操控性应计利润。再依据 t 年和之前 4 年的回归残差计算标准差，得到企业 t 年的盈余质量指标。为便于同其他指标对比，将指标乘以 -1。指标越大，盈余质量越高。

第二个指标是深交所、上交所公布的上市公司信息披露质量考评结果。将证券交易所划分的 A、B、C、D 四个等级分别赋值 4、3、2、1，得分越高表示信息披露质量越好。

第三个指标是分析师跟踪人数。证券分析师获取跟踪企业的数据能够显著改善企业的信息透明度（Lang M H et al.，2004），分析师越多，信息环境越好。具体定义为企业年度分析师跟踪人数加 1 取对数。

第四个指标是分析师盈余预测准确性。计算方法为：用同一年不同分析师预测的每股盈余的中位数减去每股实际盈余，再除以上年度的每股股价，取绝对值后再乘以 -1。数值越大，预测越准确，信息透明度可能越高。

第五个指标是企业当年年报的审计师是否为国际"四大"。是否聘请国际"四大"在一定程度上反映了企业会计信息是否真实可靠。

透明度综合指标（Trans）等于上述五个透明度变量的样本百分等级的平均值。若其中某个变量缺失，则 Trans 等于剩余变量百分等级的均值。Trans 越大，企业会计信息透明度越高。

（4）控制变量

借鉴李常青等（2018）、余明桂等（2019）、朱德胜和周晓珮（2016）的研究，选取公司规模（Size）、资产负债率（Lev）、资产收益率（Roa）、现金流比率（Cash）、企业年龄（Age）、股权制衡度（Balance）、独立董事比例（Indep）、管理费用率（Mfee）作为控制变量。

各变量具体定义如表 7 – 1 所示。

表 7 – 1　　　　　　　　　　　变量定义

变量符号	变量名称	变量描述
RD	创新投入	研发投入总额/营业收入
Index	金融科技	数字普惠金融指数（2011 – 2020）
Mark	市场化进程	王小鲁等（2019）报告"市场化总指数"
Trans	会计信息透明度	五个透明度变量的样本百分等级的平均值
Size	公司规模	年末总资产的自然对数
Lev	资产负债率	年末总负债除以年末总资产
Roa	资产收益率	净利润/总资产平均余额
Cash	现金流比率	经营活动产生的现金流量净额除以总资产
Age	企业年龄	当年年份 – 公司成立年份加 1 取自然对数
Balance	股权制衡度	第二到五位大股东持股比例的和除以第一大股东持股比例
Indep	独立董事比例	独立董事除以董事人数
Mfee	管理费用率	管理费用除以营业收入

7.2.3　模型构建

为了验证假设 H7 – 1，本章设定模型（7 – 2）：

$$RD_{i,t} = \beta_0 + \beta_1 Index_{m,t} + \beta_2 Controls + \delta_i + \theta_t + \varepsilon_{i,t} \qquad (7-2)$$

其中，被解释变量 $RD_{i,t}$ 为企业 i 在第 t 年的创新投入水平；核心解释变量 $Index_{m,t}$ 是企业 i 所在省份 m 在第 t 年的金融科技发展水平；Controls 表示其他控制变量；δ_i 表示企业固定效应；θ_t 表示年份固定效应；$\varepsilon_{i,t}$ 表示随机误差项。若 β_1 显著为正，则假设 1 成立。

为了验证假设 H7-2 和假设 H7-3，参考温忠麟和叶宝娟（2014）提出的中介效应检验，在模型（7-2）的基础上，设定模型（7-3）~模型（7-6）：

$$Mark_{m,t} = \omega_0 + \omega_1 Index_{m,t} + \omega_2 Controls + \delta_i + \theta_t + \varepsilon_{i,t} \qquad (7-3)$$

$$RD_{i,t} = \gamma_0 + \gamma_1 Index_{m,t} + \gamma_2 Mark_{m,t} + \gamma_3 Controls + \delta_i + \theta_t + \varepsilon_{i,t} \qquad (7-4)$$

其中，中介变量 $Mark_{m,t}$ 是企业 i 所在省份 m 在第 t 年的市场化水平，其余变量的定义均与模型（7-1）保持一致。β_1 为金融科技对企业创新投入总效应的系数，ω_1 为金融科技对市场化进程的影响系数，γ_1 为金融科技对企业创新投入的直接效应，$\omega_1\gamma_2$ 为市场化水平的中介效应系数。若 β_1、ω_1、γ_1、γ_2 均显著为正，则假设 H7-2 成立。

$$Trans_{i,t} = \pi_0 + \pi_1 Index_{m,t} + \pi_2 Controls + \delta_i + \theta_t + \varepsilon_{i,t} \qquad (7-5)$$

$$RD_{i,t} = \mu_0 + \mu_1 Index_{m,t} + \mu_2 Trans_{i,t} + \mu_3 Controls + \delta_i + \theta_t + \varepsilon_{i,t} \qquad (7-6)$$

其中，$Trans_{i,t}$ 为企业 i 在第 t 年的会计信息透明度水平，其余变量均与以上模型保持一致。若 β_1、π_1、μ_1、μ_2 均显著为正，则假设 H7-3 成立。

7.3　实证结果及分析

7.3.1　描述性统计与相关性分析

各变量描述性统计结果如表 7-2 所示，RD 的平均值为 4.6%，最大值为26.3%，最小值为0，反映样本企业研发投入平均约占营业收入的4.6%，研发投入最多的企业能占到营业收入的26.3%，而创新水平最低的企业则没有研发投入。归一化后的金融科技指数最大值为1，最小值为0，均值为0.591，说明省份间金融科技发展水平存在较大差异。市场化水平的平均值为1.502，最大值为2.51，平均值为2.253，表明总体上各省份市场化程度较高。企业信息透明度最大值为0.86，最小值为0.005，均值是0.341，说明不同企业之间的信息透明度同样存在较大的波动。如表7－3所示，各变量的相关系数均小于0.6，不存在严重的共线性。

表7－2　　　　　　　　　　　描述性统计

变量	样本数量	均值	标准差	最小值	最大值
RD	23376	0.046	0.046	0	0.263
Index	23376	0.591	0.237	0	1
Mark	23376	2.253	0.213	1.502	2.51
Trans	23376	0.341	0.189	0.005	0.86
Size	23376	22.086	1.261	19.591	25.931
Lev	23376	0.398	0.201	0.053	0.894
Roa	23376	0.044	0.065	-0.238	0.211
Cash	23376	0.047	0.067	-0.182	0.248
Age	23376	2.833	0.353	1.099	3.466
Balance	23376	0.773	0.615	0.017	2.757
Mfee	23376	0.094	0.074	0.009	0.57
Indep	23376	0.376	0.054	0.308	0.571

表 7 - 3

相关性分析

变量	(1)	(2)	(3)	(4)	(5)	(6)	(7)	(8)	(9)	(10)	(11)	(12)
(1) RD	1.000											
(2) Mark	0.163***	1.000										
(3) Trans	-0.002	0.010	1.000									
(4) Index	0.139***	0.551***	-0.070***	1.000								
(5) Size	-0.266***	-0.043***	0.401***	0.137***	1.000							
(6) Lev	-0.314***	-0.087***	0.032**	0.020**	0.540***	1.000						
(7) Roa	0.004	0.060***	0.372***	-0.036***	-0.055***	-0.396***	1.000					
(8) Cash	-0.031***	0.068***	0.201***	0.119***	0.076***	-0.152***	0.390***	1.000				
(9) Age	-0.111***	0.078***	-0.045***	0.377***	0.206***	0.181***	-0.102***	0.054***	1.000			
(10) Balance	0.170***	0.109***	-0.024**	0.099***	-0.127***	-0.143***	0.030***	-0.016**	-0.037***	1.000		
(11) Indep	0.052***	0.042***	-0.010*	0.062***	-0.004	-0.010	-0.011*	0.002	-0.016**	-0.032***	1.000	
(12) Mfee	0.549***	-0.030***	-0.121***	-0.124***	-0.326***	-0.259***	-0.163***	-0.118***	-0.106***	0.085***	0.041***	1.000

注：*、**、***分别代表在10%、5%、1%的水平上显著；t值经过稳健标准误调整，以下各表同此。

7.3.2　基准回归

金融科技对企业研发投入影响的回归结果如表 7 - 4 所示。第 1 ~ 3 列分别为未控制任何因素、加入了控制变量但未控制企业和年份固定效应以及加入控制变量并控制企业和年份固定效应条件下金融科技对企业研发投入的影响。结果发现，无论是否控制其他因素，Index 的系数均在 1% 的水平下显著为正，说明金融科技的发展缓解了企业创新面临的困境，提升了企业研发动力和能力，推动企业增加创新投入。假设 H7 - 1 得证。

表 7 - 4　　　　　　　　金融科技对企业创新投入的影响

变量	1 RD	2 RD	3 RD
Index	0. 027 *** (21. 48)	0. 049 *** (43. 99)	0. 040 *** (5. 13)
Size		- 0. 001 *** (- 3. 81)	0. 003 *** (7. 63)
Lev		- 0. 029 *** (- 17. 94)	- 0. 024 *** (- 15. 57)
Roa		0. 031 *** (7. 01)	- 0. 049 *** (- 16. 27)
Cash		- 0. 018 *** (- 4. 54)	- 0. 007 *** (- 2. 82)
Age		- 0. 015 *** (- 20. 06)	- 0. 011 *** (- 4. 83)
Balance		0. 006 *** (14. 22)	0. 000 (0. 61)
Indep		0. 013 *** (2. 93)	- 0. 012 *** (- 3. 06)

变量	1 RD	2 RD	3 RD
Mfee		0.329 *** (92.58)	0.187 *** (55.60)
Constant	0.030 *** (37.62)	0.050 *** (9.29)	-0.005 (-0.49)
企业固定效应	NO	NO	YES
年份固定效应	NO	NO	YES
Observations	23376	23376	23376
R-squared	0.019	0.395	0.217

7.3.3 金融科技、市场化进程与企业创新投入

基于市场化进程的作用机制分析，如表 7 - 5 所示。第 2 列结果表明，金融科技对市场化进程的影响系数在 1% 的水平下显著为正，说明金融科技的发展推动了市场化改革进程。第 3 列结果表明，金融科技与市场化进程的系数均在 1% 的水平下显著为正，说明市场化进程在金融科技对企业创新投入的影响路径中发挥部分中介效应。金融科技运用现代技术手段，提高了资源配置效率，推动了非国有经济的发展，促进了企业外部制度环境的完善，对提升企业外部环境的市场化水平起到了重要作用，而环境的改善减少了对企业创新活动的制约，进一步促进企业加大创新投入。假设 H7 - 2 得证。

表 7 - 5　　　　　　基于市场化进程的作用机制分析

变量	1 RD	2 Mark	3 RD
Mark			0.010 *** (2.76)

续表

变量	1 RD	2 Mark	3 RD
Index	0. 040 *** （5. 13）	0. 253 *** （15. 80）	0. 038 *** （4. 79）
Size	0. 003 *** （7. 63）	0. 001 * （1. 71）	0. 003 *** （7. 60）
Lev	− 0. 024 *** （− 15. 57）	0. 009 *** （2. 91）	− 0. 024 *** （− 15. 63）
Roa	− 0. 049 *** （− 16. 27）	0. 004 （0. 59）	− 0. 049 *** （− 16. 29）
Cash	− 0. 007 *** （− 2. 82）	0. 008 （1. 58）	− 0. 007 *** （− 2. 85）
Age	− 0. 011 *** （− 4. 83）	− 0. 017 *** （− 3. 69）	− 0. 010 *** （− 4. 75）
Balance	0. 000 （0. 61）	− 0. 000 （− 0. 35）	0. 000 （0. 62）
Indep	− 0. 012 *** （− 3. 06）	− 0. 008 （− 0. 93）	− 0. 012 *** （− 3. 05）
Mfee	0. 187 *** （55. 60）	− 0. 005 （− 0. 66）	0. 187 *** （55. 62）
Constant	− 0. 005 （− 0. 49）	2. 092 *** （105. 68）	− 0. 025 ** （− 2. 06）
企业固定效应	YES	YES	YES
年份固定效应	YES	YES	YES
Observations	23376	23376	23376
R-squared	0. 217	0. 754	0. 218

7.3.4　金融科技、企业透明度与企业创新投入

基于企业透明度的作用机制分析，如表 7 - 6 所示。第 2 列结果表明，金融科技对企业信息透明度的影响系数在 5% 的水平下显著为正，说明金融科技的发展提高了企业信息透明度。第 3 列结果表明，金融科技与信息透明度的系数均在 1% 的水平下显著为正，说明信息透明度在金融科技影响企业创新投入的路径中同样表现为部分中介效应。金融科技提升了企业、监管机构、投资者的信息获取和分析能力，提升了企业信息透明度，良好的信息环境缓解了创新过程中的代理冲突，激发管理者开展创新活动的动力，从而促进企业创新投入。假设 H7 - 3 得证。

表 7 - 6　　　　　　　　基于企业透明度的作用机制分析

变量	1 RD	2 Trans	3 RD
Trans			0. 006 *** (5. 54)
Index	0. 040 *** (5. 13)	0. 109 ** (2. 16)	0. 040 *** (5. 05)
Size	0. 003 *** (7. 63)	0. 060 *** (24. 17)	0. 003 *** (6. 58)
Lev	- 0. 024 *** (- 15. 57)	- 0. 001 (- 0. 09)	- 0. 024 *** (- 15. 58)
Roa	- 0. 049 *** (- 16. 27)	0. 909 *** (47. 47)	- 0. 054 *** (- 17. 20)
Cash	- 0. 007 *** (- 2. 82)	- 0. 013 (- 0. 78)	- 0. 007 *** (- 2. 79)
Age	- 0. 011 *** (- 4. 83)	0. 091 *** (6. 45)	- 0. 011 *** (- 5. 08)

续表

变量	1 RD	2 Trans	3 RD
Balance	0.000 (0.61)	0.007 ** (2.18)	0.000 (0.52)
Indep	− 0.012 *** (− 3.06)	− 0.010 (− 0.37)	− 0.012 *** (− 3.05)
Mfee	0.187 *** (55.60)	− 0.065 *** (− 3.03)	0.187 *** (55.75)
Constant	− 0.005 (− 0.49)	− 1.219 *** (− 19.61)	0.003 (0.28)
企业固定效应	YES	YES	YES
年份固定效应	YES	YES	YES
Observations	23376	23376	23376
R-squared	0.217	0.190	0.219

7.3.5　稳健性检验

（1）内生性处理

考虑潜在的内生性问题，借鉴李春涛等（2020）、戴良充等（Chong T L et al.，2013）的研究思路，手工整理所有省份的接壤省份，使用同一年份该省份所有接壤省份金融科技发展水平的均值作为工具变量。一方面，邻省与本省的金融科技发展水平息息相关；另一方面，地域因素导致了邻省的金融科技发展水平难以对本地企业的创新活动造成影响。因此该工具变量满足相关性和外生性两个条件。工具变量回归结果如表 7-7 所示。第一阶段，工具变量的回归结果显著为正，符合预期。第二阶段，基于工具变量估计得到的金融科技（Index）系数显著为正，且比原有基准回归的系数大小有一定幅度的提高，表明本章研究结论是稳健的。

表 7 - 7 工具变量回归结果

变量	1 Index	2 RD
Index		0. 049 *** (3. 60)
IV	0. 002 *** (97. 95)	
Size	0. 001 *** (2. 59)	0. 003 *** (7. 60)
Lev	- 0. 001 (- 0. 71)	- 0. 024 *** (- 15. 57)
Roa	- 0. 014 *** (- 6. 45)	- 0. 049 *** (- 16. 19)
Cash	- 0. 000 (- 0. 10)	- 0. 007 *** (- 2. 82)
Age	0. 002 (1. 42)	- 0. 011 *** (- 4. 85)
Balance	- 0. 002 *** (- 4. 20)	0. 000 (0. 63)
Indep	0. 004 (1. 23)	- 0. 012 *** (- 3. 06)
Mfee	- 0. 018 *** (- 7. 01)	0. 187 *** (55. 51)
企业固定效应	YES	YES
年份固定效应	YES	YES
Observations	22928	22928
R-squared	0. 996	0. 217
伪识别检验（Anderson canon. corr. LM statistic）:		6446. 945 ***
弱工具检验（Cragg - Donald Wald F statistic）:		9594. 013 [16. 38]

注：方括号内为 Stock - Yogo 检验对应的 10% 临界值。

（2）替换被解释变量

本章运用企业研发投入总额占总资产比例（RD2）替换原有被解释变量进行回归，得到结果如表7－8所示。金融科技对企业创新投入依然呈现正向影响，且市场化水平与企业信息透明度的中介效应依然存在，与原有结果一致，说明本章结论的稳健性。

表7－8　　　　基于创新投入总额与资产总额之比的回归结果

变量	1 RD2	2 Mark	3 RD2	4 Trans	5 RD2
Mark			0.005 *** (3.36)		
Trans					0.005 *** (9.15)
Index	0.008 ** (2.20)	0.253 *** (15.80)	0.006 * (1.81)	0.109 ** (2.16)	0.007 ** (2.06)
Size	-0.004 *** (-22.33)	0.001 * (1.71)	-0.004 *** (-22.37)	0.060 *** (24.17)	-0.004 *** (-23.60)
Lev	0.001 * (1.86)	0.009 *** (2.91)	0.001 * (1.79)	-0.001 (-0.09)	0.001 * (1.87)
Roa	0.001 (0.84)	0.004 (0.59)	0.001 (0.83)	0.909 *** (47.47)	-0.003 ** (-2.14)
Cash	0.008 *** (6.86)	0.008 (1.58)	0.008 *** (6.82)	-0.013 (-0.78)	0.008 *** (6.93)
Age	-0.003 *** (-3.20)	-0.017 *** (-3.69)	-0.003 *** (-3.11)	0.091 *** (6.45)	-0.004 *** (-3.62)
Balance	0.001 *** (3.92)	-0.000 (-0.35)	0.001 *** (3.93)	0.007 ** (2.18)	0.001 *** (3.78)
Indep	-0.006 *** (-3.54)	-0.008 (-0.93)	-0.006 *** (-3.52)	-0.009 (-0.37)	-0.006 *** (-3.52)

续表

变量	1 RD2	2 Mark	3 RD2	4 Trans	5 RD2
Mfee	0.003 ** (2.11)	− 0.005 (− 0.66)	0.003 ** (2.12)	− 0.065 *** (− 3.03)	0.003 ** (2.31)
Constant	0.109 *** (25.33)	2.092 *** (105.68)	0.098 *** (18.20)	− 1.219 *** (− 19.61)	0.114 *** (26.41)
企业固定效应	YES	YES	YES	YES	YES
年份固定效应	YES	YES	YES	YES	YES
Observations	23376	23376	23376	23376	23376
R-squared	0.071	0.754	0.072	0.190	0.075

（3）剔除有影响的样本

在本章选取的样本期间为 2011~2020 年，由于 2015 年的股市动荡对全球金融市场造成了冲击，对我国金融科技发展以及企业创新行为产生了一定影响，因此参考唐松等（2020）的做法，剔除 2015 年的数据样本进行稳健性检验。如表 7-9 所示，前面的结论没有发生任何变化，再次证明了本章结论的稳健性。

表 7-9　　　　　　　　剔除 2015 年样本的回归结果

变量	1 RD	2 Trans	3 RD	4 Mark	5 RD
Mark					0.010 *** (2.76)
Trans			0.006 *** (5.03)		
Index	0.040 *** (4.95)	0.130 ** (2.49)	0.040 *** (4.85)	0.256 *** (14.88)	0.038 *** (4.61)

续表

变量	1 RD	2 Trans	3 RD	4 Mark	5 RD
Size	0.003 *** (8.30)	0.060 *** (22.84)	0.003 *** (7.32)	0.002 * (1.88)	0.003 *** (8.26)
Lev	− 0.025 *** (− 15.38)	− 0.001 (− 0.11)	− 0.025 *** (− 15.39)	0.010 *** (2.95)	− 0.026 *** (− 15.44)
Roa	− 0.051 *** (− 15.98)	0.905 *** (44.69)	− 0.056 *** (− 16.77)	0.007 (0.98)	− 0.051 *** (− 16.01)
Cash	− 0.007 ** (− 2.56)	− 0.014 (− 0.80)	− 0.007 ** (− 2.53)	0.009 * (1.65)	− 0.007 *** (− 2.60)
Age	− 0.010 *** (− 4.62)	0.090 *** (6.24)	− 0.011 *** (− 4.85)	− 0.017 *** (− 3.66)	− 0.010 *** (− 4.54)
Balance	0.001 (1.51)	0.007 ** (2.10)	0.001 (1.43)	− 0.000 (− 0.38)	0.001 (1.52)
Indep	− 0.014 *** (− 3.25)	− 0.008 (− 0.28)	− 0.014 *** (− 3.25)	− 0.010 (− 1.06)	− 0.014 *** (− 3.23)
Mfee	0.186 *** (52.19)	− 0.068 *** (− 3.00)	0.186 *** (52.32)	− 0.001 (− 0.16)	0.186 *** (52.20)
Constant	− 0.014 (− 1.35)	− 1.210 *** (− 18.64)	− 0.007 (− 0.64)	2.088 *** (97.73)	− 0.034 *** (− 2.73)
企业固定效应	YES	YES	YES	YES	YES
时间固定效应	YES	YES	YES	YES	YES
Observations	21236	21236	21236	21236	21236
R-squared	0.220	0.191	0.221	0.758	0.220

7.3.6　异质性分析

参考杜勇等（2019）的衡量方法以及企业会计准则中对金融资产的规定，金融资产包括交易性金融资产、衍生金融资产、发放贷款及垫款净额、可供出售金融资产净额、持有至到期投资净额、投资性房地产净额、债权投资、其他债权投资、其他权益工具投资。根据企业是否购买金融资产（Finratio）将样本重新进行分类，并进行实证检验，结果如表 7 – 10 所示。第 1 列结果显示，金融科技的回归系数并不显著，说明在未购买金融资产的企业中，金融科技对企业创新投入的促进作用并不明显。第 2 列结果显示，金融科技的系数在 1% 的水平下显著为正，说明在购买了金融资产的企业中，金融科技的发展推动了企业创新投入。可能的原因是，金融科技仍然没有脱离金融的本质，利用大数据、人工智能等技术为企业层面所带来的金融配置效率的提高、外部融资环境的改善以及借贷双方信息不对称的缓解等大多属于金融服务的范畴，企业只有合理运用金融工具，才能最大限度享受到金融科技的种种好处，获得充裕的创新资源，进而加大创新投入，所以金融科技对没有购买金融资产的企业创新驱动效应并不明显。这也启示我们要防范金融科技可能带来的企业"脱实向虚"的风险。

表 7 – 10　　　　　　　　　　异质性分析结果

变量	1 Finratio = 0 RD	2 Finratio = 1 RD
Index	0. 001 （0. 05）	0. 044 *** （4. 98）
Size	0. 009 *** （8. 86）	0. 001 ** （2. 05）
Lev	- 0. 032 *** （- 8. 82）	- 0. 021 *** （- 11. 65）
Roa	- 0. 038 *** （- 5. 44）	- 0. 051 *** （- 15. 34）
Cash	- 0. 010 ** （- 2. 02）	- 0. 007 ** （- 2. 56）

续表

变量	1 Finratio = 0 RD	2 Finratio = 1 RD
Age	− 0.006 (− 1.09)	− 0.010 *** (− 3.46)
Balance	− 0.001 (− 0.77)	0.000 (0.45)
Indep	− 0.004 (− 0.40)	− 0.012 *** (− 2.58)
Mfee	0.248 *** (33.77)	0.164 *** (42.55)
Constant	− 0.149 *** (− 5.84)	0.035 *** (2.95)
企业固定效应	YES	YES
年份固定效应	YES	YES
Observations	5737	17639
R-squared	0.308	0.201

7.4　结论与建议

金融科技是新兴信息技术与传统金融服务深度融合的新型组织形态，对社会生产产生了重大影响，而创新是国家发展全局的核心。因此，厘清金融科技对企业创新的具体机制具有较强的现实价值。本章利用 2011 ~ 2020 年我国沪深 A 股上市公司数据，实证检验金融科技对企业创新投入的影响及作用机制，得出如下结论：

第一，金融科技的发展对企业创新投入具有明显的促进作用。

第二，机制检验表明，金融科技通过推动企业外部市场化改革进程并提升企业内部信息透明度来推动企业创新投入。

第三，异质性分析发现，相较于没有购买金融资产的企业，金融科技对购买了金融资产的企业的创新激励作用更为明显。

本章从宏观市场化水平和微观企业透明度的视角丰富了金融科技对企业创新投入的影响研究，并与企业金融投资行为这一企业内部因素相结合，为缓解企业研发动力不足，激发企业研发意愿与活力提供了如下政策启示：

第一，顺应金融科技变革趋势，推进金融科技产业持续发展。继续完善金融科技及相关配套产业的顶层设计和总体规划，加大大数据、人工智能和区块链等金融科技新型技术基础设施建设力度，增强和提升金融科技影响深度和广度，充分发挥金融科技对实体企业的创新效应。

第二，把提高金融科技发展水平作为推动市场化改革与改善企业透明度的有效手段。一方面，关注多种金融业态的发展，依靠市场规则，不断挖掘和创造用户新需求，催生与企业需求相契合的金融产业模式，为中小微企业创新活动纾困解难。另一方面，鼓励实体企业主动应用人工智能等新兴技术，解决上市公司信息披露的痛点，提升信息披露质量，降低与利益相关者的信息不对称，进一步提升管理者的研发意愿。

第三，引导金融科技发展方向，防止企业出现过度金融化。一方面，消除行业垄断利润，提高金融业竞争水平。另一方面，发挥企业内部治理机制的监督和制约作用，减少管理者的短视投机行为，提升金融科技服务创新的质效，防范企业产生"脱实向虚"的风险。

第 8 章

金融科技提升上市公司创新产出

我国是制造大国，制造业是中国实体经济的主要组成部分，更是经济高质量发展的重要基石。国务院在《中国制造 2025》文件中明确指出制造业是国民经济的主体，是中国科技创新的主战场。在国家创新驱动战略的实施下，一系列以政府补助、研发费用加计扣除等技术创新政策"席卷而来"（陈强远等，2020），推动企业技术创新。从全国科技经费投入统计公报和《2020 年全球创新指数》报告来看，中国创新投入和创新产出的增加，并没有带来"创新质量"的提高（吕越等，2018）。创新产出"低质高量"等问题导致我国制造业长期处在全球价值链的中低端（王一鸣，2020），严重阻碍着我国从制造大国迈向制造强国的进程。一方面，创新具有周期长、回报不确定及较强资源依赖性等特征，如不能及时获得资源支持，很可能导致创新活动失败（贾俊生等，2017；张敏等，2015）。另一方面，企业内部存在的股东与代理人的利益冲突而导致的信息传递扭曲，以及企业内部流程普遍存在的信息不透明等问题，导致企业内部资源配置效率较低，间接抑制了制造企业双元创新①（韦庄禹，2022）。金融科技②的"精髓"是将大数据、区块链等新兴技术运用到金融机构的决策流程中，实现金融机构信息识别和风险防控等能力提升，为微观企业提供更高效的多元化贷款服务（龚强等，2021；Frost J et al.，2020）。金融科技为缓解企业融资约束、信息不对称及资源配置效率问题提供了契机。基于以上分析，本章将研究金融科技对制造企业双元创新的整体影响、作用机制，以及两者之间的非线性关系。金融科技运用数据挖掘和信息处理等技术分析企业，其能否通过精准识别具有创新潜力和创新需求的企业，并克服传统金融"属性错配""领域错配"等局限性，为真正需要技术创新的企业输送"能量"③？在政企存在信息不对称及治理环境不确定的情况下，金融科技发展能否提高政府创新政策有效性，进一步提高制造企业双元创新水平？产融结合在促进企业创新的同时也带来很多弊端，金融

---

① 双元这个概念最早由詹姆斯（James，1991）在组织行为领域提出，认为企业具有勘探和开发两种能力，保持两者之间的适当平衡是系统生存和效益的主要因素。根据双元创新理论，可将企业创新细分为探索式创新和开发式创新。塔辛曼和欧莱礼（Tushman & O'Reilly，1996）提出企业必须同时擅长开发和探索式创新以促进企业健康长久发展。开发式创新是通过扩展现有知识寻求更高效率产品改进以实现增量创新；相比之下，探索式创新是远离现有知识和技术，通过探索以实现更彻底的创新（Atuahene – Gima，2005）。朱根德等（Jugend et al.，2016）指出开发式创新是对现有产品进行组合和优化，风险较小；探索式创新是开发新产品，风险和不确定性较大。本文定义开发式创新是在已有技术基础上进行改良和优化，一般具有常规性；探索式创新是运用新知识进行新技术探索和开发以实现技术的实质性创新，一般具有突破性。

② 目前学术界对金融科技的研究可概括为宏观层面和微观层面。参见"黄益平、黄卓. 中国的数字金融发展：现在与未来 [J]. 经济学（季刊），2018（4）；罗振军、于红丽. 数字普惠金融、多维贫困与金融减贫效应 [J]. 统计与决策，2022（11）；李彦龙、沈艳. 数字普惠金融与区域经济不平衡 [J]. 经济学（季刊），2022（5）；张志元、马永凡. 数字金融与企业投资：银行风险承担视角 [J]. 当代经济科学，2023（1）；蔡庆丰，等. 互联网贷款、劳动生产率与企业转型——基于劳动力流动性的视角 [J]. 中国工业经济，2021（12）；涂咏梅，等. 数字金融对企业融资成本影响的实证 [J]. 统计与决策，2022（19）"。

③ 企业创新驱动因素可以概括为内部因素和外部因素。参见"刘善仕，等. 人力资本社会网络与企业创新——基于在线简历数据的实证研究 [J]. 管理世界，2017（7）；石晓军、王骜然. 独特公司治理机制对企业创新的影响——来自互联网公司双层股权制的全球证据 [J]. 经济研究，2017（1）；刘永丽，等. 高管团队重组、内部控制质量与双元创新 [J]. 会计研究，2011（3）；顾夏铭，等. 经济政策不确定性与创新——基于我国上市公司的实证分析 [J]. 经济研究，2018（2）；马勇，等. 货币政策、财政补贴与企业创新 [J]. 会计研究，2022（2）；陈思，等. 风险投资与企业创新：影响和潜在机制 [J]. 管理世界，2017（1）"。

科技对其是否具有一定替代作用？产融结合在金融科技影响制造企业创新时是否具有一定挤出效应？本章针对以上提出的问题作出如下检验，以 2011～2020 年沪深 A 股上市制造企业为样本探究新兴金融科技与制造企业双元创新之间的整体关系及影响机制。此外，本章根据产融结合这一大背景，探讨其在金融科技影响制造企业双元创新过程中是否具有一定挤出效应；同时利用门槛模型检验金融科技与制造企业双元创新之间的非线性关系。

8.1　理论分析与研究假设

8.1.1　金融科技与制造企业双元创新

从交易成本理论视角看，信息不对称增加了企业内外部交易成本，对制造企业双元创新造成了一定威胁。在外部交易成本方面，金融机构会通过提高贷款利率以应对金融机构与企业之间信息不对称带来的潜在风险，导致企业交易成本增加（蒲元，2010）。金融科技能够提高企业和金融机构之间的信息透明度，拓宽企业融资渠道，为制造企业开展高风险技术创新活动提供充足资金。特别是金融科技利用数据挖掘等技术为银行提供真正有创新潜力和需求的客户，并通过提高贷款审批效率和简化贷款审批流程，以降低企业融资成本和信息成本（鲍星，2022）；金融科技通过创新金融服务进一步拓宽和丰富了企业融资渠道和融资模式，此外其利用新兴技术打破了传统金融的时间和空间限制，扩大了金融服务实体经济的范围和能力，使经济较落后的地区和企业都可以享受到普惠金融的福利（喻平等，2020）。

在内部交易成本方面，信息不对称加剧了资源在各部门之间合理分配的难度，降低了资源配置效率，导致企业的生产和运营成本增加，严重制约着企业创新（杜群阳等，2022）。与此同时，金融科技可以提高企业内部信息透明度和资源配置效率，优化创新资金，为企业创新提供良好环境。首先，金融科技能够使企业内部流程更加透明，全方位监督和控制企业日常生产经营活动，从而提高企业生产经营效率及资本配置效率（何帆等，2019；袁淳等，2021）。其次，金融科技可以优化企业市场环境、增强企业风险承担能力和增加企业研发投入，根据波特钻石模型理论可知，良好的企业市场环境是企业自主创新的重要基础和动力。最后，金融科技能够重塑企业生产和管理流程，并创新企业管理思维，从而促进企业数字化转型（王宏鸣等，2022；唐松，2022），而企业数字化程度越高，越有利于开展企业创新活动。

相比于常规性创新，突破性创新具有更大不确定性和更高的资源要求。突破性创新需要脱离原有技术基础并运用新知识探索一项全新技术，往往存在创新周期长、风险高等特征（Alexiev A S et al.，2010）。因此，突破性创新要求企业具备一定资源基础以及与创新相匹配的内部监督管理流程（Jansen J J P et al.，2006）。而常规性创新只是对产品生产过程进行改进，不涉及技术核心部分，对技术创新以外的保障性措施要求较低。在金融科技作用下，制造企业会具有更完善的创新环境和条件。基于此，提出如下假设：

假设 H8-1：金融科技会促进制造企业双元创新，且对突破性创新的作用更强。

8.1.2 融资结构的中介作用

根据公司资源基础理论，企业资源稀缺性迫使其进行技术创新从技术经济中获益。而创新与产出不匹配所造成的市场失灵使企业不敢将有限的资源投入到企业技术创新中。为了获得技术创新所需资金，企业会进行内源和外源融资，其中外源融资主要包括债务融资和股权融资。当企业内源融资不足时，外源融资是企业进行研发创新活动的主要资金来源。（张艾莲等，2022）实证得出合理债务融资和杠杆率会促进企业技术创新。根据高风险、高报酬理论，股东愿意承担较大创新风险来获得较高收益，且股权融资没有偿还期限，这有助于企业获得股权投资来促进企业技术创新（张一林等，2016）。

已有研究表明董事会活动（Lorca C et al.，2011）、企业内部控制和监督制度（林钟高等，2017）、公司治理水平（Hann R N et al.，2013）及信息透明度（郭嘉琦等，2019）等都是企业债务融资成本和股权融资成本的关键影响因素。金融科技可以通过提高企业信息透明度、内部控制质量、公司治理水平以及增加企业价值等来降低企业外源融资成本。一方面，金融科技通过提高企业内部流程信息透明度，对企业进行全方位监督和控制，进而提高企业的内部控制质量（何帆等，2019）；金融科技的发展迫使企业披露更多信息，使企业与投资者、金融机构之间信息更加透明，进一步削减企业融资成本（刘飞，2020）。另一方面，金融科技通过数据挖掘降低企业各部门之间的沟通成本，促进企业数字化转型，使公司的治理水平、运营效率等得到提高（王宏鸣等，2022）；企业数字化带来的信息化能帮助企业获得更准确的信息，助推企业提高投资效率和产能效率，从而增加企业价值。基于此，提出如下假设：

H8-2：金融科技可以帮助制造企业获得债务融资，从而促进制造企业双元创新，且对突破性创新作用更强。

H8-3：金融科技可以帮助制造企业获得股权融资，从而促进制造企业双元创新，且对突破性创新作用更强。

8.1.3 政府补助的中介作用

基于利益相关者理论，企业利益相关者既包括企业的债务人、股东、员工等，也包括媒体、政府等对企业发展有间接影响的社会机构和人员。政府创新政策是影响企业技术创新活动的一个很重要宏观因素。政府补助有助于纠正由信息不对称造成的市场失灵，其直接资助企业的同时也给投资者传递了有利信号，间接帮助企业获得研发投资，进而促进企业技术创新（郭景先等，2019）。同时，其能直接补充企业创新活动资金，推动企业可持续性创新（权锡鉴等，2022）。但是由于信息不对称和逆向选择的存在，传统意义上的政府补助具有一定局限性。特别是企业利用信息不对称这一局限性，释放虚假创新信号骗取政府补助，使真正需要创新补助的企业无法获得补助（安同良等，2009）。这严重降低了政府补助政策的激励效应，间接抑制了制造企业技术创新。

金融科技或许能打破这一局限。一方面，金融科技借助大数据、人工智能等新兴技术对企业进行全方位评估，帮助政府识别有创新潜力的企业，让真正需要研发资金的企业获得财政支持，激发企业创新活力（Zhu C et al.，2019）。另一方面，金融科技利用智能匹配、云计算等信息技术规模化处理企业和市场信息，提高了企业信息透明度（Sheng T X et al.，2020），有助于政府实时监督企业创新项目，提升政府创新政策有效性。此外，政府补助中的专利补助与制造企业双元创新存在紧密且直接的联系，同时专利补助的作用强度直接关系到政府创新政策的有效性。因此，本章在政府补助的基础上进一步探究了专利补助在金融科技与制造企业双元创新之间的机制作用，如图 8-1 所示。基于此，提出如下假设：

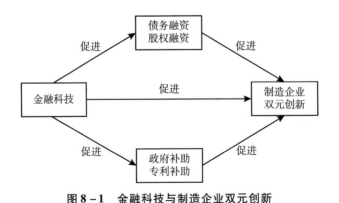

图 8-1　金融科技与制造企业双元创新

H8 - 4：金融科技可以帮助制造企业获得政府补助，从而促进制造企业双元创新，且对突破性创新作用更强。

H8 - 5：金融科技可以帮助制造企业获得专利补助，从而促进制造企业双元创新，且对突破性创新作用更强。

8.2　研究设计

8.2.1　数据来源及处理

本章以中国 2011～2020 年沪深 A 股上市制造企业为样本进行研究，其中金融科技指数来自《北京大学数字普惠金融指数》，企业微观层面和市场宏观层面数据来自中国研究数据服务平台（CNRDS）和国泰安数据库（CSMAR）。根据已有研究对数据作如下处理：第一，为避免特殊行业影响，删除了金融类上市公司的数据；第二，剔除主要变量存在缺失的样本；第三，为减少极端值对本章结果的影响，对模型中的变量进行 1% 和 99% 的缩尾处理。经过处理后，最终得到 14483 个观测值。

8.2.2　变量定义

（1）被解释变量

根据前人研究经验，一般会采用两种指标来衡量企业创新。一种是衡量企业创新投入的指标，包括企业研发人员投入、研发资金投入等；另一种则是测量创新产出指标，主要包括企业专利申请数量、无形资产增加情况等指标。根据研究假设，本章充分考虑金融科技对制造企业创新两方面的影响，以企业创新产出为被解释变量，企业创新投入强度（研发投入/企业总资产）作为稳健性检验的被解释变量。本章将企业专利申请总数量作为企业一定时期内的技术创新产出水平。然后基于双元创新理论将企业技术创新（Inv）划分为突破性创新（Bin）和常规性创新（Cin）。参考黎文静等（2016）的做法，将技术含量最高的发明专利作为企业突破性创新，将技术含量较低且不涉及产品本身技术创新的实用新型专利和外观设计专利之和作为企业常规性创新。本章对所有专利数量加 1 后取对数，以消除部分企业专利申请量为 0 的影响。

（2）解释变量

本章参考邱晗等（2018）的研究，将北京大学发布的数字普惠金融指数取对数来衡量城市层面金融科技发展程度。该指数采用了蚂蚁金服的交易账户底层数据，从多个维度全面刻画了中国的金融科技发展水平。该指数越大说明金融科技发展越好。

（3）控制变量

参考段军山和庄旭东（2021）等的研究，本章共加入如下 9 个可能影响企业创新的控制变量：企业成长性（Growth），企业营业收入增长率；固定资产比（PPE），企业固定资产总额/年末总资产；企业规模（Size），企业总资产自然对数；资产负债率（Lev），企业年末负债/年末总资产；营业利润率（Opera），企业年度营业利润/年度营业收入；股权集中度（Shr1），企业第一大股东的持股比例；董事会结构（Board），董事会中独立董事占比；人力资本（Bkra），企业本科及以上员工数量/企业总员工数量；市场竞争（Sellra），企业销售支出/企业营业收入。

主要研究变量如表 8 - 1 所示。

表 8 - 1　　　　　　　　　主要研究变量具体说明

变量类型	变量名称	变量符号	衡量标准
被解释变量	企业技术创新	Inv	专利申请总数 + 1 取对数
	突破性创新	Bin	发明专利申请数量 + 1 取对数
	常规性创新	Cin	外观设计和实用新型专利申请数量 + 1 取对数

续表

变量类型	变量名称	变量符号	衡量标准
解释变量	金融科技	Index	北大数字普惠金融总指数，包括覆盖广度（Index－B）、使用深度（Index－D）
调节变量	产融结合	Hold	金融机构持股企业比例
中介变量	股权融资	Equity	吸收权益性投资收到的现金除以企业总资产
	债务融资	Loan	取得借款收到的现金除以（短期借款＋长期借款＋向中央银行借款）
	政府补助	Gsi	政府补助总额除以企业总资产
控制变量	企业成长性	Growth	营业收入增长率
	固定资产比	PPE	固定资产总额/年末总资产
	企业规模	Size	企业总资产自然对数
	资产负债率	Lev	年末负债/年末总资产
	营业利润率	Opera	营业利润/营业收入
	股权集中度	Shr1	第一大股东的持股比例
	董事会结构	Board	董事会中独立董事数量占比
	人力资本	Bkra	本科及以上学历/总员工
	市场竞争	Sellra	销售支出/营业收入

8.2.3　模型构建

为了探究金融科技对制造企业创新的正向影响，本章参考张敏等（2015）的研究构建如下固定效应模型进行检验：

$$Innovation_{i,t} = \beta_0 + \beta_1 Index_{m,t} + \beta_2 Controls + \sum Ind + \sum Year + \varepsilon_{i,t}$$

$$(8-1)$$

其中，$Innovation_{i,t}$ 表示企业 i 在第 t 年的技术创新产出，分别用企业专利申请总数量加 1 取对数、企业发明专利申请数量加 1 取对数以及企业实用新型发明专利和外观设计发明专利申请数量之和加 1 取对数来衡量；$Index_{m,t}$ 是企业 i 所在省份 m 在第 t 年的金融科技发展水平，用取对数后的北京大学数字普惠金融指数来衡量；β_0 为常数项，Controls 表示其他控制变量；Ind 是行业虚拟变量，Year 是时间虚拟变量，ε 是残差项。根据研究假设，核心解释变量 Index 的系数 β_1 应显著为正。

借鉴蔡庆丰等（2021）的研究，在模型（8-1）的基础上，构建模型（8-2）~模型（8-5）检验融资结构和政府补助的中介效应。

$$Loan_{i,t} = \omega_0 + \omega_1 Index_{m,t} + \omega_2 Controls + \sum Ind + \sum Year + \varepsilon_{i,t} \qquad (8-2)$$

$$Innovation_{i,t} = \gamma_0 + \gamma_1 Index_{m,t} + \gamma_2 Loan_{i,t} + \gamma_3 Controls$$
$$+ \sum Ind + \sum Year + \varepsilon_{i,t} \qquad (8-3)$$

其中，中介变量 $Loan_{i,t}$ 是企业 i 在第 t 年的融资水平，其余变量的定义均与模型（8-1）保持一致。β_1 为金融科技对企业技术创新总效应的系数，ω_1 为金融科技对融资结构的影响系数，γ_1 为金融科技对企业技术创新产出的直接效应，$\omega_1\gamma_2$ 为融资结构的中介效应系数。

$$Gsi_{i,t} = \pi_0 + \pi_1 Index_{m,t} + \pi_2 Controls + \sum Ind_i + \sum Year + \varepsilon_{i,t} \qquad (8-4)$$

$$Innovation_{i,t} = \mu_0 + \mu_1 Index_{m,t} + \mu_2 Gsi_{i,t} + \mu_3 Controls$$
$$+ \sum Ind + \sum Year + \varepsilon_{i,t} \qquad (8-5)$$

其中，$Gsi_{i,t}$ 为企业 i 在第 t 年所收到的政府补助，其余变量均与以上模型保持一致。

参考张敏等（2015）的研究，构建模型（8-6）检验产融结合的调节效应。

$$Innovation_{i,t} = \delta_0 + \delta_1 Index_{m,t} + \delta_2 Hold_{i,t} + \delta_3 Index_{m,t} \times Hold_{i,t}$$
$$+ \delta_4 Controls + \sum Ind + \sum Year + \varepsilon_{i,t} \qquad (8-6)$$

采用汉森（Hansen B E，1999）的门槛模型，以金融科技作为门槛变量，分析不同门槛下金融科技对制造企业双元创新的具体影响。构建的单一门槛模型和双重门槛模型如下：

$$Innovation = \varphi_0 + \varphi_1 Index_{i,t} I(Index_{i,t} \leqslant a) + \varphi_2 Index_{i,t} I(Index_{i,t} > a)$$
$$+ \varphi_3 Controls + \sum Ind + \sum Year + \varepsilon_{i,t} \qquad (8-7)$$

$$Innovation = \alpha_0 + \alpha_1 Index_{i,t} I(Index_{i,t} \leq a1)$$
$$+ \alpha_2 Index_{i,t} I(a1 < Index_{i,t} \leq a2)$$
$$+ \alpha_3 Index_{i,t} I(Index_{i,t} > a2)$$
$$+ \alpha_4 \sum Controls + \sum Ind + \sum Year + \varepsilon_{i,t} \qquad (8-8)$$

8.2.4　描述性统计和相关性分析

如表8-2所示，描述了主要研究变量的基本特征。从表中可以看出，企业申请的发明专利、企业资产和金融科技发展指数都不存在明显的右偏特征，这说明本章对发明专利数量、企业资产总数及金融科技发展指数取对数是合理的。相关性结果如表8-3所示，变量之间基本是显著的，且变量之间的相关性系数基本不超过0.5，说明变量之间基本不存在多重共线性问题。

表8-2　　　　　　　　　　　　主要研究变量描述性统计

变量	观测值个数	平均值	标准差	最小值	中位数	最大值
Inv	14483	3.149	1.538	0	3.219	6.956
Bin	14483	2.304	1.460	0	2.303	6.170
Cin	14483	2.500	1.591	0	2.565	6.370
Index	14483	5.335	0.397	3.999	5.464	5.774
Growth	14483	0.157	0.323	-0.459	0.108	1.844
PPE	14483	0.218	0.131	0.0151	0.193	0.610
Size	14483	21.99	1.149	20.00	21.82	25.55
Lev	14483	0.837	0.847	0.0518	0.576	5.168
Opera	14483	0.0851	0.152	-0.680	0.0811	0.492
Shr1	14483	0.339	0.141	0.0907	0.320	0.716
Board	14483	0.375	0.0528	0.333	0.333	0.571
Bkra	14483	0.244	0.174	0.0229	0.197	0.835
Sellra	14483	0.0846	0.0951	0.00270	0.0509	0.498

表 8 - 3

相关性分析

变量	Inv	Index	Grow	PPE	Size	Lev	Opera	Shr1	Board	Bkra	Sellra
Inv	1										
Index	0.141***	1									
Growth	0.071***	-0.015*	1								
PPE	-0.093***	-0.108***	-0.071***	1							
Size	0.498***	0.099***	0.037***	0.136***	1						
Lev	0.170***	-0.063***	0.00600	0.170***	0.443***	1					
Opera	-0.031***	0.018**	0.225***	-0.191***	-0.070***	-0.372***	1				
Shr1	0.029***	-0.091***	-0.00600	0.032***	0.112***	0.032***	0.097***	1			
Board	-0.00300	0.068***	-0.00300	-0.031***	-0.016*	-0.020**	-0.00800	0.060***	1		
Bkra	0.159***	0.149***	0.047***	-0.347***	0.026***	-0.076***	0.099***	-0.071***	0.029***	1	
Sellra	-0.091***	0.045***	-0.033***	-0.175***	-0.120***	-0.181***	0.077***	-0.004	0.00400	0.210***	1

注: *、**、***分别代表在10%、5%、1%的水平上显著; t值经过稳健标准误调整, 以下各表同此。

8.3　实证结果与分析

8.3.1　基准回归

金融科技与企业创新的回归结果如表 8－4 所示，所有回归均控制了行业和年份固定效应。实证结果显示，金融科技对企业创新、突破性创新、常规性创新的回归系数均在 1% 水平上显著为正，说明金融科技发展在促进制造企业技术创新的同时也促进了制造企业突破性创新和常规性创新。此外，表 8－4 第 2 列金融科技系数大于第 3 列金融科技系数，说明金融科技发展程度对企业突破性创新的影响程度更大，验证假设 H8－1。

表 8－4　　　　　　　　　　　　基准回归结果

变量	1 Inv	2 Bin	3 Cin
Index	0.7540 *** （7.9990）	0.7429 *** （8.2690）	0.4816 *** （5.0476）
控制变量	Yes	Yes	Yes
年份固定效应	Yes	Yes	Yes
行业固定效应	Yes	Yes	Yes
Observations	14483	14483	14483
R-squared	0.479	0.455	0.474

8.3.2　稳健性检验

（1）替换被解释变量

企业的创新水平主要体现在两方面，一方面是企业创新产出，即企业申请的发明专利数量；另一方面是企业的创新投入。本章使用企业研发支出总额除以企业资产总额作为被解释变量，同时将金融科技指数降维分解为金融科技使用深度（Index – D）和金融科技覆盖广度（Index – B）进行稳健性检验，回归结果如表 8 – 5 所示。研究发现金融科技促使制造企业加大技术创新投入，进而促进了技术创新。

表 8 – 5 　　　　　　　　基于研发支出强度的稳健性检验

变量	（1）Rdi	（2）Rdi	（3）Rdi
Index	0. 0148 ***（10. 9430）		
Index – D		0. 0136 ***（13. 1606）	
Index – B			0. 0092 ***（9. 1965）
控制变量	Yes	Yes	Yes
年份固定效应	Yes	Yes	Yes
行业固定效应	Yes	Yes	Yes
Observations	14199	14199	14199
R-squared	0. 241	0. 241	0. 239

（2）替换不同的回归模型

由于 A 股上市的制造企业的专利数量有大量 0 值，且企业专利数量具有计数变量的特点，因此本章用 Tobit 模型和 Poisson 模型替换 OLS 模型进行回归。回归结果如表 8 – 6 所示，结论保持不变。

表8-6   基于非线性模型的稳健性检验

变量	Tobit 模型			Poisson 模型		
	1 Inv	2 Bin	3 Cin	4 Inv	5 Bin	6 Cin
Index	0.7540 *** (8.2564)	0.7429 *** (8.3802)	0.4816 *** (5.0729)	0.2651 *** (8.2365)	0.3724 *** (8.6397)	0.2057 *** (5.0247)
控制变量	Yes	Yes	Yes	Yes	Yes	Yes
年份固定效应	Yes	Yes	Yes	Yes	Yes	Yes
行业固定效应	Yes	Yes	Yes	Yes	Yes	Yes
Observations	14483	14483	14483	14483	14483	14483
R-squared	0.1761	0.1690	0.1703	0.094	0.1141	0.1278

（3）工具变量法

为了消除内生性对回归结果产生的影响，本章使用工具变量法（2SLS）来验证结论的可靠性。参考唐松等（2020）的研究，以各省互联网普及率作为工具变量进行两阶段检验。如表8-7所示，经过修正后的金融科技发展指数对制造企业技术创新仍然具有显著正向影响。

表8-7   基于工具变量法的稳健性检验

变量	1 Inv	2 Bin	3 Cin
Index	0.6485 *** (3.2022)	0.6871 *** (3.4974)	0.3167 (1.5578)
控制变量	Yes	Yes	Yes
Observations	14483	14483	14483
R-squared	0.251	0.218	0.295
年份固定效应	Yes	Yes	Yes
行业固定效应	Yes	Yes	Yes

变量	1 Inv	2 Bin	3 Cin
伪识别检验 （Anderson canon. corr. LM statistic）	4203. 796 ***	4203. 796 ***	4203. 796 ***
弱工具检验 （Cragg – Donald Wald F statistic）：	5893. 132	5893. 132	5893. 132
内生性检验 （Durbin Wu Hausman）	10. 534 ***	9. 471 ***	5. 465 **

8.3.3　基于企业融资结构的中介效应检验

资金充足是企业进行研发活动的关键，但是仅依靠企业内部资金进行研发活动是远远不够的，因此企业需要从外部获得融资以保证企业有充足资金进行企业创新。有研究表明，金融科技能够打破传统金融局限性，增加企业的融资渠道，为企业获得更多创新资金；同时，其利用大数据等技术不仅降低了银企之间信息不对称程度，而且减少了贷款审批流程，缓解了企业融资约束，间接促进了企业技术创新。因此，金融科技是否可以通过提高企业信息透明度，让更多的投资者和债务人看到企业的价值，从而向企业提供资金，进而促进企业技术创新？

（1）债务融资

为了研究金融科技对企业融资结构的影响，本章参考刘素坤和燕玲（2021）选取的指标，用企业取得借款收到的现金除以企业短期借款、长期借款和中央银行借款三者之和，来衡量企业债务融资（Loan）。回归结果如表8－8和表8－9所示。可以发现，在表8－8的第2列和表8－9的第2列与第5列的回归结果中，金融科技指数的系数在1%水平上显著为正，说明金融科技发展确实提高了企业的债务融资。同时，在表8－8的第3列和表8－9的第3列与第6列的回归结果中，债务融资的系数和企业创新水平的系数均在 1% 水平上显著为正，说明债务融资在金融科技与企业创新之间起到部分中介的作用。金融科技能够帮助制造企业获得债务融资，进而促进制造企业双元创新，且对突破性创新的作用更强，假设 H8－2 得到证实。金融科技利用先进的技术为企业提供更多融资渠道的同时，也降低了企业与债务人之间的信息不对称程度，帮助企业获得更多借款，最终促进了制造企业双元创新。

表 8－8　　　　　　　　　基于债务融资的中介效应检验

变量	1 Inv	2 Loan	3 Inv
Index	0.7812 *** （7.6111）	0.1346 *** （2.9558）	0.7637 *** （7.4619）
Loan			0.1301 *** （6.4593）
控制变量	Yes	Yes	Yes
年份固定效应	Yes	Yes	Yes
行业固定效应	Yes	Yes	Yes
Observations	12167	12167	12167
R-squared	0.480	0.175	0.482

表 8－9　　　　　　　　　基于债务融资的中介效应检验

变量	1 Bin	2 Loan	3 Bin	4 Cin	5 Loan	6 Cin
Index	0.7459 *** （7.6005）	0.1346 *** （2.9558）	0.7302 *** （7.4605）	0.5656 *** （5.4710）	0.1346 *** （2.9558）	0.5545 *** （5.3684）
Loan			0.1161 *** （6.0417）			0.0822 *** （3.9750）

变量	1 Bin	2 Loan	3 Bin	4 Cin	5 Loan	6 Cin
控制变量	Yes	Yes	Yes	Yes	Yes	Yes
年份固定效应	Yes	Yes	Yes	Yes	Yes	Yes
行业固定效应	Yes	Yes	Yes	Yes	Yes	Yes
Observations	12167	12167	12167	12167	12167	12167
R-squared	0.451	0.175	0.453	0.476	0.175	0.477

（2）股权融资

为了研究金融科技对企业融资结构的影响，本章参照刘素坤和燕玲（2021）所选取的指标，用吸收权益性投资收到的现金除以企业资产总额来衡量企业股权融资（Equity）。回归结果如表8-10和表8-11所示。可以发现，在表8-10的第2列和表8-11的第2列与第5列的回归结果中，金融科技的系数显著为正，说明金融科技确实提高了制造企业的股权融资。同时，在表8-10的第3列和表8-11的第3列与第6列的回归结果中，股权融资的系数显著为负，说明股权融资在金融科技与制造企业双元创新之间起到遮掩效应，说明金融科技发展确实可以帮助企业获得股权融资，但是其不能通过增加股权融资来促进制造企业双元创新，假设H8-3不成立。可能的解释是，较高的股权融资会带来较大的股权控制，大股东和代理人可能会合谋追逐企业短期利润，而抑制高风险的研发活动。因此，根据范长煜（2016）提出的遮掩效应理论，股权融资在金融科技与制造业创新之间起着隐性的扰动作用，控制股权融资会显著扩大金融科技对制造企业双元创新的促进作用。由此可知，制造企业在利用金融科技促进企业双元创新时，要对股权融资进行一定的控制，而不是一味地增加股权融资。

表 8 - 10　　　　　　　　　　　基于股权融资的中介效应检验

变量	1 Inv	2 Equity	3 Inv
Index	0.7540 *** (7.9990)	0.0237 *** (2.6433)	0.7594 *** (8.0610)
Equity			-0.2280 *** (-2.7431)
控制变量	Yes	Yes	Yes
年份固定效应	Yes	Yes	Yes
行业固定效应	Yes	Yes	Yes
Observations	14483	14483	14483
R-squared	0.479	0.118	0.479

表 8 - 11　　　　　　　　　　基于股权融资的中介效应检验

变量	1 Bin	2 Equity	3 Bin	4 Cin	5 Equity	6 Cin
Index	0.7429 *** (8.2690)	0.0237 *** (2.6433)	0.7466 *** (8.3120)	0.4816 *** (5.0476)	0.0237 *** (2.6433)	0.4870 *** (5.1057)
Equity			-0.1543 * (-1.9439)			-0.2261 *** (-2.6694)
控制变量			Yes			Yes
年份固定效应	Yes	Yes	Yes	Yes	Yes	Yes
行业固定效应	Yes	Yes	Yes	Yes	Yes	Yes
Observations	14483	14483	14483	14483	14483	14483
R-squared	0.455	0.118	0.455	0.474	0.118	0.474

8.3.4　基于政府补助的中介效应检验

政府补助是影响企业创新的重要宏观因素，可以缓解"市场失灵"

等问题。然而，企业创新活动具有正外部性，企业出于自我保护的目的，可能不会公布太多关于企业技术创新的相关内容。政府和企业之间的信息不对称可能导致无法提高政府补助效率。金融科技可以提高企业信息透明度，也许可以缓解企业与政府之间的信息不对称，帮助政府更清楚地了解企业的经营状况，识别急需创新资金且有投资价值的企业，并将资源向这些企业倾斜，提高社会资源配置效率。

（1）政府补助强度

为了研究政府补助在金融科技与企业技术创新之间的中介效应，本章参照（Wu A H，2017）所采用的指标，用企业当年获得的政府补贴总额除以企业当年总资产来衡量政府补贴强度。可以发现，在表8-12的第2列和表8-13的第2列与第4列的结果中，金融科技发展程度的系数显著为正，说明金融科技可以帮助政府识别有创新潜力的企业，并将资源分配给这些企业。在表8-12的第3列和表8-13的第3列与第6列的回归中，金融科技指数和政府补助强度均在显著为正，验证假设H8-4，说明金融科技直接促进企业技术创新的同时，也可以帮助企业获得更多的政府补助，通过提高政府补助的精准度和效率来间接促进企业突破性创新和常规性创新。

表8-12　　　　　　　　基于政府补助强度的中介效应检验

变量	1 Inv	2 Gsi	3 Inv
Index	0.7686 *** （5.5455）	0.0038 *** （4.6491）	0.6783 *** （4.9236）
Gsi			23.5629 *** （10.5771）
控制变量	Yes	Yes	Yes
年份固定效应	Yes	Yes	Yes
行业固定效应	Yes	Yes	Yes

续表

变量	1 Inv	2 Gsi	3 Inv
Observations	8310	8310	8310
R-squared	0.520	0.102	0.533

表 8 – 13　　　　　　　　　基于政府补助强度的中介效应检验

变量	1 Bin	2 Gsi	3 Bin	4 Cin	5 Gsi	6 Cin
Index	0.8254 *** (6.1054)	0.0038 *** (4.6491)	0.7318 *** (5.4541)	0.5366 *** (3.8611)	0.0038 *** (4.6491)	0.4627 *** (3.3320)
Gsi			24.4476 *** (10.1960)			19.2934 *** (10.2240)
控制变量	Yes	Yes	Yes	Yes	Yes	Yes
年份固定效应	Yes	Yes	Yes	Yes	Yes	Yes
行业固定效应	Yes	Yes	Yes	Yes	Yes	Yes
Observations	8310	8310	8310	8310	8310	8310
R-squared	0.490	0.102	0.505	0.508	0.102	0.516

（2）专利补助强度

本章将专利补助从政府补助中分离出来，进一步研究专利补助在金融科技与企业技术创新之间的中介效应。本章用企业当年获得的专利补助总额除以企业当年总资产来衡量专利补助强度。回归结果如表 8 – 14 和表 8 – 15 所示。可以发现，在表 8 – 14 的第 2 列和表 8 – 15 的第 2 列与第 5 列，金融科技发展程度的系数显著为正，说明金融科技能够帮助企业获得专利补助。在表 8 – 14 的第 3 列和表 8 – 15 的第 3 列，金融科技指数和专利补助强度均在 1% 水平上显著为正，说明金融科技可以帮助企业获得更多的专利补贴，进而促进企业创新，且对制造企业突破性创新的作用更大。此外，本章研究进一步说明政府为企业发放专利补贴可以更直接地促进企业技术创新，证明了该项政策的有效性。

表 8 – 14 基于专利补贴强度的中介效应检验

变量	1 Inv	2 Ps	3 Inv
Index	0. 4949 *** (3. 9857)	0. 0001 ** (2. 4473)	0. 4768 *** (3. 8602)
Ps			329. 0712 *** (3. 5198)
控制变量	Yes	Yes	Yes
年份固定效应	Yes	Yes	Yes
行业固定效应	Yes	Yes	Yes
Observations	6300	6300	6300
R-squared	0. 425	0. 038	0. 430

表 8 – 15 基于专利补贴强度的中介效应检验

变量	1 Bin	2 Ps	3 Bin	4 Cin	5 Ps	6 Cin
Index	0. 5865 *** (4. 3558)	0. 0001 ** (2. 4473)	0. 5659 *** (4. 2368)	0. 1990 (1. 4990)	0. 0001 * (2. 4473)	0. 1860 (1. 4030)
Ps			373. 0106 *** (3. 9068)			235. 7502 *** (2. 9212)
控制变量	Yes	Yes	Yes	Yes	Yes	Yes
年份固定效应	Yes	Yes	Yes	Yes	Yes	Yes
行业固定效应	Yes	Yes	Yes	Yes	Yes	Yes
Observations	6300	6300	6300	6300	6300	6300
R-squared	0. 384	0. 038	0. 391	0. 437	0. 038	0. 440

8.3.5 产融结合下的金融科技创新驱动效应差异

产融结合是指实体企业与金融机构通过相互参股、控股等方式实现的产业融合。一方面，产融结合能够降低企业与金融机构之间的信息不对称以缓解融资约束对企业创新的抑制作用，同时其正向影响企业创新投资，且存在最优值（黄小琳等，2015；王昱等，2022）。另一方面，产融结合能够优化资源配置，提高企业全要素生产率（Ongena S et al.，2009），从而提高企业创新能力。然而近年来，随着产融结合不断发展，其产生的问题也逐渐突出。首先，根据委托代理理论，产融结合形成的多层级组织关系和产权关系会加大代理成本（刘星等，2014）；企业和金融机构相互持股使企业内部出现大规模关联交易，导致信息披露不及时，进一步增加企业监管成本（姚德权等，2011）。其次，企业普遍存在的代理人激励会使代理人盲目追求规模效益，并利用产融结合带来的资金便利性过度投资（赵通等，2018）。最后，产融结合带来的企业经营多元化使得企业脱离本业务，转而将资金投入金融行业，加速了资本"脱实向虚"，对我国经济健康发展带来一定威胁。这些问题迫使企业纷纷退出产融结合。

金融科技打破了传统金融的局限性，拓宽了企业融资渠道。此外，金融科技通过提高企业内部流程信息透明度和促进企业数字化转型来帮助企业重塑生产流程，优化企业资源配置效率，提高企业全要素生产率，进而促进企业成长。金融科技和产融结合在缓解企业融资约束、促进企业成长等方面发挥着相似的作用。金融科技和产融结合之间会形成一定的替代效应，产融结合的存在必然伴随着金融科技功能的弱化。产融结合缓解了企业融资约束、信息不对称及资源配置效率较低等问题，此时金融科技对制造企业技术创新的促进空间也会减少。基于此，本章认为产融结合负向调节金融科技与制造企业双元创新之间的关系如图 8 - 2 所示。

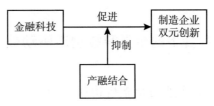

图 8 - 2　产融结合的调节作用

本章参考杨筝等（2019）的研究，用金融机构持股实体企业比例之和来衡量产融结合（Hold），该比例越大，则产融结合程度越高。其中，持股机构包括银行、证券、保险、基金、财务及信托等金融机构。根据模型（8 - 4）进行回归，回归结果如表 8 - 16 所示。可以发现，在表 8 - 16 的第 1 ~ 3 列中，金融科技与产融结合的交互项在 1% 水平上显著为负，这说明产融结合负向调节金融科技与制造企业突破性创新、常规性创新之间的关系。换句话说，当产融结合得到控制时，金融科技对企业技术创新的作用会加强。这进一步说明金融科技与产融结合在促进企业创新方面起着相似作用，金融科技可以在一定程度上代替产融结合，并以较低的成本和风险来达到产融结合的作用。这也为企业退出产融结合提供了一个契机。

表 8 - 16　　　　　　　　　　基于产融结合的调节作用

变量	1 Inv	2 Bin	3 Cin
Index	0.7505 *** (7.9710)	0.7387 *** (8.2283)	0.4790 *** (5.0246)
Hold	1.1599 *** (6.7239)	1.1884 *** (6.9714)	0.8675 *** (4.8342)
Index × Hold	- 1.2528 *** (- 3.4575)	- 0.7992 ** (- 2.2395)	- 0.9263 ** (- 2.4114)
控制变量	Yes	Yes	Yes

变量	1 Inv	2 Bin	3 Cin
年份固定效应	Yes	Yes	Yes
行业固定效应	Yes	Yes	Yes
Observations	14483	14483	14483
R-squared	0.481	0.458	0.475

8.3.6　不同发展阶段下的金融科技创新驱动效应差异

金融科技凭借大数据、云计算等新兴技术的运用，打破了传统金融市场局限性，为现代金融业带来了颠覆性创新；其通过搭建信贷平台助推金融资源流向实体企业，对激发企业创新活力、缓解企业创新困境具有积极作用。然而金融科技带来正面效应的同时，也产生了风险。一方面，金融科技"长尾效应"使金融市场更加规模化、整体化，这导致金融风险涉及范围更广，更易产生系统性风险（许多奇，2018）；此外，法律法规、金融监管与金融科技发展的不适应可能会导致市场"无效"或"失灵"。另一方面，金融科技带来的信用风险、合规风险、数据安全风险，以及金融科技风险的内生性、复杂性、传染性，对金融科技促进企业创新产生了一定威胁（陈红等，2020）。因此探究在不同发展阶段下，金融科技创新驱动效应的差异以确定金融科技促进企业创新的最优阶段具有现实意义。

本章以平衡面板数据为样本，运用模型（8-5）和模型（8-6），以金融科技作为门槛变量，通过 Bootstrap 取样法反复抽样 500 次以确定门槛效应是否存在及门槛个数。门槛效应结果如表 8-17 所示。在因变量为企业创新、企业突破性创新及企业常规性创新下，金融科技均在 1% 水平上通过了单一门槛和双重门槛检验，未通过三重门槛检验，说明金融科技对制造企业双元创新的影响存在双重门槛效应。

表 8 – 17　　　　　　　　　　　门槛效应检验结果

因变量	门槛变量	假设检验	门槛值	F 值	P 值	95% 置信区间	RSS	MSE
Inv	Index	单一门槛	5.6681	172.59	0.000	[5.6671，5.6706]	3938.2464	0.6154
		双重门槛	5.7322	55.21	0.000	[5.7258，5.7359]	3904.5554	0.6102
		三重门槛	5.7708	27.31	0.596	[5.7659，5.7708]	3887.9619	0.6076
Bin	Index	单一门槛	5.6672	71.38	0.000	[5.6538，5.6681]	3523.1245	0.5506
		双重门槛	5.7322	21.36	0.000	[5.7258，5.7359]	3511.4021	0.5487
		三重门槛	5.7708	15.99	0.504	[5.7659，5.7708]	3502.6483	0.5474
Cin	Index	单一门槛	5.6681	251.05	0.000	[5.6671，5.6706]	4823.5054	0.7538
		双重门槛	5.7054	78.81	0.000	[5.7036，5.7082]	4764.8189	0.7446
		三重门槛	5.7322	38.60	0.142	[5.7258，5.7359]	4736.2524	0.7402

　　门槛回归结果如表 8 – 18 所示。当被解释变量为企业创新且金融科技发展水平小于第一门槛值时，金融科技对企业创新的回归系数为 0.3656***；当金融科技发展介于第一、二门槛值之间时，金融科技对企业创新的回归系数为 0.3085***；当金融科技发展大于第二门槛值时，金融科技对企业创新的回归系数为 0.2486***。由此可见，金融科技发展处于第一阶段时，金融科技对企业创新的作用最强。当被解释变量为突破性创新、常规性创新时，金融科技同样是在第一阶段的作用强度最大、第二阶段次之、第三阶段最弱。原因可能是当金融科技发展程度处于适度水平，即第一阶段时，金融与科技不断融合，加之企业数字化不断完善，使社会和企业层面的资源配置效率得到提高，进一步提高企业创新意愿和能力，在第一门槛值影响程度最大；当金融科技发展程度处于较高水平，即第二阶段时，法律法规和金融监管制度没有跟上金融科技的高速发展导致金融科技风险外溢，降低了对制造企业创新的促进作用；当金融科技发展程度位于高水平，即第三阶段时，金融科技的发展使金融市场更加完善、金融发展水平更高，高回报率的金融业会吸引实体业

资金流入，从而可能导致科技创新资金流失，进一步降低金融科技对制造企业创新的促进作用。

表 8-18   门槛回归估计结果

变量	1 Inv		2 Bin		3 Cin
Index≤a1	0.3656 *** （11.25）	Index≤b1	0.3771 *** （12.24）	Index≤c1	0.2905 *** （8.09）
a1 < Index≤a2	0.3085 *** （9.50）	b1 < Index≤b2	0.3411 *** （11.10）	c1 < Index≤c2	0.2192 *** （6.11）
Index > a2	0.2486 *** （7.56）	Index > b2	0.3084 *** （9.89）	Index > c2	0.1326 *** （3.65）
Controls	Yes	Controls	Yes	Controls	Yes
Constant	-11.5117 *** （-20.55）	_cons	-12.2316 *** （-23.05）	_cons	-11.3259 *** （-18.29）
Observations	7110	Observations	7110	Observations	7110
R-squared	0.2203	R-squared	0.2416	R-squared	0.1667
年份固定效应	Yes	Yes	Yes	Yes	Yes
行业固定效应	Yes	Yes	Yes	Yes	Yes

8.3.7 异质性分析

（1）基于产权性质的异质性分析

在制造企业产权性质方面，如果相比于国有企业，金融科技对非国有企业技术创新促进作用更强，则表明金融科技可以识别具有创新需求和创新潜力的企业。本章根据产权性质将样本分成国有企业和非国有企业进行回归。回归结果如表 8-19 所示。可以发现，在分样本讨论后，金融科技指数的系数均在 1% 水平上显著为正，说明金融科技同时促进了国有企业和非国有企业的技术创新。但是从系数可以看到，非国有企业中金融科技指数的系数几乎是国有企业中金融科技系数的两倍，说明金融科技对非国有企业技术创新的促进作用更大。这是因为，相比非国有企业而言，国有企业具有独特的优势。一方面，国企承担着某些重要的行业，例如水电行业，是国家重要的宏观调控工具，同时国企还承担着政府的某些目标，对国家经济的稳定和发展起着至关重要的作用，政府和国企的关系更加密切；另一方面，在政府的支持和保障下，国企更容易从金融机构那里获得资金，例如银行更愿意将资金借给国有企业，投资者也更愿意购买国企的债券和股票来降低投资风险。而非国有企业在开展技术创新活动时，则会面临更大的信息不对称和融资约束。因此金融科技发展对非国有企业技术创新的作用强度和空间更大。

表 8 – 19   **基于企业产权性质的优化分析**

变量	国有企业	非国有企业
	Inv	Inv
Index	0. 4718 *** (2. 7154)	0. 8485 *** (7. 2982)
控制变量	Yes	Yes
年份固定效应	Yes	Yes
行业固定效应	Yes	Yes
Observations	3849	10634
R-squared	0. 582	0. 434

（2）基于企业生产要素特征的异质性分析

在企业生产要素特征方面，如果金融科技对资本密集型和技术密集型企业技术创新的影响程度明显高于劳动密集型企业，则表明金融科技可以识别具有创新需求和创新能力的企业。本章按照 2020 年证监会行业分类文件，将已获得的制造企业分成 26 个子行业，参考黄东兵等（2022）的研究成果，依据制造企业所属子行业生产要素密集特征将制造企业分为劳动密集型企业、资本密集型企业和技术密集型企业，将不属于 26 个子行业的企业作为其他行业，并分别进行回归，结果如表 8 - 20 所示。可以发现，在资本密集型企业和技术密集型企业的回归中，金融科技指数的系数在 1% 水平上显著为正，但是在劳动密集型企业中，金融科技指数的系数不显著。这说明金融科技发展可以促进资本密集型和技术密集型企业技术创新，但是不能促进劳动密集型企业技术创新。这主要是因为，劳动密集型企业主要依靠劳动力的投入来获得企业绩效的增长，企业对技术创新的需求较低；而资本密集型企业和技术密集型企业更多是依靠资本投入和技术创新来提高企业绩效，企业对技术创新的需求相对较高。因此，相比劳动密集型企业，金融科技的发展更能主动识别和促进对技术需求更大的资本密集型企业和技术密集型企业的技术创新。

表 8 - 20　　　　　　　　　基于企业生产要素特征的优化分析

变量	劳动密集型	资本密集型	技术密集型	其他行业
	Inv	Inv	Inv	Inv
Index	0.0878 (0.3256)	1.8148 *** (7.5223)	0.4813 *** (4.4145)	1.8157 ** (1.9853)
控制变量	Yes	Yes	Yes	Yes
年份固定效应	Yes	Yes	Yes	Yes
行业固定效应	Yes	Yes	Yes	Yes
Observations	1685	2325	10162	311
R-squared	0.330	0.423	0.502	0.558

8.4　结论与建议

本章研究借助 2011~2020 年沪深 A 股上市制造企业年为研究样本，试图解释"金融科技—制造企业双元创新"的关系和经济后果。研究结果如下：

第一，金融科技对制造企业突破性创新和常规性创新具有显著正向影响，且对非国有企业、技术密集型及资本密集型企业的作用强度更大。

第二，企业债务融资在金融科技与制造企业双元创新之间发挥部分中介作用，即金融科技可以帮助制造企业获得债务融资，从而促进制造企业双元创新；企业股权融资在金融科技与制造企业双元创新之间发挥遮掩效应，即控制股权融资，金融科技对制造企业双元创新的作用会增强。

第三，政府补助和专利补助在金融科技与制造企业双元创新之间发挥部分中介作用，即金融科技可以帮助政府将资金投向有价值的企业，并提高创新政策有效性。

第四，产融结合负向调节金融科技与制造企业双元创新，其在金融科技促进制造企业双元创新过程中具有一定挤出效应。

第五，金融科技与制造企业双元创新之间存在非线性关系，当金融科技发展水平小于第一门槛值时，金融科技对制造企业双元创新的作用强度最大。

通过探究制造企业技术创新的驱动因素，本章提出以下几点建议：

第一，在制造大国向制造强国转变的关键时期，我国应当对金融科技企业给予足够的政策支持，鼓励科学技术与金融市场融合，助力金融和企业创新发展。此外，政府应当将金融科技和创新政策两者深度融合，以提高政府创新政策有效性，促进微观主体创新发展，提高实体经济发展质量。

第二，金融与科技的结合并没有改变金融市场中普遍存在的"风险—收益"这一基本逻辑。技术创新在推动金融创新和企业发展的同时，其本身带来的聚合效应、关联效应和放大效应更为显著，这可能会使金融风险的传染性、外溢性等特征更为显著，甚至波及整个金融系统，最终可能会制约微观主体创新发展。因此政府有必要完善金融监管体系以确保金融科技稳步发展，例如实施以差异化监管、适度监管和柔性监管为基本原则的包容性监管及监管沙盒机制，并谨防金融科技发展导致资源"脱实向虚"现象的发生。

第三，企业应当结合实际情况，利用金融科技获得债务融资进一步促进企业技术创新；但是在利用金融科技促进企业技术创新时，企业要对股权融资进行一定控制，以免发生大股东和代理人合谋逐利的情况，抑制企业技术创新。此外，由于金融科技风险外溢的特点，使传统金融风险被进一步放大，因此企业在享受金融科技带来的福利时，也要注意风险防范，例如，企业可以在公司内部建立风险预警机制，通过构建风险预警模型来识别金融科技压力状态，实现风险预警，让企业避免遭受损失。

第四，企业应当合理运用金融科技以弥补产融结合的弊端和避免金融科技过度发展带来的缺点，更好地促进企业创新和成长。

第 9 章

金融科技增强上市公司发展动力

企业经营风险源于不断变化的环境，伴随着企业的生产经营活动，经营风险不可避免地和企业各种要素交互作用，从而对企业成长[①]产生影响。金融科技作为缓解企业融资约束、丰裕企业资源的一个新型工具，为企业优化资源配置、防范经营风险带来了新契机。而经营风险在影响企业调配资源时，存在"预防性储蓄"和"投资效应"两种相悖动机。"预防性储蓄"动机认为企业经营风险较高时，其面临的外部不确定性较高，企业偏向于将资金作为预防性储蓄以抵挡外部不确定性的冲击。"投资效应"动机认为高经营风险的企业在进行投资决策时，多服从于流动性资产的状况，当企业流动性资产状况得到改善时，企业偏向于将资金进行投资以获取超额利润。从金融科技与企业成长的视角来看，若企业配置资源的动机是"预防性储蓄"，则金融科技带入企业的资源将

[①] 目前学术界对企业成长的研究大多集中在如下两个方面：一是企业成长的特征。参见"杨武、田雪姣. 基于 SQI 模型的企业加速成长测度研究——以创业板上市企业为例 [J]. 软科学, 2018 (4)；王建军. 企业成长模式及其影响因素研究 [J]. 技术经济与管理研究, 2010 (6)"。二是影响企业成长的动力因素，主要基于企业内生成长理论和企业外生成长理论来展开研究。参见"吴磊. 公司治理与社会责任对企业成长的影响——以中国制造业 A 股上市公司为例 [J]. 中南财经政法大学学报, 2015 (2)；李洪亚. 生产率、规模对企业成长与规模分布会有什么样的影响？——基于 1998～2007 年中国非制造业工业企业数据的实证研究 [J]. 南开经济研究, 2016 (2)；徐尚昆, 等. 国有企业工作经历、企业家才能与企业成长 [J]. 中国工业经济, 2020 (1)；马红、王元月. 金融环境、产融结合与我国企业成长 [J]. 财经科学, 2017 (1)；江彦、刘美玲. 政府激励政策、组织合法性与新创企业成长绩效关系探讨 [J]. 商业经济研究, 2020 (24)；盛斌、毛其淋. 贸易自由化、企业成长和规模分布 [J]. 世界经济, 2015 (2)"。

用于平滑企业资金，减少提供企业发展的资金，从而削弱了金融科技对企业成长的推动作用。若企业配置资源的动机是"投资效应"，则金融科技带入企业的资源将用于企业成长的投资，从而加强了金融科技对企业成长的推动作用。基于上述分析，本章将经营风险的动态演化过程聚焦到"金融科技—融资约束—企业成长"这一具体路径，试图明晰经营风险调节效应为何最终表现出"预防性储蓄"或者"投资效应"。经营风险在调节前半段路径与后半段路径的机理是否一致？如果不一致，前半段路径的经营风险调节效应是否强于后半段路径？

9.1 理论分析与研究假设

9.1.1 金融科技、融资约束与企业成长

金融环境是指金融业的发展程度以及提供服务的水平，并以此为基础为经济社会发展提供支撑。大量研究表明，企业的成长与金融发展水平紧密相关，相同特征的企业面对不同金融发展环境时，会通过适当调整其经营模式，最终影响企业成长水平。此外，拉詹和津盖尔斯（Rajan R G & Zingales L，1998）基于跨国数据研究企业成长与金融发展水平的关系，发现金融市场更为发达的国家，企业依赖金融发展的红利，更好地实现了企业成长。而金融科技的出现颠覆了传统金融业态，具有资源配置效应以及创新效应。资源配置效应主要体现在减少信息不对称、降低交易成本、增强风险管理能力等方面，创新效应主要体现在变革生产技术、扩大服务范围、新的经济范式。可以看出，金融科技具有显著优势，有效推动金融环境的进一步优化，促进企业成长。因此，提出如下假设：

H9-1：金融科技能够促进企业成长。

　　企业成长的基础不仅来源于企业积累的内部资源，还源于企业获取、整合外部资源的能力，企业可以通过不断地优化企业资源结构，提高企业资源利用效率，促进企业的发展。融资约束的缓解被证明是促进企业成长的重要渠道。由于企业内部资源有限，企业要想获得长足的发展，必须从企业外部获得资源。但是在传统的金融借贷模式中，由于信息不对称、资金成本高等因素，企业获得外源资金的难度较大，李洁等（2016）研究发现当企业资源较为匮乏，特别是资金不足以支撑企业运营的时候，企业的成长也会受到制约。而金融科技的出现为企业提供资金支持，为缓解企业融资约束提供了新契机。一方面，金融科技可以服务"长尾群体"。金融科技利用数字技术发挥包容性，通过服务传统金融市场上面临金融排斥的大量小而散的"长尾群体"，提升金融资源配置效率，缓解企业融资约束，为企业发展提供有效资金支持，从而促进企业成长。另一方面，金融科技可以降低借贷双方的信息不对称。金融科技利用数字技术多维度、动态化地获取借贷双方的行为数据，为投资者提供真实可靠信息的同时也提高了投资者的投资信心，从而为企业提供长期可靠的资金，最终促进企业的成长。金融科技促进企业成长的作用机制如图9－1所示。因此，提出如下假设：

　　H9－2：金融科技可以通过降低企业融资约束来推动企业成长。

图9－1　金融科技影响企业成长作用机制

9.1.2　经营风险对直接效应的调节作用

（1）经营风险作用机制：基于"预防性储蓄"假说

企业经营风险可能影响金融科技与企业成长之间的关系。基于"预防性储蓄"假说，经营风险越高的企业，由于其利润的不确定性高且破产概率也高，企业从商业银行等传统金融机构获得的信贷支持成本也就越高，企业将减少高成本的资金获取。而金融科技为企业带来了低成本的资金支持，但企业如果面临较大的经营风险，企业资金更多将用于预防性动机，即防止企业现金流的不确定性对企业经营造成的不利影响。李博阳等（2019）提出企业经营风险的大小会影响企业资金的调配过程。在经营风险较高的情况下，企业偏向于将资金用于买入或卖出金融资产，达到控制、稳定和平缓企业资金水平的作用，来阻挡外部不确定性的冲击。综上所述，在企业经营风险较高的情况下，金融科技为企业提供低成本的资金支持时，企业会将大部分资金进行预防性储蓄，从而减少了企业用于提高自身经营效率、扩大企业规模等资金的投入，因此，在一定程度上削弱了金融科技推动企业成长的效果。鉴于此，提出如下假设：

H9－3a：企业经营风险越强，金融科技对企业成长的推动效应会削弱。

（2）经营风险作用机制：基于"投资效应"假说

基于"投资效应"假说，经营风险越高的企业，大多数是处于成长期的新兴企业，成长期的企业投资决策将更多地服从于企业流动性资产的状况。金融科技为企业带来了低成本的资金支持，使企业流动性状况得到改善。因而管理层将扩大企业投资，加大提高企业经营效率、扩大企业规模资金的投入。因此，在一定程度上增强了金融科技推动企业成长的效果。鉴于此，提出如下假设：

H9－3b：企业经营风险越强，金融科技对企业成长的推动效应会增强。

9.1.3　经营风险对中介效应的调节作用

经营风险对"金融科技→融资约束""融资约束→企业成长"前后

两段路径也可能存在调节效应。在前半段"金融科技→融资约束"路径中，企业经营风险的提高会加大企业融资约束的程度，而金融科技发挥普惠性，不可避免地与微观企业发生相互作用。当企业经营风险增加时，企业会将更多的资金用于储蓄，以平滑、稳定企业资金，起到"预防性储蓄"的作用，进而抑制了金融科技缓解企业融资约束程度。在后半段"融资约束→企业成长"路径中，李洁等（2016）提出融资约束会显著抑制企业成长。而经营风险高的企业大部分都是处于成长期的企业，成长期的企业战略目标与普通企业具有显著差异，其追逐利润最大化的动机会愈加强烈，因而经营风险在调节后半段路径中主要起到"投资效应"。因此，经营风险会减弱融资约束对企业成长的抑制作用。经营风险的调节机制如图 9 - 2 所示。基于此，提出如下假设：

H9 - 4a：经营风险在金融科技促进企业成长的前半段路径中具有负向调节效应，企业经营风险的增强削弱了金融科技对企业融资约束的缓解作用。

H9 - 4b：经营风险在金融科技促进企业成长的后半段路径中具有负向调节效应，企业经营风险的增强削弱了融资约束对企业成长的抑制作用。

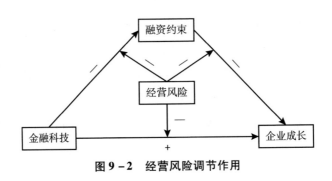

图 9 - 2　经营风险调节作用

9.2 研 究 设 计

9.2.1 数据来源及处理

本章选取 2013～2020 年上市公司作为初始样本，剔除金融行业、ST、*ST 和 PT 类公司，同时剔除样本研究变量严重缺失的企业。此外，为了避免极端值对回归结果的影响，本章对连续变量进行上下 1% 缩尾处理，最终得到 11597 个样本数据。数据主要来源于 CSMAR 数据库和Wind 数据库，金融科技指数来源于北京大学数字金融研究中心数据。

9.2.2 变量定义

（1）被解释变量

企业成长。借鉴方芳等（2016）的研究，采用营业收入增长率来衡量企业成长。

（2）解释变量

金融科技。参考吴传琦等（2021）的研究，采用北京大学数字金融研究中心发布的"数字普惠金融指数"来衡量金融科技的发展水平。该指数涵盖全国 31 个省（自治区、直辖市）、337 个地级市，全面地收集了金融科技数据，指标来源可靠。同时，还使用金融科技使用深度、覆盖广度这两个子指标研究金融科技影响企业成长的内部结构特征。

（3）中介变量

融资约束。采用 kz 指数测度融资约束，kz 指数采用多指标法全面衡量企业面临的融资约束，被广泛应用于测度企业融资约束水平。

（4）调节变量

经营风险。参考廖理等（2009）、王竹泉等（2017）的研究，利用历时三年主营业务收入的标准离差率来衡量经营风险（risk1）；同时本章还采用第 t−4 年至 t−1 年（四年）的息税折旧摊销前利润率标准差的累积分布概率（risk2）作为稳健性检验中经营风险的替代变量，其中标准离差率等于变量的标准差除以其均值，risk1 和 risk2 的值越大表明企业面临的经营风险越大。

（5）控制变量

根据已有研究，选取企业规模（Size）、托宾 Q 值（TobinQ）、产权性质（soe）、资产负债率（Lev）、第一大股东持股比例（Shr1）、账面市值比（BM）等作为控制变量。具体的变量定义如表 9−1 所示。

表 9−1　　　　　　　　　　变量说明

变量符号	变量名称	变量定义
Growth	企业成长	营业收入增长率
Growth1	企业成长	总资产增长率
Index	金融科技	数字普惠金融指数取对数
Index−D	金融科技使用深度	使用深度指数取对数
Index−B	金融科技覆盖广度	覆盖广度指数取对数
FC	融资约束	kz 指数法。FC 越大，融资约束越大
risk1	经营风险	息税折旧摊销前利润率标准差的累积分布概率
risk2	经营风险	主营业务收入的标准离差率
Size	企业规模	总资产取对数
TobinQ	托宾 Q 值	公司市场价值/资产重置成本
soe	产权性质	国有为 1，非国有为 0
Lev	资产负债率	总负债/总资产
Shr1	第一大股东持股比例	第一大股东持股数量/总股数
BM	账面市值比	账面价值/总市值
Balance	股权制衡度	第二到五位大股东持股比例的和除以第一大股东持股比例
ATO	总资产周转率	营业收入/平均资产总额

9.2.3　模型构建与说明

（1）金融科技、融资约束与企业成长的模型构建

本章检验金融科技（Index）对企业成长（Growth）的直接影响，并通过温忠麟和叶宝娟（2014）提出的三步法验证融资约束（FC）在金融科技影响企业成长过程中的中介效应。

第一步，检验金融科技对企业成长影响的直接效应：

$$\text{Growth}_{i,t} = \beta_0 + \beta_1 \text{Index}_{i,t} + \beta_2 \text{Controls}_{i,t} + \beta_3 \text{Firm}_i + \beta_4 \text{Year}_t + \varepsilon_{i,t} \quad (9-1)$$

第二步，检验金融科技对融资约束的影响：

$$\text{FC}_{i,t} = \omega_0 + \omega_1 \text{Index}_{i,t} + \omega_2 \text{Controls}_{i,t} + \omega_3 \text{Firm}_i + \omega_4 \text{Year}_t + \varepsilon_{i,t} \quad (9-2)$$

第三步，构建融资约束的中介效应模型，检验融资约束的中介效应：

$$\text{Growth}_{i,t} = \pi_0 + \pi_1 \text{Index}_{i,t} + \pi_2 \text{FC}_{i,t} + \pi_3 \text{Controls}_{i,t}$$
$$+ \pi_4 \text{Firm}_i + \pi_5 \text{Year}_t + \varepsilon_{i,t} \quad (9-3)$$

如果 $\omega_1 \pi_2$ 的符号与 π_1 一致，则说明融资约束在金融科技影响企业成长中起到正向中介效应，反之，起到负向中介效应。

（2）经营风险调节直接效应的模型构建

本章检验经营风险（risk1）调节金融科技与企业成长的影响，为了避免多重共线性对回归结果的影响，本章将金融科技和经营风险进行中心化处理得到了两者的交互项（Index × risk1），以反映金融科技与经营风险的共同作用对企业成长的影响效应：

$$\text{Growth}_{i,t} = \gamma_0 + \gamma_1 \text{Index}_{i,t} + \gamma_2 \text{risk1}_{i,t} + \gamma_3 \text{Index} \times \text{risk1}_{i,t}$$
$$+ \gamma_4 \text{Controls}_{i,t} + \gamma_5 \text{Firm}_i + \gamma_6 \text{Year}_t + \varepsilon_{i,t} \quad (9-4)$$

（3）经营风险调节中介效应的模型构建

根据温忠麟和叶宝娟（2014）的研究进一步构建有调节的中介效应模型，验证经营风险对"金融科技→融资约束"和"融资约束→企业成长"前后两段路径的调节作用：

$$FC_{i,t} = \kappa_0 + \kappa_1 Index_{i,t} + \kappa_2 risk1_{i,t} + \kappa_3 Index_{i,t} \times risk1_{i,t} \qquad (9-5)$$
$$+ \kappa_4 Controls_{i,t} + \kappa_5 Firm_i + \kappa_6 Year_t + \varepsilon_{i,t}$$

$$Growth_{i,t} = \tau_0 + \tau_1 Index_{i,t} + \tau_2 risk1_{i,t} + \tau_3 Index_{i,t} \times risk1_{i,t} + \tau_4 FC_{i,t}$$
$$+ \tau_5 FC_{i,t} \times risk1_{i,t} + \tau_6 Controls_{i,t} + \tau_7 Firm_i + \tau_8 Year_t + \varepsilon_{i,t}$$
$$(9-6)$$

其中，模型（9-5）检验经营风险对"金融科技→融资约束"的调节作用，κ_3 显著代表经营风险对前半段路径具有调节效应。模型（9-6）检验经营风险对"融资约束→企业成长"的调节作用，τ_5 显著代表经营风险对后半段路径具有调节效应。

9.3 实证结果及分析

9.3.1 描述性统计

变量描述性统计如表9-2所示，企业成长的标准差为0.454，可以看出样本企业之间成长性的差异较大。同时，金融科技的均值与中值差异较小，但从最小值与最大值的数值来看，各个省份的金融科技发展程度具有一定的差距。并且从金融科技的覆盖广度以及使用深度两个子指标的数据来看，也可以看出各省份金融科技发展的差距。

表9-2　　　　　　　　　　　　描述性统计

变量	样本数	均值	标准差	最小值	最大值
Growth	11597	0.170	0.454	-0.645	3.948
Growth1	11597	0.0570	0.245	-0.889	1.334
Index	11597	5.414	0.219	4.828	5.732

续表

变量	样本数	均值	标准差	最小值	最大值
Index－B	11597	5.399	0.219	4.693	5.740
Index－D	11597	5.388	0.267	4.726	5.786
FC	11597	0.461	1.683	－10.30	10.52
risk1	11597	0.0540	0.119	0.00300	0.964
risk2	11597	0.460	0.283	0.0100	0.990
Size	11597	22.39	1.237	19.42	26.72
TobinQ	11597	2.623	1.947	0.877	11.86
soe	11597	0.398	0.489	0	1
Lev	11597	0.433	0.202	0.0510	0.952
Shr1	11597	0.341	0.148	0.0840	0.755
BM	11597	1.159	1.250	0.0510	8.232
Balance	11597	0.700	0.601	0.0190	2.961
ATO	11597	0.640	0.440	0.0530	2.777

9.3.2 基准回归

本章检验金融科技对企业成长的直接影响效应以及"金融科技→融资约束→企业成长"这一路径是否成立,实证结果如表9-3所示。模型(9-1)研究了加入控制变量时金融科技对企业成长的影响,实证结果表明,金融科技显著推动了企业成长。由此证明假设 H9-1 是正确的。在控制其他相关因素前提下,金融科技影响企业成长的系数 $\beta_1 = 0.449$,在5%置信水平上显著为正,表明金融科技能够在一定程度上赋予企业活力,促进企业成长。同时,通过模型(9-2)的回归结果可知,金融科技的系数显著为负,表明金融科技可以缓解企业融资约束。模型(9-3)中的融资约束系数显著为负,表明融资约束抑制了企业成长。同时,模型(9-3)中融资约束系数与模型(9-2)中金融科技系数的乘积 $\omega_1\pi_2$ 与模型(9-3)中金融科技系数 π_1 符号方向一致,说明融资约束在金融科技影响企业成长中发挥正向中介效应，因此，假设 H9 – 2 得到验证。进一步计算融资约束中介占比 $\omega_1\pi_2/\beta_1 = 0.0903/0.359 = 25.15\%$，表明了融资约束的缓解是金融科技推动企业成长不可忽视的渠道之一。

表 9 – 3　　　　　　直接效应与中介效应检验

变量	1 Growth	2 FC	3 Growth
Index	0.449 ** (2.37)	– 0.961 * (– 1.95)	0.359 * (1.95)
FC			– 0.094 *** (– 24.19)
Size	0.165 *** (14.64)	– 0.466 *** (– 15.85)	0.121 *** (10.95)
TobinQ	– 0.001 (– 0.73)	0.026 *** (8.30)	0.002 (1.34)
soe	– 0.078 *** (– 3.26)	– 0.051 (– 0.81)	– 0.083 *** (– 3.56)
Lev	– 0.076 (– 1.41)	3.691 *** (26.25)	0.271 *** (4.99)
Shr1	1.041 *** (9.24)	– 1.920 *** (– 6.55)	0.860 *** (7.86)
BM	– 0.002 (– 0.31)	0.124 *** (6.09)	0.009 (1.21)
Balance	0.179 *** (8.13)	– 0.336 *** (– 5.85)	0.148 *** (6.90)
ATO	0.688 *** (26.49)	– 0.593 *** (– 8.76)	0.632 *** (25.01)
Constant	– 6.630 *** (– 6.69)	14.972 *** (5.80)	– 5.224 *** (– 5.42)
企业固定效应	YES	YES	YES

变量	1 Growth	2 FC	3 Growth
年份固定效应	YES	YES	YES
Observations	11597	11597	11597
R-squared	0.118	0.119	0.171

注: * 、 ** 、 *** 分别代表在 10% 、 5% 、 1% 的水平上显著; t 值经过稳健标准误调整,以下各表同此。

9.3.3 经营风险的调节效应检验

(1) 经营风险调节直接效应检验

检验结果如表 9 - 4 所示。模型 (9 - 1) 检验经营风险调节直接效应的影响, 回归结果显示, 经营风险与金融科技的交互项系数显著为负, 与金融科技系数符号相反, 说明经营风险削弱了金融科技对企业成长的正向影响效应。即在经营风险较高的企业, 企业会偏向于将资金用于预防性储蓄以应对外部的不确定性, 经营风险在金融科技和企业成长中主要起到 "预防性储蓄" 的调节作用, 假设 H9 - 3a 得到验证。

表 9 - 4　　　　　　　　　经营风险调节效应检验

变量	1 Growth	2 FC	3 Growth
Index	0.546 *** (2.89)	- 1.089 ** (- 2.20)	0.423 ** (2.31)
FC			- 0.093 *** (- 24.00)
risk1	- 0.198 *** (- 9.08)	0.297 *** (5.20)	- 0.160 *** (- 7.49)
Index × risk1	- 0.469 *** (- 5.94)	0.613 *** (2.97)	- 0.399 *** (- 5.21)

变量	1 Growth	2 FC	3 Growth
FC × risk1			0. 046 *** (4. 67)
Size	0. 181 *** (16. 00)	− 0. 489 *** (− 16. 48)	0. 137 *** (12. 32)
TobinQ	− 0. 001 (− 1. 16)	0. 027 *** (8. 51)	0. 001 (0. 79)
soe	− 0. 079 *** (− 3. 31)	− 0. 050 (− 0. 80)	− 0. 084 *** (− 3. 61)
Lev	− 0. 081 (− 1. 50)	3. 698 *** (26. 34)	0. 247 *** (4. 57)
Shr1	1. 082 *** (9. 62)	− 1. 989 *** (− 6. 76)	0. 879 *** (8. 03)
BM	− 0. 010 (− 1. 31)	0. 135 *** (6. 61)	0. 004 (0. 54)
Balance	0. 186 *** (8. 43)	− 0. 346 *** (− 6. 02)	0. 150 *** (7. 01)
ATO	0. 685 *** (26. 50)	− 0. 587 *** (− 8. 69)	0. 632 *** (25. 13)
Constant	− 7. 379 *** (− 7. 44)	15. 984 *** (6. 17)	− 5. 810 *** (− 6. 03)
企业固定效应	YES	YES	YES
年份固定效应	YES	YES	YES
Observations	11597	11597	11597
R-squared	0. 128	0. 122	0. 180

（2）经营风险调节中介效应检验

模型（9 - 2）与模型（9 - 3）分别检验经营风险对"金融科技→融资约束"和"融资约束→企业成长"两段中介路径的调节效应。模型（9 - 2）中经营风险与金融科技的交互项系数为正，与金融科技系数方向相反，说明经营风险在前半段路径中发挥负向调节作用。即随着企业经营风险的提升，企业的资源配置的动机主要是"预防性储蓄"，将资金用于平滑资金、对抗风险，从而削弱了金融科技对企业融资约束的缓解效应，假设 H9‑4a 得到验证。同时，模型（9‑3）回归结果显示，经营风险与融资约束的交互项系数显著为正，与融资约束对企业成长的影响系数相反，即经营风险发挥了负向调节效应。表明随着企业经营风险的提升，企业的资金配置的动机主要是"投资效应"，企业偏向于将资金用于投资以获取超额收益，从而缓解了企业融资约束对企业成长的抑制效应。假设 H9‑4b 得到验证。

9.3.4　金融科技细分维度回归结果

（1）金融科技对企业成长直接效应检验

借鉴唐松等（2020）的研究，本章将普惠金融指数分解为覆盖广度与使用深度两个维度，来研究金融科技作用于企业成长的内部结构特征。覆盖广度是从金融科技的服务人员覆盖面出发衡量其发展程度，而使用深度是从金融科技服务类型覆盖面出发衡量其发展程度。金融科技的覆盖广度以及使用深度对企业成长的回归结果如表 9‑5、表 9‑6 的第 1 列所示，系数均在 5% 的置信水平内显著为正，说明金融科技的两个维度的发展均有利于企业长足的发展。

表 9‑5　　　　　　　　金融科技细分维度——覆盖广度

变量	1 Growth	2 FC	3 Growth
Index‑B	0.407 *** （2.94）	‑1.186 *** （‑3.29）	0.295 ** （2.20）
FC			‑0.094 *** （‑24.15）

变量	1 Growth	2 FC	3 Growth
Size	0. 165 *** (14. 64)	− 0. 466 *** (− 15. 85)	0. 121 *** (10. 95)
TobinQ	− 0. 001 (− 0. 74)	0. 026 *** (8. 31)	0. 002 (1. 32)
soe	− 0. 077 *** (− 3. 19)	− 0. 055 (− 0. 88)	− 0. 082 *** (− 3. 51)
Lev	− 0. 074 (− 1. 37)	3. 684 *** (26. 20)	0. 272 *** (5. 00)
Shr1	1. 040 *** (9. 23)	− 1. 918 *** (− 6. 54)	0. 860 *** (7. 85)
BM	− 0. 002 (− 0. 27)	0. 123 *** (6. 01)	0. 009 (1. 23)
Balance	0. 180 *** (8. 15)	− 0. 338 *** (− 5. 88)	0. 148 *** (6. 91)
ATO	0. 686 *** (26. 41)	− 0. 586 *** (− 8. 66)	0. 631 *** (24. 95)
Constant	− 6. 398 *** (− 8. 67)	16. 068 *** (8. 36)	− 4. 891 *** (− 6. 80)
企业固定效应	YES	YES	YES
年份固定效应	YES	YES	YES
Observations	11597	11597	11597
R-squared	0. 118	0. 120	0. 171

表 9 – 6 　　　　　　　金融科技细分维度——使用深度

变量	1 Growth	2 FC	3 Growth
Index – D	0. 249 ** (2. 19)	− 0. 704 ** (− 2. 38)	0. 183 * (1. 66)

续表

变量	1 Growth	2 FC	3 Growth
FC			− 0.094 *** （ − 24.18）
Size	0.165 *** （14.64）	− 0.466 *** （ − 15.86）	0.121 *** （10.95）
TobinQ	− 0.001 （ − 0.75）	0.026 *** （8.33）	0.002 （1.32）
soe	− 0.077 *** （ − 3.22）	− 0.053 （ − 0.85）	− 0.082 *** （ − 3.53）
Lev	− 0.075 （ − 1.40）	3.689 *** （26.23）	0.271 *** （4.99）
Shr1	1.034 *** （9.18）	− 1.902 *** （ − 6.49）	0.855 *** （7.81）
BM	− 0.003 （ − 0.39）	0.125 *** （6.16）	0.009 （1.14）
Balance	0.179 *** （8.10）	− 0.334 *** （ − 5.82）	0.147 *** （6.87）
ATO	0.688 *** （26.47）	− 0.590 *** （ − 8.73）	0.632 *** （25.00）
Constant	− 5.619 *** （ − 8.95）	13.677 *** （8.37）	− 4.334 *** （ − 7.09）
企业固定效应	YES	YES	YES
年份固定效应	YES	YES	YES
Observations	11597	11597	11597
R-squared	0.118	0.119	0.171

（2）金融科技对企业成长中介效应检验

本章利用三步法分维度进行中介效应检验，金融科技覆盖广度和使用深度对中介模型检验结果如表 9 − 5、表 9 − 6 的第 2 ~ 3 列所示，回归结果表明，金融科技覆盖广度和使用深度的提高，将显著提高企业吸纳资金、缓解企业融资约束的能力，从而推动企业成长。

（3）经营风险调节效应检验

经营风险调节金融科技覆盖广度以及使用深度影响企业成长的回归结果如表9-7和表9-8所示。模型（9-1）检验经营风险对金融科技影响企业成长的调节效应，从表中可以看出，无论是覆盖广度还是使用深度，其交互项系数均显著为负且与金融科技子维度系数符号相反。表明经营风险会负向调节金融科技的覆盖广度和使用深度对企业成长的影响，同时也进一步证明了高经营风险的企业在配置企业资源的过程中，"预防性储蓄"动机占据主导地位。模型（9-2）检验经营风险对金融科技影响企业成长前后两段路径的调节效应，回归结果也与基准回归保持一致，证明经营风险在调节前半段路径中表现的是"预防性储蓄"动机，而在调节后半段路径中表现的是"投资效应"，进一步揭示了本章结论的稳健性。

表9-7　　　　　　　　　金融科技细分维度——覆盖广度

变量	1 Growth	2 FC	3 Growth
Index - B	0.473 *** （3.41）	- 1.271 *** （- 3.50）	0.339 ** （2.52）
FC			- 0.093 *** （- 24.02）
risk1	1.908 *** （4.37）	- 2.486 ** （- 2.18）	1.645 *** （3.88）
Index - B × risk1	- 0.389 *** （- 4.79）	0.514 ** （2.42）	- 0.334 *** （- 4.23）
FC × risk1			0.047 *** （4.76）
Size	0.179 *** （15.79）	- 0.485 *** （- 16.40）	0.135 *** （12.14）

续表

变量	1 Growth	2 FC	3 Growth
TobinQ	-0.001 (-1.07)	0.027^{***} (8.47)	0.001 (0.86)
soe	-0.077^{***} (-3.23)	-0.055 (-0.87)	-0.083^{***} (-3.55)
Lev	-0.078 (-1.46)	3.691^{***} (26.28)	0.248^{***} (4.59)
Shr1	1.086^{***} (9.65)	-1.993^{***} (-6.78)	0.883^{***} (8.06)
BM	-0.009 (-1.12)	0.132^{***} (6.46)	0.005 (0.70)
Balance	0.188^{***} (8.52)	-0.350^{***} (-6.09)	0.151^{***} (7.07)
ATO	0.682^{***} (26.35)	-0.579^{***} (-8.57)	0.630^{***} (25.02)
Constant	-7.994^{***} (-9.95)	18.181^{***} (8.66)	-6.228^{***} (-7.96)
企业固定效应	YES	YES	YES
年份固定效应	YES	YES	YES
Observations	11597	11597	11597
R-squared	0.127	0.123	0.179
Number of id	2387	2387	2387
F	78.74	75.54	105.8

表 9 - 8　　　　　　　金融科技细分维度——使用深度

变量	1 Growth	2 FC	3 Growth
Index - D	0.292^{***} (2.58)	-0.760^{**} (-2.57)	0.224^{**} (2.04)

续表

变量	1 Growth	2 FC	3 Growth
FC			−0.093*** (−23.99)
risk1	1.859*** (5.41)	−2.401*** (−2.67)	1.565*** (4.69)
Index − D × risk1	−0.382*** (−5.95)	0.501*** (2.99)	−0.320*** (−5.14)
FC × risk1			0.046*** (4.63)
Size	0.182*** (16.01)	−0.489*** (−16.50)	0.138*** (12.32)
TobinQ	−0.001 (−1.17)	0.027*** (8.53)	0.001 (0.79)
soe	−0.078*** (−3.26)	−0.053 (−0.84)	−0.083*** (−3.58)
Lev	−0.080 (−1.50)	3.696*** (26.32)	0.247*** (4.57)
Shr1	1.075*** (9.56)	−1.971*** (−6.70)	0.875*** (7.99)
BM	−0.011 (−1.43)	0.137*** (6.70)	0.003 (0.45)
Balance	0.184*** (8.38)	−0.344*** (−5.98)	0.149*** (6.97)
ATO	0.685*** (26.50)	−0.586*** (−8.67)	0.633*** (25.13)
Constant	−7.134*** (−10.70)	15.688*** (9.00)	−5.669*** (−8.73)
企业固定效应	YES	YES	YES

续表

变量	1 Growth	2 FC	3 Growth
年份固定效应	YES	YES	YES
Observations	11597	11597	11597
R-squared	0.128	0.122	0.180

9.3.5 稳健性检验及内生问题处理

（1）替换被解释变量

作为稳健性检验，本章替换了企业成长的衡量指标，采用企业总资产增长率（Growth1），来进行金融科技影响企业成长的中介效应以及经营风险对金融科技影响企业成长两段中介路径的调节效应的稳健性检验。如表9-9、表9-10所示，回归结果均与基准回归保持一致。

表9-9　　　　稳健性检验：直接效应与中介效应

变量	1 Growth1	2 FC	3 Growth1
Index	0.213 ** (1.98)	−0.961 * (−1.95)	0.176 * (1.66)
FC			−0.039 *** (−17.32)
Size	0.088 *** (13.71)	−0.466 *** (−15.85)	0.070 *** (10.92)
TobinQ	0.000 (0.37)	0.026 *** (8.30)	0.001 * (1.87)
soe	−0.049 *** (−3.58)	−0.051 (−0.81)	−0.051 *** (−3.78)

续表

变量	1 Growth1	2 FC	3 Growth1
Lev	-0.085 *** (-2.78)	3.691 *** (26.25)	0.058 * (1.85)
Shr1	0.426 *** (6.67)	-1.920 *** (-6.55)	0.352 *** (5.58)
BM	0.010 ** (2.21)	0.124 *** (6.09)	0.015 *** (3.34)
Balance	0.080 *** (6.36)	-0.336 *** (-5.85)	0.067 *** (5.40)
ATO	0.079 *** (5.37)	-0.593 *** (-8.76)	0.056 *** (3.86)
Constant	-3.144 *** (-5.59)	14.972 *** (5.80)	-2.565 *** (-4.63)
企业固定效应	YES	YES	YES
年份固定效应	YES	YES	YES
Observations	11597	11597	11597
R-squared	0.046	0.119	0.076

表 9 - 10　　　　　　　稳健性检验：经营风险调节效应

变量	1 Growth1	2 FC	3 Growth1
Index	0.250 ** (2.33)	-1.089 ** (-2.20)	0.199 * (1.88)
FC			-0.038 *** (-17.20)
risk1	-0.072 *** (-5.84)	0.297 *** (5.20)	-0.056 *** (-4.56)

续表

变量	1 Growth1	2 FC	3 Growth1
Index × risk1	− 0. 182 *** (− 4. 06)	0. 613 *** (2. 97)	− 0. 153 *** (− 3. 46)
FC × risk1			0. 021 *** (3. 69)
Size	0. 094 *** (14. 54)	− 0. 489 *** (− 16. 48)	0. 076 *** (11. 75)
TobinQ	0. 000 (0. 07)	0. 027 *** (8. 51)	0. 001 (1. 48)
soe	− 0. 049 *** (− 3. 61)	− 0. 050 (− 0. 80)	− 0. 051 *** (− 3. 81)
Lev	− 0. 087 *** (− 2. 84)	3. 698 *** (26. 34)	0. 048 (1. 54)
Shr1	0. 440 *** (6. 88)	− 1. 989 *** (− 6. 76)	0. 355 *** (5. 63)
BM	0. 007 (1. 55)	0. 135 *** (6. 61)	0. 013 *** (2. 94)
Balance	0. 082 *** (6. 52)	− 0. 346 *** (− 6. 02)	0. 067 *** (5. 40)
ATO	0. 078 *** (5. 30)	− 0. 587 *** (− 8. 69)	0. 056 *** (3. 88)
Constant	− 3. 431 *** (− 6. 09)	15. 984 *** (6. 17)	− 2. 779 *** (− 5. 00)
企业固定效应	YES	YES	YES
年份固定效应	YES	YES	YES
Observations	11597	11597	11597
R-squared	0. 050	0. 122	0. 081

（2）替换经营风险衡量指标

作为稳健性检验，本章替换了经营风险的衡量指标，采用第 t−4 年至 t−1 年（四年）的息税折旧摊销前利润率标准差的累积分布概率（risk2），来进行经营风险对金融科技影响企业成长两段中介路径的调节效应的稳健性检验，如表 9−11 所示，经营风险对金融科技影响企业成长的两段中介路径的调节效应模型检验结果均与基准回归保持一致。

表 9−11　　　　　　　稳健性检验：替换经营风险衡量指标

变量	1 Growth	2 FC	3 Growth
Index	0. 545 *** （2. 90）	− 1. 036 ** （− 2. 10）	0. 431 ** （2. 36）
FC			− 0. 092 *** （− 23. 71）
risk2	− 0. 784 *** （− 13. 23）	1. 102 *** （7. 09）	− 0. 694 *** （− 12. 02）
Index × risk2	− 1. 660 *** （− 8. 32）	1. 425 *** （2. 72）	− 1. 430 *** （− 7. 31）
FC × risk2			0. 070 *** （3. 67）
Size	0. 195 *** （17. 02）	− 0. 500 *** （− 16. 70）	0. 150 *** （13. 34）
TobinQ	− 0. 002 * （− 1. 66）	0. 027 *** （8. 37）	0. 000 （0. 12）
soe	− 0. 077 *** （− 3. 22）	− 0. 057 （− 0. 92）	− 0. 081 *** （− 3. 49）
Lev	− 0. 068 （− 1. 27）	3. 667 *** （26. 11）	0. 258 *** （4. 79）

变量	1 Growth	2 FC	3 Growth
Shr1	1. 186 *** （10. 50）	− 2. 184 *** （− 7. 38）	0. 991 *** （9. 02）
BM	− 0. 009 （− 1. 19）	0. 136 *** （6. 64）	0. 004 （0. 53）
Balance	0. 193 *** （8. 77）	− 0. 364 *** （− 6. 31）	0. 160 *** （7. 49）
ATO	0. 693 *** （26. 90）	− 0. 593 *** （− 8. 78）	0. 640 *** （25. 49）
Constant	− 7. 767 *** （− 7. 86）	16. 149 *** （6. 23）	− 6. 224 *** （− 6. 47）
企业固定效应	YES	YES	YES
年份固定效应	YES	YES	YES
Observations	11597	11597	11597
R-squared	0. 135	0. 124	0. 185

（3）内生性检验

借鉴李春涛等（2020）、张杰等（2017）的做法，采用相邻省份的金融科技发展水平均值作为本章的工具变量，来解决模型中由于遗漏关键变量而可能存在的内生性问题。相邻省份金融科技发展水平的均值符合作为工具变量的两个条件，即与解释变量相关，与被解释变量不相关。一方面，由于同伴激励效应，一省的金融科技发展程度会受其他邻近省份发展水平的影响；另一方面，由于不同省份信贷政策具有差异，相邻省份的金融科技发展水平很难影响该省的企业成长。工具变量的回归结果如表 9 − 12 所示，工具变量通过了弱工具变量检验以及不可识别检验，表明采用相邻省份金融科技发展水平的均值作为工具变量是合理的。同时，在解决了模型中可能存在的内生性问题之后，回归结果与基准回归保持一致，进一步证明了本章结论的稳健性。

表 9 - 12   **工具变量回归结果**

变量	1 Index	2 Growth
iv	0.097 *** (10.60)	
Size	-0.000 (-0.39)	0.166 *** (8.73)
TobinQ	-0.000 *** (-4.24)	-0.001 (-0.16)
soe	0.001 (1.11)	-0.082 *** (-3.28)
Lev	-0.003 (-1.05)	-0.069 (-0.78)
Shr1	-0.003 (-0.40)	1.047 *** (5.00)
BM	-0.002 *** (-4.00)	0.002 (0.18)
Balance	-0.002 (-1.59)	0.185 *** (6.05)
ATO	0.004 * (1.77)	0.679 *** (12.75)
Index		2.812 * (1.93)
企业固定效应	YES	YES
年份固定效应	YES	YES
Observations	11391	11391
R-squared		0.103
伪识别检验（Kleibergen - Paap rk LM statistic）		137.615
P 值		0.000
弱工具检验（Kleibergen - Paap rk Wald F statistic）		112.417

9.3.6 异质性检验

企业的成长往往需要资金的支持，企业成长与企业财务杠杆之间存在紧密的联系。高财务杠杆的企业由于其面临着更高的还本付息压力，会抑制企业的过度投资行为。因此可以推断出，管理层面临总量相同的资源时，财务杠杆低的企业将拥有更多的资源进行投资。本章以资产负债率的中位数为限，将样本划分为低财务杠杆组和高财务杠杆组，直接效应和中介效应分组回归结果如表9－13所示，可以看出，金融科技对企业成长的推动作用仅出现在低财务杠杆组。同时，经营风险调节效应的回归结果如表9－14所示，经营风险调节效应在金融科技促进企业成长时表现出"预防性储蓄"效应也只出现在低财务杠杆组。

表9－13　　　　　　　异质性分析：直接效应与中介效应

变量	低财务杠杆组			高财务杠杆组		
	Growth	FC	Growth	Growth	FC	Growth
Index	0.590 ** (2.20)	－ 2.009 *** （－ 2.59）	0.438 * （1.67）	0.401 （1.43）	0.114 （0.17）	0.412 （1.51）
FC			－ 0.076 *** （－ 14.66）			－ 0.100 *** （－ 16.05）
Size	0.295 *** （15.59）	－ 0.741 *** （－ 13.52）	0.238 *** （12.66）	0.079 *** （5.24）	－ 0.279 *** （－ 7.74）	0.051 *** （3.47）
TobinQ	0.002 （1.46）	0.015 *** （4.16）	0.003 ** （2.43）	－ 0.011 ** （－ 2.47）	0.065 *** （6.16）	－ 0.004 （－ 1.03）
soe	－ 0.077 ** （－ 2.17）	－ 0.060 （－ 0.58）	－ 0.082 ** （－ 2.36）	－ 0.077 ** （－ 2.30）	－ 0.007 （－ 0.09）	－ 0.078 ** （－ 2.39）
Lev	－ 0.257 ** （－ 2.57）	3.989 *** （13.78）	0.046 （0.46）	0.317 *** （2.85）	3.124 *** （11.78）	0.630 *** （5.74）

续表

变量	低财务杠杆组			高财务杠杆组		
	Growth	FC	Growth	Growth	FC	Growth
Shr1	1.498 *** (8.40)	−2.839 *** (−5.49)	1.283 *** (7.35)	0.746 *** (4.64)	−1.165 *** (−3.05)	0.629 *** (4.03)
BM	0.108 *** (3.85)	0.097 (1.19)	0.116 *** (4.22)	−0.016 * (−1.77)	0.100 *** (4.57)	−0.006 (−0.70)
Balance	0.228 *** (7.15)	−0.271 *** (−2.93)	0.208 *** (6.66)	0.137 *** (4.15)	−0.295 *** (−3.74)	0.108 *** (3.34)
ATO	0.956 *** (23.19)	−0.577 *** (−4.83)	0.913 *** (22.61)	0.571 *** (14.98)	−0.517 *** (−5.70)	0.519 *** (13.97)
Constant	−10.437 *** (−7.29)	25.900 *** (6.24)	−8.472 *** (−6.04)	−4.512 *** (−3.09)	5.702 (1.64)	−3.940 *** (−2.78)
企业固定效应	YES	YES	YES	YES	YES	YES
年份固定效应	YES	YES	YES	YES	YES	YES
Observations	5798	5798	5798	5798	5798	5798
R-squared	0.197	0.121	0.235	0.090	0.085	0.142

表 9 – 14　　　　　　　　异质性分析：经营风险调节效应

变量	低财务杠杆组			高财务杠杆组		
	Growth	FC	Growth	Growth	FC	Growth
Index	0.639 ** (2.40)	−2.200 *** (−2.84)	0.464 * (1.78)	0.528 * (1.89)	0.118 (0.18)	0.514 * (1.89)
FC			−0.074 *** (−14.40)			−0.099 *** (−15.75)
risk1	−0.735 *** (−7.64)	0.507 * (1.81)	−0.581 *** (−5.34)	−0.604 *** (−7.39)	1.129 *** (5.80)	−0.574 *** (−6.74)
Index × risk1	−2.236 *** (−6.30)	5.386 *** (5.21)	−1.849 *** (−5.32)	−1.282 *** (−4.86)	−0.008 (−0.01)	−1.142 *** (−4.36)

续表

变量	低财务杠杆组			高财务杠杆组		
	Growth	FC	Growth	Growth	FC	Growth
FC × risk1			0.078 ** (2.13)			0.085 *** (2.69)
Size	0.332 *** (17.22)	−0.790 *** (−14.09)	0.274 *** (14.22)	0.091 *** (5.97)	−0.283 *** (−7.82)	0.064 *** (4.31)
TobinQ	−0.000 (−0.39)	0.021 *** (5.67)	0.001 (0.75)	−0.010 ** (−2.27)	0.062 *** (5.92)	−0.007 (−1.57)
soe	−0.074 ** (−2.11)	−0.045 (−0.43)	−0.077 ** (−2.22)	−0.081 ** (−2.42)	−0.012 (−0.15)	−0.081 ** (−2.50)
Lev	−0.251 ** (−2.53)	4.010 *** (13.89)	0.052 (0.52)	0.318 *** (2.87)	3.057 *** (11.57)	0.597 *** (5.44)
Shr1	1.570 *** (8.83)	−2.772 *** (−5.35)	1.364 *** (7.83)	0.852 *** (5.26)	−1.589 *** (−4.12)	0.716 *** (4.54)
BM	0.078 *** (2.76)	0.137 * (1.67)	0.086 *** (3.12)	−0.019 ** (−2.12)	0.112 *** (5.12)	−0.007 (−0.82)
Balance	0.232 *** (7.30)	−0.253 *** (−2.74)	0.211 *** (6.80)	0.147 *** (4.46)	−0.347 *** (−4.40)	0.118 *** (3.64)
ATO	0.953 *** (23.29)	−0.585 *** (−4.90)	0.912 *** (22.76)	0.569 *** (14.98)	−0.486 *** (−5.37)	0.520 *** (14.04)
Constant	−11.435 *** (−8.02)	27.821 *** (6.70)	−9.328 *** (−6.66)	−5.410 *** (−3.70)	5.866 * (1.68)	−4.719 *** (−3.32)
企业固定效应	YES	YES	YES	YES	YES	YES
年份固定效应	YES	YES	YES	YES	YES	YES
Observations	5798	5798	5798	5798	5798	5798
R-squared	0.210	0.127	0.247	0.102	0.095	0.152

9.4　结论与建议

科技的迅猛发展加速了金融与科技的深度耦合，催生了一系列新兴金融业态，给个人、企业以及整个社会带来了深刻的变化。推动实体经济高质量发展，提升金融服务实体经济的能力是建设现代化经济体系的一项重大战略任务。在这样的战略背景下，考察金融科技对企业成长的影响具有重要的现实意义。本章研究发现：金融科技的发展能够推动企业成长，具有普惠性的特征；经营风险的加大会削弱金融科技对企业成长的促进效应，主要是由于经营风险调节在金融科技和企业成长的过程中起到了"预防性储蓄"的作用。进一步探究"预防性储蓄"的来源，可以发现经营风险在调节前半段路径中起到的"预防性储蓄"作用要大于调节后半段路径中的"投资效应"，因而经营风险在金融科技与企业成长中表现为"预防性储蓄"的削弱作用。此外，本章还基于企业财务风险进行了异质性分析，结果发现金融科技对企业成长的促进效应在低财务风险的企业中更为显著。本章的研究结论为金融科技如何更好地支持实体企业发展提供了如下政策启示：

第一，政府应对金融科技企业给予相应的政策支持，确保扩大金融科技的覆盖广度与深度，鼓励科技与金融的深度融合，使金融市场更好地服务于微观企业。同时，企业应当合理配置自身资源，在控制、稳定和平缓企业资金水平，抵挡外部冲击与加快企业发展中找到一个平衡点，以免影响企业正常的生产决策。

第二，在促进企业可持续发展过程中要充分发挥金融科技的优势，同时也要注重经营风险对企业资源调配的作用。企业应控制自身经营风险的大小，减缓经营风险在金融科技促进企业成长中发挥的"预防性储蓄"的作用，最大程度利用金融科技对企业成长的推动作用。此外，鉴于经营风险在金融科技缓解企业融资约束中发挥的"预防性储蓄"的作用，相关部门应警惕经营风险较高的企业获取资金支持后，引发的假性缓解融资约束的现象。因而在进行企业贷款资质审查时，可以将企业经营风险程度纳入硬性指标考虑范围。

第三，金融科技企业可以通过利用大数据、人工智能等科技优势监控企业财务风险水平，精确筛选目标企业。同时，对于超过风险界线水平的企业予以警告、督促企业降杠杆，确保发挥金融科技"普惠性"与"重塑性"的优势，进而赋能企业可持续发展。

实践应用篇

第 10 章

金融科技业务对上市公司高质量
发展的影响研究

—— 以腾讯控股为例

金融科技作为数字化技术驱动的金融创新，在增强金融的包容性和普惠性、推动实体经济发展提质增效等方面提供了重要动力。中国人民银行在发布的《金融科技发展规划（2022—2025 年）》中指出，要强化金融科技治理效能，同时要加快数字化监管能力的建设，为新时代下金融科技的发展规划了总体方向。与此同时，国内外学者开始不断完善金融科技的相关研究，而金融科技与数字金融两个概念在理论以及实践中内涵具有极大的相似性，大部分学者研究认为在金融市场中，金融科技可以有效发挥其"金融＋数字化"的优势，会加速企业创新、推动企业成长以及提高企业全要素生产率等。然而，金融科技不断发展在给企业带来红利的同时，各种潜在的风险也随之而来。张凯（2021）从金融科技的内涵和本质出发，认为由于信息不对称，长尾效应以及金融科技自身的脆弱性导致金融科技风险相比于传统的金融风险具有复杂性、内生性、非平衡性、易变性的特点。沈伟（2022）提出金融科技仍具有信用风险、市场风险、操作风险等传统金融风险，且在此基础上这些传统金融风险变得更加隐秘和复杂，从而衍生出了新的技术信息风险。

企业是经济发展的重要支柱，其高质量发展对于整体经济运行以及社会进步具有重大贡献。但在竞争日益激烈的当下，企业本身面临着巨大的经营风险以及融资约束，这在一定程度上制约着企业的成长，削弱了企业进一步高质量发展的空间。然而新时代下，金融科技的出现为缓解企业融资约束提供了重要契机。金融科技作为传统金融体系的重要补充，具有普惠性与重塑性的特征。金融科技通过发挥资源配置功能为实体企业注入资金支持，为企业的高质量发展提供了先决条件，但是，金融科技自身存在的固有风险是否会影响企业的高质量发展，这些尚不得而知。因此，本章通过事件分析法、财务指标分析法和非财务指标分析法的绩效评价体系，研究腾讯控股企业应用金融科技前后绩效对比情况。并进一步运用程序化扎根理论的编码技术对文本材料进行分析，深入剖析腾讯控股企业高质量发展的驱动路径，以期为金融科技优化企业高质量发展提供一些参考。

10.1 腾讯控股开展金融科技业务的动因分析

10.1.1 案例选择

本章选取腾讯控股作为研究对象，主要基于以下原因：其一，企业具有代表性。腾讯作为一家世界领先的互联网科技企业，开展了大量的金融科技业务，并且已经逐渐趋于成熟，所建立的基础支付平台日均支付笔数已突破了 10 亿笔，集聚了 500 余家金融机构与 110 多万家商户。作为互联网企业的领导者，腾讯控股在金融科技领域的成功经验具有较好的代表性与典型性，为其他企业提供了较好的借鉴意义。其二，数据资料易获得性。腾讯控股于 2004 年在香港联合交易所上市，其财务数据均可从公开的财报中获取。此外，腾讯控股还受到新闻媒体的广泛关注，其所开展金融科技业务的历史数据也较为完整，有利于本章对问题的分析。本章所使用的数据来源企业官网、国泰安数据库、同花顺等官方网站。

10.1.2　企业简介

腾讯控股有限公司（以下简称"腾讯"或"公司"）是一家处于行业头部地位的互联网科技公司，1998 年 11 月成立于深圳经济特区，注册资本金为 6500 万元，注册时名为"深圳市腾讯计算机系统有限公司"，由马化腾及其同学张志东创立，随后许晨晔、陈一丹和曾李青相继加入，组成了腾讯的主要创始人团队。成立伊始，公司的主营业务是为中小型网络服务公司开发无线网络寻呼系统，随后研发出的 QQ 等社交通信软件，并以此为基础相继推出一系列衍生产品和服务，如 QQ 会员、QQ 游戏等。2004 年腾讯在香港联合交易所主板成功上市（股票代码 0700. HK），同年研发运行的 QQ 游戏成为国内最大的休闲游戏平台。2006 年腾讯网跃升为中国最大的门户网站。2011 年推出了另一款社交通信软件——微信。2013 年，跃居全球收入最高的游戏开发商和运营商，也是同一年推出了微信支付业务。腾讯以社交通信软件为基础，利用其掌握的流量优势，迅速向包括游戏、金融、企业服务、广告等各个领域扩张，并取得了巨大的成功。截至 2021 年末，腾讯实现营业收入 5601 亿元，同比 2020 年增长 16%，净利润 2248 亿元，同比 2020 年增长 41%。根据腾讯 2021 年度财务报告显示，目前公司业务主要有四大模块类别，即增值服务、网络广告、金融科技及企业服务、其他。其中增值服务收入占到了总收入的 52%，占比最高。金融科技及企业服务收入占收入总额的 31%，较 2020 年占比增长了 4%。截至 2021 年末，微信的月活跃账户数为 12.68 亿个。

10.1.3　开展金融科技业务背景

2005 年 10 月，腾讯财付通业务上线并对外运营，2013 年 8 月，推出微信支付，2018 年，正式将业务线升级为"腾讯金融科技"。本章通过梳理腾讯开展金融科技业务的历程及背景，发现其涉足金融科技业务的动因主要有业务单一、流量基础庞大两个方面。

（1）业务模式单一

创业阶段的腾讯主要通过无线增值服务、会员增值服务以及 QQ 秀等虚拟道具三种业务模式盈利。第一种是腾讯作为内容提供商与联通、电信等运营商合作，实现手机端和电脑端的信息互通，为客户提供有价值的内容，两方再进行利润分成。第二种是向用户免费提供 QQ 会员、黄钻和红钻等会员增值服务的基础版本，而如果想要获得更多的特权，晋升更高的等级，就要支付费用获得高级版本。第三种是通过 2003 年上线的 QQ 秀盈利，用户凭借自己的喜好购买相应的道具来对虚拟角色进行穿衣搭配。仅上线后半年，就有 500 万人付费参与其中。然而在 2004 年上市以后，腾讯最大的利润来源无线增值服务业务大为削减（姜红丙等，2021），这迫使腾讯不得不谋求业务模式以及商业模式创新以实现新的利润增长点。于是 2005 年腾讯重新进军网游市场，成立游戏事业部。2003 年组建新闻门户网站——腾讯网。2010 年移动互联网时代的到来，为腾讯金融科技业务的发展壮大提供了机遇。2018 年业务线升级为"腾讯金融科技"，目前腾讯的金融科技业已经涵盖了移动支付、理财投资和便民生活等各个领域。

（2）流量基础庞大

腾讯其他模块的成功很大程度上得益于 QQ 和微信所带来的流量。截至 2021 年末，微信及 WeChat 的合并月活跃账户数为 12.68 亿个，QQ 的月活跃账户数为 5.52 亿个。这使得腾讯积累了雄厚的流量资本，巨大的流量体为其他业务创造了巨大的价值，提升了其他业务的变现能力。可以看到，腾讯网在 2004 年雅典奥运会制作的"迷你首页"通过向 QQ 客户端及时推送奥运资讯，导入了巨大的 QQ 流量，腾讯网的流量获得几何级增长，这也为腾讯广告业务的发展奠定了基础。同样，大量的流量资源和完整的产业布局也为金融科技业务的开展打下了良好的基础，数据、信用、资金和场景的完备为腾讯金融科技的发展提供了强劲的动力。

10.1.4　开展金融科技业务现状

腾讯早在 2005 年就成立了在线支付平台财付通。2018 年业务线升级为"腾讯金融科技"。其开展金融科技业务的模式可以归纳为社交金融科技模式，即通过其研发的理财通、微信支付和 QQ 钱包，利用 QQ 和微信两大平台，获得大量的用户，进而掌握了海量的社交和投资理财数据。基于此，推出一系列金融科技核心产品，包括腾讯信用、数字原生银行、腾讯区块链和微粒贷等。其发展思路主要是以大数据、云计算和人工智能等数字技术为工具，助力金融业务在业务开展和技术研发等核心环节上实现从里到外的裂变，加快模式和产品创新速度，从而构建科技驱动的腾讯金融科技体系。目前腾讯的支付业务已经趋于成熟，理财通也涵盖了货币基金、债券基金、保险理财、证券理财、运动理财、指数基金等多种产品。截至 2021 年末，金融科技及企业服务收入已经达到了 1721.95 亿元，占收入总额的 31%，其同比 2019 年增长了 4%，金融科技业务在稳步提升，逐渐成为腾讯的主要收入来源。此外，作为中国人民银行数字人民币试点地区的一部分，已支持在试点地区内使用数字人民币进行微信支付。腾讯的金融科技业务处于行业前列。

10.2　金融科技驱动腾讯控股高质量发展的绩效评价

10.2.1　基于 CAR 事件研究法的绩效评价

事件研究法是现有短期绩效评价的主流方法之一，本章将运用该方法来评估腾讯应用金融科技对其短期股票回报率的影响。

（1）实证方法与样本选取

事件研究法的基本思想是计算事件发生前后数个交易日个股回报率的变化，进而判断市场对该事件的评价。具体的实施步骤如下：

首先，选取合适的事件发生日。本章依据腾讯金融科技官网中的发展历程，选取了三个具有代表性的事件，分别为微信支付上线、微信红包上线和腾讯成立"支付基础平台和金融应用线（FiT）"。由于官网中仅呈现了事件发生月份，本章进一步查询相关资料和当期新闻后确定了相应的三个事件发生日，分别为 2013 年 8 月 5 日、2014 年 1 月 27 日和 2015 年 9 月 16 日。

其次，确定事件窗口期和事件估计期。事件窗口期的选取不应过长，以避免窗口期内发生的其他事件与所选事件相互影响，干扰研究结果。因此，本章选择事件发生日的前后三个交易日和事件发生日当日共 7 个交易日作为事件窗口期（-3，+3）。事件估计期不应包含事件窗口期，且需要排除期内发生所选事件在发生前的信息泄露。本章选择事件发生日前 90 个交易日至事件发生日前 30 个交易日作为事件估计期〔-90，-30〕。

最后，运用 Stata 计算正常收益率、超额收益率 AR 和累计超额收益率 CAR。本章采用市场模型法计算正常收益率。

（2）模型构建与数据来源

第一步，通过每日收盘价计算第 t 日个股收益率 R_t，其中 P_t 为腾讯控股（00700）在第 t 日的收盘价：

$$R_t = (P_t - P_{t-1})/P_{t-1}$$

第二步，通过香港恒生指数每日收盘指数计算第 t 日市场收益率 Rm_t，其中 Pm_t 为香港恒生指数（HSI）在第 t 日的收盘指数：

$$Rm_t = (Pm_t - Pm_{t-1})/Pm_{t-1}$$

其中，腾讯控股（00700）的每日收盘价和香港恒生指数（HSI）的每日收盘指数数据来源国泰安数据库（CSMAR）。

第三步，运用市场模型法计算第 t 日正常收益率 R'_t：

$$R'_t = \alpha + \beta Rm_t$$

第四步，计算第 t 日超额收益率 AR_t，为个股回报率和正常收益率的差值：

$$AR_t = R_t - R_t'$$

第五步，计算第 t 日累计超额收益率 CAR_t，为超额收益率的累加值：

$$CAR_t = \sum_{i=1}^{t} AR_i$$

运用 Stata 对所搜集的数据和回归方程进行回归计算，分别得到微信支付上线、微信红包上线和成立"支付基础平台和金融应用线（FiT）"的正常收益率、超额收益率 AR_t 和累计超额收益率 CAR_t，结果如表 10 - 1、表 10 - 2、表 10 - 3 所示。

表 10 - 1　　　　　　腾讯控股微信支付上线的超额收益率　　　　单位：%

窗口期	日期	个股收益率	市场收益率	正常收益率	超额收益率	累计超额收益率
- 3	2013 年 7 月 31 日	- 3. 25	- 0. 32	- 0. 04	- 3. 21	- 3. 21
- 2	2013 年 8 月 1 日	2. 50	0. 94	1. 39	1. 11	- 2. 10
- 1	2013 年 8 月 2 日	- 0. 11	0. 46	0. 85	- 0. 96	- 3. 06
0	2013 年 8 月 5 日	3. 00	0. 14	0. 48	2. 51	- 0. 54
1	2013 年 8 月 6 日	1. 24	- 1. 34	- 1. 20	2. 44	1. 90
2	2013 年 8 月 7 日	- 4. 10	- 1. 53	- 1. 41	- 2. 69	- 0. 79
3	2013 年 8 月 8 日	- 1. 05	0. 31	0. 68	- 1. 73	- 2. 52

表 10 - 2　　　　　　腾讯控股微信红包上线的超额收益率　　　　单位：%

窗口期	日期	个股收益率	市场收益率	正常收益率	超额收益率	累计超额收益率
- 3	2014 年 1 月 22 日	1. 35	0. 21	0. 50	0. 85	0. 85
- 2	2014 年 1 月 23 日	- 0. 95	- 1. 51	- 1. 89	0. 94	1. 79
- 1	2014 年 1 月 24 日	- 4. 02	- 1. 25	- 1. 53	- 2. 50	- 0. 71
0	2014 年 1 月 27 日	- 2. 32	- 2. 11	- 2. 72	0. 41	- 0. 30
1	2014 年 1 月 28 日	2. 78	- 0. 07	0. 11	2. 67	2. 37
2	2014 年 1 月 29 日	5. 77	0. 82	1. 34	4. 42	6. 79
3	2014 年 1 月 30 日	2. 16	- 0. 48	- 0. 46	2. 62	9. 41

表 10 - 3 　　　　　　腾讯控股成立"支付基础平台和金融
应用线（Fit）"的超额收益率　　　　单位：%

窗口期	日期	个股收益率	市场收益率	正常收益率	超额收益率	累计超额收益率
-3	2015 年 9 月 11 日	-0.93	-0.27	-0.21	-0.72	-0.72
-2	2015 年 9 月 14 日	0.47	0.27	0.47	0.00	-0.72
-1	2015 年 9 月 15 日	2.50	-0.49	-0.50	3.00	2.28
0	2015 年 9 月 16 日	3.20	2.38	3.18	0.03	2.30
1	2015 年 9 月 17 日	-0.81	-0.51	-0.52	-0.29	2.01
2	2015 年 9 月 18 日	0.74	0.30	0.52	0.23	2.23
3	2015 年 9 月 21 日	-1.11	-0.75	-0.82	-0.29	1.95

（3）实证结果与分析

基于腾讯控股"微信支付上线""微信红包上线""FiT 的成立"三个事件日前后 3 个交易日的超额收益率 AR_t 和累计超额收益率 CAR_t 的计算结果，进行如下分析：在第一个事件"微信支付成立"事件的结果中，尽管累计超额收益率 CAR_t 为负值，但在事件发生当日和次日的超额收益率 AR_t 分别达到了 2.51% 和 2.44%，且至此累计超额收益率 CAR_t 仍为正值，可以看出微信支付的上线对腾讯控股的股价产生了正向的刺激。但在后两日中，超额收益率 AR_t 和累计超额收益率 CAR_t 均呈现为负值，可能的原因在于，微信支付发布时，其主要竞争对手支付宝已在支付领域深耕多年，在第三方支付市场中有着较大的话语权，此时投资者对微信支付的前景仍持观望态度。

在第二个事件"微信红包上线"中，事件发生当日的超额收益率 AR_t 仅为 0.41%，但后三日均达到 2% 以上，其中第二日达到 4.42%，最终累计超额收益率 CAR_t 达到 9.41%，可见微信红包的上线对腾讯股价产生了较强的推动作用。后来的事实也表明了资本市场对微信红包的看好是完全正确的，微信红包的上线正值春节前夕，这款有着浓厚的春节文化背景的腾讯金融科技产品在 2014 年春节一鸣惊人，这次事件也被马云比喻为"偷袭珍珠港"。

在第三个事件"腾讯成立支付基础平台和金融应用线（FiT）"中，累计超额收益率 CAR_t 达到 1.95%，表明市场对该事件表现出正向反馈，但相比于第二个事件，市场对此事件的反应要平淡一些。随着腾讯金融科技业务的成熟，除极端情况外，业务相关事件的发生对股价的刺激作用会相对减弱，但这并不会从根本上改变市场对腾讯金融科技前景的预期判断。

总的来说，腾讯金融科技的应用总体上对其股价产生了较为显著的正向推动作用，反映出投资者对腾讯开展此类业务的支持态度和对此类业务将提升腾讯公司业绩的信心。

10.2.2　基于财务指标分析法的绩效评价

本章基于财务指标分析法对腾讯进行财务绩效分析，选取了 2012～2021 年十年数据从偿债能力、盈利能力、营运能力三方面进行评价分析。以腾讯在 2015 年将财付通正式升级为"支付基础平台和金融应用线（FiT）"为时间节点结合相关财务指标，探究企业开展金融科技业务后对腾讯的财务绩效是否起到正向激励作用，进而助力企业高质量发展。

（1）偿债能力分析

企业的偿债能力分析主要探究企业是否具有偿还到期债务的能力，是衡量企业资产流动性、经营风险以及财务风险的关键指标。本章对于偿债能力分析从短期偿债能力、长期偿债能力两个角度并选取了六个财务指标对腾讯的偿债能力进行分析。

本章有关短期偿债能力分析选取流动比率、速动比率、现金比率三个比率指标进行分析，指标具体数值与变动趋势如表 10－4 所示。

表 10 - 4 短期偿债能力指标分析 单位：%

指标	2021 年	2020 年	2019 年	2018 年	2017 年	2016 年	2015 年	2014 年	2013 年	2012 年
流动比率	120	118	106	107	118	147	125	85	161	177
速动比率	120	118	105	107	117	147	125	84	157	174
现金比率	42	57	55	48	70	71	35	48	61	65

一般情况下，流动比率、速动比率、现金比率三个指标的数值越大，说明公司的短期偿债能力越强，其中，流动比率的数值最佳在 200%，速动比率的最佳数为 100%。由于腾讯年末持有的存货占流动资产的比例较低，流动比率与速动比率的数字较为接近。虽然流动比率的数值较小，但是速动比率数值达到最佳值，两者都表明公司有短期内可变现的资产足够用于偿还到期债务。再结合现金比率，2016 ~ 2021 年的平均数值为 0.57 高于 2012 ~ 2015 年平均数值 0.52，表示每 1 元流动负债有 0.57 元现金及等价物作为偿还到期负债的保障，并且在 2015 年后，即 FiT 成立后，腾讯的短期偿债能力相较于前四年有所提升。通过对这三个指标的分析，腾讯在 2015 年之后，各指标的变化幅度更平缓，说明腾讯在正式开展金融科技业务后，资本结构更稳定、短期偿债能力更强、资金利用效率更高。

本章对于长期偿债能力分析选取资产负债率、清算价值比率、利息支付倍数三个比率指标进行分析，指标具体数值与变动趋势如表 10 - 5 所示。

表 10 - 5 长期偿债能力指标分析

指标	2021 年	2020 年	2019 年	2018 年	2017 年	2016 年	2015 年	2014 年	2013 年	2012 年
资产负债率（%）	46	42	49	51	50	53	60	52	45	44
清算价值比率（%）	192	208	173	177	182	168	158	181	211	213
利息支付倍数	35.87	23.83	15.37	21.23	31.34	27.41	23.38	25.55	230.54	44.25

腾讯 2012 ~ 2021 年资产负债率均值为 49.2%，其中在 2012 ~ 2015 年，资产负债率逐年递增，说明负债的增长率要明显大于资产的资产增长率，在 2015 年数值达到 60%，财务风险偏高。在正式开展金融科技业务之后，资产负债率逐年递减，企业的偿债能力增强，财务风险也逐年递减。从另外角度分析，一方面，从利息支付倍数指标来看，腾讯有足够经营利润用来满足负债所需的，也说明公司偿付借款利息的能力较强，负债经营面临的财务风险也相应较小。另一方面，清算价值比率在 2015 年之前呈现为下降趋势，在 2015 年之后呈现为上升趋势，表明腾讯在正式开展金融科技业务后综合偿债能力逐渐提高。

整体来看，腾讯在正式开展金融科技业务后，公司的偿债能力、资金利用效率等方面都有所提升，面临的经营风险、财务风险也有所下降。

（2）盈利能力分析

本部分对于盈利能力分析选取销售净利率、净资产收益率、资产净利润率、净利润现金流比率这四个比率指标进行分析，指标具体数值与变动趋势如表 10 - 6 所示。

表 10 - 6　　　　　　　　　盈利能力指标分析　　　　　　单位：%

指标	2021年	2020年	2019年	2018年	2017年	2016年	2015年	2014年	2013年	2012年
销售净利率	33	28	22	23	28	25	26	28	24	26
净资产收益率	11	11	10	11	14	13	13	15	14	16
资产净利润率	6	6	5	6	7	6	6	8	8	9
净利润现金流比率	106	70	55	64	62	59	60	67	59	58

其中，销售净利率在 2017 ~ 2021 年的平均数值为 26.8%，高于后 5 年平均值 25.8%。净利润现金流比率在开展金融科技业务后数据显著提升，并在 2021 年数值增加到 106%。净资产收益率整体呈现下降趋势，单从该指标来看企业的盈利能力逐年下降。再结合资产利润率，公司开

展金融科技后中断了其下降趋势，并在 2016～2021 年间整体转向上升趋势。整体来看，腾讯在正式开展金融科技业务后，盈利能力得到有效提升，经营活动产生的现金流能够满足企业后期生产经营的资金需求，进而能够降低企业未来期间面临的经营风险。并且随着腾讯开展金融科技业务的深入，在 2018 年，该项业务已经成为其三大业务之一，并且在 2021 年的销售收入达到总销售收入的 30% 以上，金融科技业务的开展为公司提升盈利能力作出了显著贡献。

虽然毛利率、资产收益率、资产净利润率呈现下降趋势，但整体盈利水平远高于行业平均水平。腾讯作为行业的领军企业之一，在开展金融科技业务后，一方面会因为增加的相关研发、销售等成本费用而减少利润，另一方面由于金融科技"先行者"地位加强了市场竞争力。整体指标综合分析，腾讯盈利能力高于同行业的绝大多数企业，并且随着正式开展金融科技业务后，企业快速抢占市场份额，增加企业市场竞争力，为企业长期发展做好铺垫。

（3）营运能力分析

本部分对于营运能力分析选取存货周转率、应收账款周转率、流动资产周转率、总资产周转率这四个比率指标进行分析，指标具体数值与变化趋势如表 10 - 7 所示。

表 10 - 7　　　　　　　　营运能力指标分析　　　　　　　单位：次

指标	2021年	2020年	2019年	2018年	2017年	2016年	2015年	2014年	2013年	2012年
存货周转率	334.76	340.12	402.60	551.13	433.10	278.10	178.67	37.93	28.46	64.11
应收账款周转率	11.88	11.93	11.74	13.90	17.81	17.65	17.66	20.93	22.77	20.07
流动资产周转率	1.40	1.69	1.60	1.58	1.45	1.00	0.89	1.22	1.34	1.22
总资产周转率	0.38	0.42	0.45	0.49	0.50	0.43	0.43	0.57	0.66	0.66

以上所选取指标数值越大，表明公司的营运能力越强，资产流动性越高。其中，存货周转率与流动资产周转率存在明显上升的趋势，并且

2016～2021 年的均值明显高于前 4 年，表明企业营运能力和资产流动性均增强。同时，应收账款周转率在 2016 年之后存在下降趋势，原因在于销售收入增长幅度远大于应收账款，即腾讯更多是现销收入，营业收入质量更高，进而能够保障腾讯的资产运行顺畅，从而降低了经营风险。总资产周转率整体呈现下降趋势，仅从该指标来看，公司的营运能力逐年下降。主要是因为企业总资产、销售收入都在不断增加，其中总资产高于销售收入的增长幅度，也表明腾讯在开展金融科技业务后筹集了更多资金用于市场开拓，以占据更多市场份额，进而建立"先行者"优势增强市场竞争力。并且结合盈利能力的分析，该方面资产的投入收效显著，目前金融科技业务已经成为腾讯第二大业务，在 2021 年销售收入达到 30% 以上。结合 4 个指标整体来看，腾讯在正式开展金融科技业务后，其营运能力提高，资产流动性提升，经营风险降低。

通过开展金融科技业务为腾讯带来了巨大发展空间，从 2015 年到 2021 年该项业务占据总体销售 30% 之上，其利润总额也是逐年递增，表明无论是前期债务融资还是后期资本持续投入均得到了高效回报。而且这些回报不仅仅体现在获取的利润方面，企业整体资产流动性增强、规模壮大、权益性投资增加等均体现了企业高质量发展的趋势。具体表现为：一方面，现金比率、应收账款周转率等指标表示企业在开展金融科技业务后，更多的现销收入为企业带来更多的现金流入，为日常经营活动以及研发创新提供保障，进而经营风险、财务风险均能得到减弱。另一方面，由于我国地域广阔、区域发展差异性大，存在巨大的金融科技市场，腾讯通过不断扩张占据市场份额，建立"先行者"优势增强其市场竞争力，并且已经取得显著成效。

10.2.3 基于非财务指标分析的绩效评价

（1）市场份额

随着大数据、人工智能、区块链等新型信息技术与金融业深入融合发展，金融科技提供了一个相对高效、便利的金融服务环境，同时因我国地域广阔、地区经济发展不均衡等因素也为金融科技发展提供了巨大的市场。再加之疫情常态化以及用户对数字化金融服务需求的显著增加，大量金融科技公司应运而生。其中，作为行业巨头之一的腾讯也在2015年将其原在2005年成立的财付通正式升级为腾讯金融科技，并且在2018年关于金融科技等业务的营业收入跻身于腾讯三大主要业务之一，并在2021年占总营业收入的30%，数额达到1280.86亿元，成为企业第二大业务。腾讯开展金融科技业务后不仅提高了其获取营业利润的能力，还通过大量的资本投入金融科技业务使其能够在中国金融科技业务市场占据重要份额。腾讯金融科技业务规模占据全国的比例如图10-1所示，2018~2020年市场份额均值在7%左右，其所占的市场份额目前高于大部分商业银行以及绝大多数金融科技企业。究其原因，一方面在于企业前期对相关业务大量资本投入使其具有开展金融科技业务的前提条件，另一方面在于腾讯旗下微信、QQ以及各游戏项目使其具有较大的用户群。以上两点是多数新成立企业所不具有的资源优势，也是其占据市场份额的关键。并且随着数据逐渐成为企业的隐形资本，腾讯开展金融科技业务所具有的优势会更大，未来能够占据更大的市场份额。

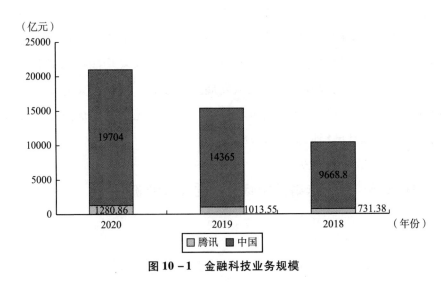

图 10-1　金融科技业务规模

同时，金融科技发展仍然未达到成熟阶段，相应竞争较大，企业如果想要维持市场占有份额就需要不断加大资本投入进行相应金融科技创新。而这方面，对于腾讯而言更具优势，其拥有的发展资本和研发团队是大多数竞争企业不具备的。从长远发展来看，腾讯能够依托自身技术、资本红利、资源优势等占据未来金融科技市场更大份额，进而促进企业高质量发展。

（2）金融安全

金融科技的出现在提升金融运行效率、降低交易成本、推动科技资源与金融资源融合的同时（黄卓和王萍萍等，2022；刘心怡等，2022；胡滨和任喜萍，2021），还面临着数据安全与科技信息等操作风险、信息不对称造成的信用风险以及加大了监管难度（袁康等，2023；张晓燕，2023），即金融科技业务的开展伴生一定风险。此时，相应开展金融科技业务的企业具有维护金融安全的社会责任。腾讯一直视金融安全为企业业务的生命线。目前，腾讯拥有 10 亿多用户以及众多行业伙伴，并且随着消费互联网与产业互联网不断融合，腾讯业务几乎触及了各行各业。腾讯所拥有的巨大使用群体，对企业而言既是资源优势又是安全问题"滋生源"，并且用户信息安全问题不仅对其自身发展重要，还对维护社会秩序稳定至关重要。在金融科技方面，企业能够为其互联网用户提供安全、便捷、专业的支付服务，同时提供多重安全产品，提升账户安全性，而这一系列保障归功于企业对维护金融安全和履行相应社会责任的努力。由此也取得了一系列成就，其中包括，在 2020 年 6 月高德纳公司（Gartner）首次发布的《在线反欺诈市场指南》中，腾讯云成为中国唯一入选服务商。截至 2021 年 12 月，腾讯安全相关领域的中国授权专利超过 2200 件，在安全技术以及大数据领域方面的专利申请量位居行业第一。随着腾讯金融科技业务开展与市场份额不断扩大，企业需要承担更大的社会责任，企业为保障金融安全而不断创新，不仅能够促进企业自身发展与行业进步，还能够为国家提供一定风险监管防控的技术支持。

10.3　基于程序化扎根理论的金融科技驱动
腾讯控股高质量发展路径研究

本部分整理了大量腾讯相关的文本资料，采用质性研究的方法对文本资料进行总结分析，得到金融科技驱动腾讯控股高质量发展的路径。

10.3.1　研究设计

随着互联网及信息技术手段与传统金融服务业态深度融合，一代金融服务模式——金融科技应运而生，目前虽然金融科技促进了金融业的深度改革，但现有文献尚未提出具体与金融科技影响路径相关的理论。因此，本部分运用程序化扎根理论的编码技术进行有关研究，从可收集的资料入手进行理论的概括提取。

扎根理论研究法是由哥伦比亚大学的安塞尔姆·施特劳斯（Anselm Strauss）和巴尼·格拉泽（Barney Glaser）两位学者共同发展出来的一种研究方法，其主要宗旨是在经验资料的基础上建立理论。本书采用程序化扎根理论的编码步骤，编码通过开放性编码、主轴译码和选择性编码三个步骤逐步分析资料，进而提炼出概念、范畴、属性、指标、维度等，建立变量之间的对应关系并进行同类和交叉比较，最终对文字材料进行编码，逐级提炼出适用范围和适用条件的理论概念与过程机制。本部分严格遵循高度系统化的数据选择和分析程序，并对所研究数据进行归纳分析，以提高研究结果的准确性、严谨性和可验证性。

采用扎根理论主要为探究金融科技发展助力腾讯高质量发展的具体影响路径，本部分选取目前与金融科技相关的公开政策、政策解读、公开报道、研究文献以及腾讯企业年报等多方面多层次的二手资料。首先对收集原始资料进行筛选，选择与主题相关适用的数据。再对筛选后的数据进行同类归纳编码。最后总结得到金融科技对腾讯高质量发展的具体作用机制。

为了规避编码者个人主观判断的局限性，减少研究中的分析误差，提高理论的适用性及编码效率，本次研究组成了一个编码小组来完成全部编码过程。小组成员包括作者和 4 名会计学专业的硕士研究生，小组成员经过一定学习训练后，共同完成对原始数据的编码过程。

扎根理论研究方法的关键在于理论采样和连续比较，贯穿于研究的整个编码过程。研究初期，根据对初步收集资料的分析以及初步归纳形成的概念、范畴和理论，再不断收集资料继续丰富原有研究。因此，本章的编码过程是一个"初步收集数据—形成初步基础理论—补充数据—完善初步理论"不断循环的过程。

10.3.2　编码过程

（1）开放式编码

本章对文本资料进行开放式编码，即对原始材料进行初步筛选，提炼出材料的信息点并用关键词进行概括，先提取若干关键词，即为概念，然后对概念按所描述内容予以进一步归类和概括，从而生成副范畴，开放式编码过程如表 10 - 8 所示。本部分一共得到 75 个概念，并收敛至副范畴共 41 个，如表 10 - 9 和表 10 - 10 所示。

表 10 - 8　　　　　　　　开放式编码实例

副范畴	概念	范例
金融科技财务贡献率提高	金融科技业务收入稳健增长	……腾讯最新披露的 2021 年财报显示……
	金融科技业务比重攀升	……同比增长 25% 至人民币 480 亿元，腾讯 To B 业务首次超过网络游戏……
	……	……

续表

副范畴	概念	范例
技术创新	产品适老化	……小程序、"银龄计划"专题内容……
	产品数字化	……腾讯云已在互联网行业的电商、视频……
……	……	……
坚守企业发展本心	立足"用户为本、科技向善"的企业文化	……与监管同向而行、由竞争思维转向价值思维……
	坚持合规的发展理念	……此后腾讯又陆续获得了银行、保险、证券……

表 10-9　　　　　　　　　　开放式编码概念

序号	概念	序号	概念	序号	概念
A1	激励研发创新活动	A15	降低金融资源错配	A29	信息披露质量提升
A2	提高技术创新、创业水平	A16	降低融资成本	A30	监管关注加大
A3	产业金融科技融合	A17	落实融资收费管理	A31	行政处罚增多
A4	提高银企信息透明度	A18	缓解投资不足	A32	报酬契约动机减弱
A5	企业信息匹配	A19	抑制投资过度	A33	资产定价机减弱
A6	支付业务用户增加	A20	提高投资判断力	A34	盈余管理风险增加
A7	支付业务收入提升	A21	提升企业创新绩效	A35	信息不对称减弱
A8	布局 P2P 业务	A22	协同创新	A36	产品适老化
A9	发展腾讯金融云	A23	建立行业发展优势	A37	产品数字化
A10	金融科技业务收入占比提升	A24	管理层相对薪酬比例大	A38	产品智能化
A11	金融资产占比增加	A25	高风险投资偏好	A39	依托大数据设计征信体系
A12	扩展服务范围	A26	依赖游戏业务	A40	开辟"无人区"
A13	完善融资路径	A27	游戏行业监管趋严	A41	协助数字化落地传统工业
A14	提升企业融资效率	A28	企业管理数字化	A42	产学协同创新

续表

序号	概念	序号	概念	序号	概念
A43	零售新商业模式	A54	产品业务呈现多元化	A65	畅通晋升渠道
A44	多元化社交娱乐融合体	A55	专业人才培养与输送	A66	拥有海量的数据源
A45	建立金融科技生态圈	A56	股权架构保持稳定	A67	推出医疗新模式
A46	公益生态创新	A57	组织架构调整落实战略转型	A68	强大的社交生态圈
A47	数字科技推动金融创新	A58	优先完善风险管理	A69	精准风险画像
A48	强化用户安全及支付生态	A59	立足"用户为本、科技向善"的企业文化	A70	智能风控系统
A49	上线差异化产品	A60	坚持合规的发展理念	A71	研发投入逐年增多
A50	金融科技业务收入稳健增长	A61	利用大数据向销售转换	A72	实现多项技术突破
A51	金融科技业务比重攀升	A62	员工人数的增加	A73	为政务部门提供数据解决方案
A52	下沉市场用户数增加	A63	资产规模扩大	A74	供应链金融解决方案
A53	维持企客良性互动	A64	综合人力资源评估体系	A75	公益信息跨平台同步更新

表 10 – 10　　　　　　　　　　开放式编码的范畴化

序号	副范畴	概念	序号	副范畴	概念
S1	技术创新	A1，A2	S8	提升融资效率	A14
S2	产业金融融合	A3	S9	提高资源配置效率	A15
S3	信息透明化	A4，A5	S10	减轻融资负担	A16，A17
S4	金融业务增长	A6，A7	S11	矫正非效率投资	A18，A19
S5	金融业务去中介化	A8，A9	S12	提高投资效益	A20，A21
S6	企业金融化	A10，A11	S13	行业优势	A22，A23
S7	提高融资可得性	A12，A13	S14	管理层过度自信	A24，A25

序号	副范畴	概念	序号	副范畴	概念
S15	成长预期转弱	A26，A27	S29	金融科技财务贡献率提高	A50，A51
S16	强化内部控制	A28，A29	S30	客户黏度提高	A52，A53
S17	外部监管趋严	A30，A31	S31	建立金融科技产品生态圈	A54
S18	削弱盈余管理动机	A32，A33	S32	后备人才资源丰富	A55
S19	盈余管理难度增加	A34，A35	S33	企业高效管理	A56，A57，A58
S20	产品创新	A36，A37，A38	S34	坚守企业发展本心	A59，A60
S21	大数据应用	A39	S35	企业数字化	A61
S22	市场创新	A40	S36	企业规模不断壮大	A62，A63
S23	协同创新	A41，A42	S37	合理公平的员工成长机制	A64，A65
S24	商业模式创新	A43，A44	S38	强大的市场竞争力	A66，A67，A68
S25	生态创新	A45，A46	S39	提升抗风险能力	A69，A70
S26	数字化创新	A47	S40	提升自主研发能力	A71，A72
S27	优化客户体验	A48	S41	实现价值共享	A73，A74，A75
S28	开发新产品	A49			

（2）主轴编码

在开放式编码的基础上，进一步挖掘概念和副范畴之间的逻辑关系，分别将副范畴划分为情景、策略和结果三类，例如在编码结果中形成的"数字化转型""开发新产品""优化客户体验""大数据应用""技术创新""生态创新""商业模式创新""协同创新""市场创新"等在这一范式下可以整合为一条"轴线"：在金融领域数字化转型的大背景下，腾讯通过与传统工业企业以及产学研合作进行协同创新，开发新产品，优化客户体验，并积极应用大数据进行技术的更新换代，进而实现了产品生态创新、商业模式创新和市场创新，最终推动腾讯创新发展。共提炼出主范畴共6个，编码结果如表10-11所示。

表 10 – 11　　　　　　　　　　　　主轴编码

主范畴	副范畴		
	情景	策略	结果
开展金融科技业务	S1 技术创新 S2 产业金融融合	S3 信息透明化 S4 金融业务增长	S6 企业金融化 S5 金融业务去中介化
优化投融资	S3 信息透明化 S7 提高融资可得性	S9 提高资源配置效率 S8 提升融资效率 S11 矫正非效率投资	S10 减轻融资负担 S12 提高投资效益 S13 行业优势
抑制盈余管理	S14 管理层过度自信 S15 成长预期转弱	S16 强化内部控制 S17 外部监管趋严	S18 削弱盈余管理动机 S19 盈余管理难度增加
推动创新发展	S26 数字化转型	S28 开发新产品 S27 优化客户体验 S21 大数据应用 S23 协同创新	S20 产品创新 S25 生态创新 S24 商业模式创新 S22 市场创新
增强成长动力	S32 后备人才资源丰富 S35 企业数字化 S34 坚守企业发展本心	S31 建立金融科技产品生态圈 S33 企业业务高效管理	S29 金融科技财务贡献率提高 S30 客户黏度提高 S36 企业规模不断壮大
驱动高质量发展	S32 后备人才资源丰富 S41 实现价值共享 S29 金融科技财务贡献率提高	S37 合理公平的员工成长机制 S40 提升自主研发能力	S39 提升抗风险能力 S30 客户黏度提高 S38 强大的市场竞争力

（3）选择性编码

选择性编码是识别核心范畴的重要过程。基于案例资料，通过对众多概念、副范畴及主范畴的反复对比分析，可进一步挖掘出"金融科技驱动腾讯控股高质量发展"这一核心范畴，主范畴与核心范畴之间的逻辑关系如图 10 – 2 所示，得到故事线可概括为：企业应用金融科技后，优化了投融资管理，为企业创新发展提供了充足的资金支持，有利于增强企业的核心竞争力，提高其盈利能力，从而抑制了企业盈余管理，这又提升外部投资者的信心，助推了企业的持续融资和成长，实现发展良性循环，从而驱动企业的高质量发展。且腾讯金融科技驱动企业高质量发展的机制与第 4 章、第 5 章、第 6 章和第 7 章的结论一致。

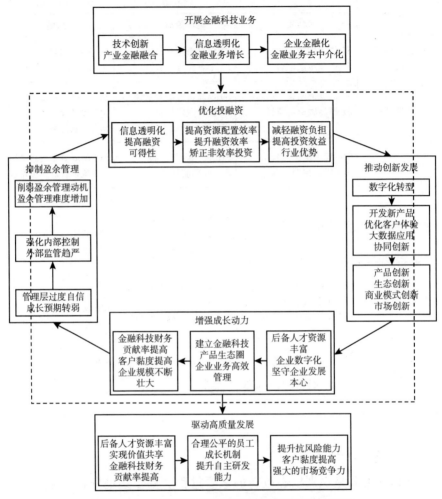

图 10 - 2　金融科技驱动腾讯高质量发展理论模型

10.3.3　研究发现

在对现有材料完成编码工作后，继续搜集了相关材料并按照与前文一致的编码过程进行编码，结果显示，新材料的概念与原有概念类似或可以归入原有范畴，因此，现有编码和理论框架具有较好的理论饱和度。

　　编码结果显示，在投融资管理方面，金融科技拓宽了腾讯的融资渠道，提高了企业融资可得性从而缓解企业融资约束。同时，金融科技业务的开展可以抑制企业投资过度和投资不足的问题，矫正企业非效率投资，并且数字技术的深度运用加强了企业投资判断能力，进一步提高企业投资效益，验证了第 4 章的结论。

　　在盈余管理方面，金融科技通过技术手段可以强化腾讯内部控制，缓解代理双方的信息不对称，有效控制管理层过度自信，削弱盈余管理动机。同时，金融科技业务的高风险性引发了监管层关注，深刻改变了腾讯外部监管环境。金融科技给腾讯所带来的内部和外部的变化共同抑制了盈余管理行为，与第 5 章的结论相同。

　　在创新发展方面，首先，大数据的应用帮助腾讯深度挖掘社交数据，深刻理解用户需求，并进一步推动腾讯产品的适老化、智能化和数字化转型，推动企业市场与技术创新。其次，腾讯围绕金融科技的相关技术与高校和企业开展深度合作，推动企业协同创新。最后，腾讯依托线上金融产品，打造线下零售新商业模式，互联网技术与金融的结合革新了腾讯商业模式，再次验证了第 7 章的结论。

　　在企业成长方面，金融科技在人、财、管理和文化等多个维度上增强了腾讯核心竞争力，推动企业成长。具体而言，金融科技业务逐渐由一二线城市下沉至三线城市，其收入绝对值和所占比重持续提高。并且，开展金融科技业务为腾讯吸纳了大量复合型人才，为企业储备了丰富的人力资源。当然，新业务的发展并没有改变腾讯的初心，反而使企业文化更符合企业价值观，更契合企业管理者的需要，与第 8 章结论一致。

　　由上述分析可知，金融科技促进腾讯高质量发展的具体路径，即金融科技通过优化投融资管理、抑制盈余管理、推动创新发展、促进企业成长四条路径推动企业高质量发展。

10.3.4　进一步分析

　　本部分将对金融科技驱动腾讯高质量发展的路径——优化投融资管

理、抑制盈余管理、推动创新发展和促进企业成长作进一步分析。

(1) 优化腾讯控股投融资管理

随着大数据、云计算、区块链等数字信息技术与金融行业深度融合，新型金融模式随之产生，为上市公司高质量发展提供了发展路径。腾讯自 2013 年推出移动支付平台——微信支付，到 2015 年正式更名成立腾讯金融科技，企业借助金融科技减缓企业融资约束、减少非效率投资这一路径助力腾讯高质量发展。

理论方面，金融科技能够通过缓解企业融资约束（庞加兰等，2022）、提高企业投资效率（万佳彧等，2022），进而推动经济绿色转型（刘潭等，2022）和促进高质量发展（庞加兰等，2022）。其中，金融科技一方面能够通过改善融资结构、降低利率、加速利率市场化进程、提高信贷资源配置效率等宏观路径缓释企业融资约束（文学舟等，2022；谭常春等，2023）；另一方面能够借助提高资金供求双方的信息对称程度（李佳等，2022）、扩大企业商业信用规模和银行借贷规模、有效扩充企业的现金流等微观路径缓解企业融资约束产生积极作用（苏亚民和毕妍，2022），并且基于该双向路径提升企业投资效率（邵学峰等，2022），矫正企业进行的非效率投资。因此，随着金融科技的发展能够缓解腾讯面临的融资约束，提升其投资效率。

实践层面，其一，金融科技发展能够缓解腾讯面临的融资约束，一方面在于企业债权、股权融资金额逐年递增以及融资成本与融资金额之比下降，说明企业能够以更低的成本融到更多的发展资本；另一方面在于随着微信支付与 QQ 钱包不断完善以及用户不断增长，用户存放于移动支付平台的资金也能够形成腾讯运营资金的"蓄水池"，这两方面都证明企业能够获得更多的资金来促进企业高质量发展。就企业每年获取的债务融资现金流量来看，2016～2021 年期间整体处于增长趋势并且相较于 2015 年之前有较大提升，即企业逐年获取了更多发展资金。旗下的金融科技板块业务中微信、QQ 总用户也随着智能手机和移动支付的普及化超过了 12 亿，平台存储资金也为企业高质量发展提供了一定资金支持。腾讯借助自身移动支付平台与企业其他业务融合，进而为企业其他业务提供了一个便利的消费环境，比如腾讯旗下的游戏等娱乐平台，随着移动支付的发展为业务开展提供了新渠道。企业随着金融科技发展能够获取更多外部融资，加之企业各平台用户增长以及业务提升为企业创造更多收入。其二，金融科技发展矫正企业非效率投资。一方面金融科技发展能够提高信息透明度，通过大数据、云计算等信息技术对投资企业财务与非财务信息深度分析提高投资成功率；另一方面金融科技自身也为腾讯发展提供了新型投资渠道，企业在金融科技发展前期已经就此进行了大量资本投资。从 2005 年成立财付通，到 2015 年正式更名为腾讯金融科技，再到 2018 年该项业务成为企业第二大业务，最终到 2021 年首次成为腾讯营收贡献最大的业务板块等都证明腾讯就金融科技进行的相关投资一直是高效的。同时，腾讯一直专注于在全球范围内对消费、产业互联网进行相关投资，聚焦文娱传媒、金融科技、企业服务及海外投资等领域，在过去 10 多年间总计投资 800 余家公司。2021 年第三季度财报表明，企业在其他业务收入普遍下降的情况下投资收益成为腾讯重要的营业收入来源，其中来自投资公司的收益净额达到 265 亿元，占同期企业权益持有人和盈利之比的 67%。企业除了对自身金融科技方面业务投资取得成功外对其他公司投资也取得丰厚收益，比如腾讯参与的圆心科技公司融资项目，腾讯总投资 15 亿元，7 年间浮盈达到 253%，并且随着公司上市，这部分投资价值也将进一步提高。金融科技自身投资前景和利用其效能提高盈利投资项目辨别能力，是促进企业高质量发展的重要路径之一。

（2）抑制腾讯控股盈余管理

腾讯通过开展金融科技业务抑制其盈余管理行为，从而推动企业实现高质量发展。金融科技业务对盈余管理行为的抑制主要通过以下路径实现。

一方面，腾讯集团作为一家经营状况优良的上市企业，相当长的一段时间里，资本市场都对其抱着较为乐观的投资预期，这样的预期充分地体现在腾讯股价之中，而稳定的盈利增长是维持这一预期的基础。因此，维持资本市场预期是腾讯管理层进行盈余管理的重要动机之一。然而，伴随着政府对游戏行业监管态度的变化，腾讯主要业务收入来源——增值服务收入面临着越来越大的不确定性，尤其在 2018 年和 2021 年里长达数月的游戏版号停发更是引发了投资者对腾讯增值收入板块未来的悲观预期。金融科技业务的开展可以在一定程度上稳定腾讯集团收入增速，弱化管理层进行盈余管理的动机，达到抑制盈余管理的行为。如表 10 - 12 所示，腾讯集团金融科技相关业务和增值服务的毛利增长率和集团总毛利增长率，由于缺乏分部净利润数据，因此采用毛利反映腾讯盈利情况，三者的对比如图 10 - 3 所示。其中，2018 年以前，腾讯并未单独披露金融科技相关业务的毛利数据，而是将其包含在其他业务中，2016 ~ 2018 年采用其他业务毛利增长率反映金融科技业务毛利增长情况。另外，由于其他业务或金融科技业务的毛利增长率的值在一个很大的范围内，而增值服务和总毛利增长率的值在一个比较小的范围内，为了更直观地比较三者之间的变化趋势，本书在作图 10 - 3 时勾选了"值轴对数刻度"选项（最终效果是差异过大的数值在图上缩小差距，差异过小的数值在图上拉大差距）。

表 10 - 12　　　　　2016 ~ 2021 年腾讯控股毛利增长率　　　　单位：%

分类	2016 年	2017 年	2018 年	2019 年	2020 年	2021 年
其他业务或金融科技相关业务	497.60	246.29	96.55	48.46	31.71	41.78
增值服务	34.34	31.92	10.90	3.14	34.96	7.00
总毛利增长率	38.00	38.37	21.55	17.88	32.23	11.02

由图 10 - 3 可以看出，增值服务毛利增长率在 2017 年出现断崖式下跌，这直接导致了总毛利增长率下滑。然而，金融科技相关业务的毛利增长率始终高于集团整体水平，很大程度上冲抵了增值服务毛利增长率急剧下跌对企业整体的影响，对维持腾讯集团盈利稳定增长发挥了不可

或缺的作用，有效地减弱了管理层进行盈余管理的动机。

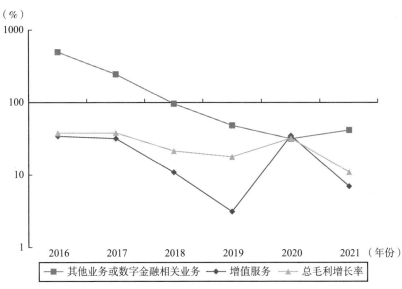

图 10-3　2016~2021 年腾讯控股毛利增长率（按对数刻度）

另一方面，腾讯开展金融科技业务意味着大数据、人工智能、数据库、云计算等技术在腾讯集团内的深度应用，这些技术不仅用于投融资分析，也被充分应用于企业的内部管理，有效地加强了企业的内部控制，提高了企业所提供信息的质量。并且，除了传统的财务信息或非财务信息外，金融科技相关技术还能将个体行为转化为数据，提供海量的决策有用信息。信息数量和质量的提高在各个层面上降低了信息不对称，而信息不对称是盈余管理行为得以实施的前提条件，因此，金融科技业务的开展可以通过降低信息不对称抑制盈余管理行为。除此之外，腾讯集团涉足金融科技领域提高了企业的风险承担水平，并且，腾讯集团庞大的体量使得风险释放的后果变得难以承受。前些年互联网金融行业风险事件频发引起了监管层对此的高度重视。因此，腾讯开展金融科技业务使其外部监管环境趋严，管理层行为受到的监管关注更多，而现有研究表明，外部监管环境也是影响企业盈余管理行为的重要因素，所以，可以认为，金融科技的发展通过强化外部监管环境抑制了企业盈余管理行为。

（3）推动腾讯控股创新发展

2021年度，腾讯的金融科技及企业服务业务的收入成本同比增长了32%。一方面是因为支付业务的增长导致的成本增加，另一方面也反映了腾讯对云计算高端人才及技术的持续投入。腾讯以大数据、云计算和人工智能为底层技术支撑，不断为用户创造新的金融产品的同时，充分固化技术成果，为平台生态合作和产业协同创新提供精准技术支撑。

在技术发展创新方面，腾讯持续加大数字化投入，如图10-4所示，2021年研发投入达到518亿元，是2018年的2倍。作为国家人工智能标准化总体组副组长单位，腾讯自2018年开始积极参与全国信标委人工智能分委会筹建工作，并参与编制了《人工智能标准化白皮书》。为响应"东数西算"工程，腾讯的大型数据中心落地在贵州、重庆、江苏、广东等地。腾讯区块链支持多种算法数据储存量已经达到10亿GB以上，已经为政务、金融及公益平台提供了智能解决方案。

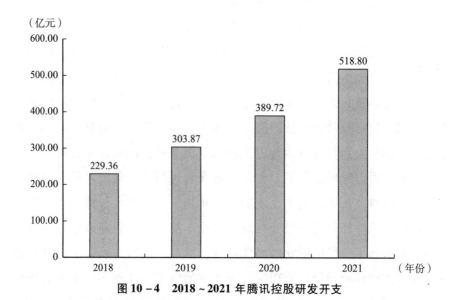

图10-4 2018~2021年腾讯控股研发开支

在数据安全创新方面，腾讯大数据技术能够准确建立风险画像，实时监控交易行为和场景，快速确定客户信用评级，及时预警可能产生的风险。每一笔交易都需要经过智能风控系统的上千条安全防控环节，一旦发现异常，即可通过与公安和行业联盟紧密合作的"猎鹰天网"系统快速拦截和抓捕。与此同时，腾讯牵头，组织多家单位制定了《信息安全技术即时通信服务数据安全指南》，积极参与了《App 用户权益保护测评规范》等多项国家标准与行业规范的制定和推进。

在业务模式创新方面，腾讯积极顺应大数据、云计算和人工智能发展大趋势，将业务拓展到了金融、工业、教育、医疗、零售等多个行业。以零售行业为例，腾讯通过为其持股和投资的大型商超和服装百货企业提供大数据、人工智能和云计算等技术服务，辅助分析消费趋势、预测消费需求、优化商品库存管理，为用户提供个性化、精准化和便利化的购物体验。如腾讯利用微信支付、微信公众号、小程序等各种工具形成智慧零售组合方案为其持股的永辉超市线下门店及旗下的生鲜电商品牌"超级物种"提供智慧选址、智慧改造、人脸支付和销售预测等服务，极大提升了消费者对永辉超市品牌的体验感和认知度，推动新零售业务板块创新发展。

（4）增强腾讯控股成长动力

腾讯集团通过开展金融科技业务促进企业成长，进而推动企业高质量发展。腾讯开展金融科技业务之前，社交媒体、游戏和广告业务在腾讯业务构成中长期占据着绝对的主导地位。腾讯充分利用旗下软件微信和 QQ 在即时通信软件领域的垄断优势，开展网络支付等金融科技业务，并逐步拓宽金融科技业务边界，金融科技业务的开展极大地提升了腾讯集团的企业绩效，减少对单一业务的依赖，推动单一业务向多元化方向发展，进而促进企业成长，推动企业的高质量发展。

腾讯集团于 2013 年 8 月推出微信支付，这是腾讯自 2011 年获取《支付业务许可证》后发布的首个重量级产品，也是腾讯开展金融科技业务的主要标志。如表 10 - 13 和表 10 - 14 所示，分别统计了腾讯集团

2014～2021年分部收入增长率和各分部收入占总营业收入之比，其中，2018年以前，腾讯并未单独披露网络支付等金融科技业务收入，而是将其包含在"其他"项目之中，表10-14显示，2018年腾讯将金融科技相关业务收入单独披露后，其他业务收入占比由18.23%降至1.55%，某种意义上说明在此之前金融科技业务在其他业务收入中占据着相当高的比重。

表10-13　　　　　2014～2021年腾讯分布收入增长率　　　　单位：%

年份	金融科技相关业务	增值服务	网络广告	其他	总收入
2014	—	40.74	65.04	-29.79	30.60
2015	—	27.42	110.26	-35.38	30.32
2016	—	33.64	54.45	263.06	47.71
2017	—	42.83	49.94	152.58	56.48
2018	—	14.72	43.62	79.91	31.52
2019	38.58	13.22	17.73	56.61	20.66
2020	26.57	32.11	20.32	-0.94	27.77
2021	34.44	10.36	7.77	2.54	16.19

表10-14　　　　　　2014～2021年腾讯营业收入构成　　　　单位：%

年份	金融科技相关业务	增值服务	网络广告	其他
2014	—	80.21	10.53	9.26
2015	—	78.45	16.98	4.57
2016	—	70.96	17.51	11.53
2017	—	64.76	17.01	18.23
2018	23.39	56.49	18.57	1.55
2019	26.86	53.01	18.12	2.01
2020	26.57	54.81	17.07	1.55
2021	30.74	52.06	15.83	1.37

　　根据表 10-13 可以看出，腾讯营业收入增长率在 2017 年达到峰值 56.48% 后，总体上呈现出增速放缓的趋势，尤其以社交媒体和网络游戏业务为主的增值服务，随着腾讯旗下几款主要社交媒体用户量趋于饱和，同时网络游戏的收入增长趋于平缓，并且随着游戏行业监管政策收紧，其增速在 2018 年出现了断崖式下跌，除 2020 年受新冠疫情下封闭式管理等防控措施对游戏行业的利好影响，增值业务实现了高于 30% 的增长，除此以外，增值业务仅保持着 15% 以下的增长率，明显低于营业收入增长率。与此同时，2016～2018 年，以金融科技相关业务为核心的其他业务收入实现了爆发式增长，增长率分别达到 263.06%、152.58% 和 79.91%，而在 2019～2021 年，除 2020 年外，金融科技相关业务收入保持着高于 30% 的增速，显著高于营业收入。可见，金融科技相关业务的开展为腾讯集团开辟了新的收入来源，并逐步成为腾讯集团最为重要的增长引擎，极大地提升了企业财务绩效，强化了企业竞争力，进而推动腾讯集团实现高质量发展。

　　根据表 10-14 可以看出，以社交媒体和游戏业务为主的增值服务贡献了腾讯集团过半的营业收入，尤其在 2017 年以前，这一比例超过 7 成，在 2014 年甚至高达 80.21%。可见，在很长的一段时间里腾讯集团都是单一的业务模式，高度依赖增值服务业务，这也是长期以来腾讯集团被外界诟病的一点。随着腾讯集团体量的扩大，多元化是实现未来高质量发展的必然要求，2013 年腾讯上线微信支付后，金融科技相关业务收入占总收入的比重逐年提高，由 2014 年的不足 10%（当年包含金融科技业务的其他业务收入占比为 9.26%），到 2021 年已超过 30%，而增值服务收入占比则由 2014 年的 80.21%，到 2021 年已降至 52.06%，下降幅度近 30%。由此可见，腾讯开展金融科技业务显著降低了其对游戏等增值服务的依赖程度，实现了企业的多元化发展。并且，相比于许多企业开展与主业相关度不高的"副业"这一多元化发展路径，腾讯在开展金融科技业务之初，结合了微信、QQ 等软件的社交属性，充分释放其流量优势，对主业优势的充分利用使得腾讯在短短数年内快速成长为金融科技行业领军企业，实现了其金融科技行业的弯道超车。与此同时，金融科技业务的开拓又反过来丰富了其社交软件的功能属性，使其不再局限于社交，而是充分贴合用户日常生活的各个方面，大大提高了用户对其社交软件的依赖程度。主业与副业紧密结合、相得益彰，这一多元化转型发展思路与当年腾讯开拓游戏领域时一脉相承，彰显了腾讯集团尤为独特的竞争优势。

10.4　结论与建议

本章以腾讯控股为例，展开金融科技业务影响企业高质量发展的案例分析，得出以下结论：

第一，运用事件研究分析法评估腾讯应用金融科技业务对其短期财务绩效的影响，研究发现，腾讯金融科技的应用总体上对其股价产生了较为显著的正向推动作用，反映出投资者对腾讯开展此类业务的支持态度以及对金融科技业务将提升腾讯公司业绩的信心。

第二，通过财务指标分析法，以近10年腾讯控股的财务数据为基础，选择腾讯成立"支付基础平台和金融应用线（FiT）"为时间节点，对比节点前后主要财务指标，研究发现，腾讯在成立 FiT 之后，短期偿债能力和长期偿债能力均有所提升，资金运用效率有所提高；盈利能力远高于行业平均水平，2021 年金融科技业务模块所产生的销售收入占到了收入总额的 31%；营运能力在开展金融科技业务后也有了明显的增强，资产流动性提升，经营风险降低。

第三，通过基于市场份额以及金融安全的非财务指标分析得知，金融科技业务为腾讯控股带来了市场份额的提升以及更稳定的金融环境，对腾讯长期绩效的提升具有显著正向作用。

第四，基于扎根理论的程序化编码技术，运用 NVivo 软件分析研究团队所搜集的与腾讯相关的文本资料，推导出金融科技业务推动腾讯实现高质量发展的影响路径。然后针对各路径分别进行进一步论证，最后得出，金融科技业务可以通过优化企业投融资管理、促进企业创新发展、改善企业财务管理、增强企业成长动力四个路径促进腾讯控股战略转型，实现高质量发展。

第 11 章

结论与启示

经过前部分的理论分析与实证分析，本章对各部分的研究结论进行归纳总结，并提出一些研究启示，在此基础上，提出本书研究存在的不足并对以后的研究作出展望。

11.1 研 究 结 论

金融科技通过大数据、人工智能等技术可以提高金融服务的可得性和安全性，对金融效率、金融稳定、金融诚信和金融普惠有正向促进作用，为解决金融服务问题提出全新解决方案，为实体经济发展提供了一定保障。上市公司作为实体经济中的"领头雁"，与金融科技息息相关。那么，在金融科技兴起前后，上市公司发展情况有什么变化？金融科技对上市公司的高质量发展具体产生了怎样的影响？本书选择金融科技和上市公司高质量发展为议题，对比传统金融背景下和金融科技背景下上市公司发展现状并实证检验金融科技对上市公司非效率投资、盈余管理、融资约束、创新发展以及企业成长的影响，并选取典型性案例公司验证实证结论。主要研究结论如下：

第一，相比于传统金融，金融科技给上市公司高质量发展提供了一个良好的保障。本书通过比较上市公司在传统金融背景和金融科技背景下面临的风险、投资效率、盈余管理、融资约束、创新投入以及成长情况，发现金融科技弥补了传统金融诸多不足，在一定程度上降低上市公司存在的风险，提升上市公司投资效率、抑制上市公司部分盈余管理、缓解上市公司融资约束、促进上市公司创新投入以及稳步成长。

第二，金融科技能够显著校正上市公司非效率投资。本书利用 2011～2020 年深沪 A 股上市公司数据进行研究。实证结果表明：首先，金融科技抑制上市公司非效率投资体现在三方面：一是长期性，金融科技对非效率投资的抑制作用具有时间上的延续性和扩散性；二是横向普及性，金融科技的广度使信息的普及性和共享性提高，明显抑制了企业过度投资，减少了企业的盲目决策；三是纵向延展性，金融科技的深度使信息准确性和运用效率提高，对投资不足和投资过度都有一定的抑制作用，企业可以充分权衡利弊，客观决策。其次，市场化水平和行业竞争对金融科技与企业非效率投资之间存在调节作用。市场化水平和金融科技具有一定的替代作用，市场化较高说明金融生态较好，金融科技发展相对较好，所以市场化水平抑制了金融科技与非效率投资之间的关系；行业竞争程度则降低了金融科技作用于非效率投资的敏感性，负向影响金融科技与非效率投资。再次，从属性特征差异化上来看，相较于国有企业和高新技术企业而言，由于非国有企业的灵活性、非高新技术企业的低效性使得金融科技对企业非效率投资的校正作用更明显。最后，金融科技在强监管环境下可以矫正企业的非效率投资，推动金融服务实体经济本质。

第三，金融科技抑制了上市公司应计盈余管理，促进了真实盈余管理。本书以非金融类上市公司 2011～2020 年非平衡面板数据为研究样本进行研究。研究结果发现：金融科技会显著抑制上市公司应计盈余管理、促进上市公司真实盈余管理，且主要通过费用操纵的方式进行真实盈余管理。此外，进一步研究发现融资约束会抑制上市公司的盈余管理程度，具体来说，融资约束会放大金融科技对应计盈余管理的抑制作用，削弱金融科技对真实盈余管理的促进作用；同时，在国有企业中金融科技对企业应计盈余管理的抑制作用更强；在非国有企业中金融科技会显著促进企业真实盈余管理，而这一现象在国有企业中并不显著。

第四，金融科技缓解了上市公司融资约束，解决了融资难题。本书以 2011～2020 年沪深主板上市公司为研究样本进行研究，得出以下结论：首先，金融科技与企业融资约束呈现负相关的关系，即金融科技程度越高，上市公司融资约束越低，金融科技能有效缓解企业融资约束。其次，金融科技对会计稳健性产生正向影响，金融科技程度的增强会促进上市公司会计制度的稳健性。最后，会计稳健性在金融科技与企业融资约束之间表现为中介效应。

第五，金融科技促进了上市公司创新投入，推动了创新发展。本书以 2011～2020 年沪深 A 股上市公司为研究样本进行研究。实证结果如下：首先，金融科技的发展对上市公司创新投入具有明显的促进作用。其次，金融科技通过推动企业外部市场化改革进程并提升企业内部信息透明度来推动企业创新投入。最后，相较于没有购买金融资产的企业，金融科技对购买了金融资产的企业的创新激励作用更为明显。

第六，金融科技促进了制造业上市企业创新产出，推动了创新发展。本书以 2011～2020 年沪深 A 股上市的制造企业为研究样本，通过构建调节效应和中介效应模型，并从企业微观和政策宏观两个角度探究金融科技与制造业上市企业创新产出之间的关系。得出结论如下：其一，金融科技对制造公司突破性创新和常规性创新具有显著正向影响，即金融科技可以显著促进制造企业突破性创新和常规性创新。其二，产融结合负向调节金融科技与制造企业突破性创新、常规性创新的关系，即控制产融结合程度，金融科技对制造业企业技术创新的作用会加强。其三，企业债务融资在金融科技与制造企业突破性创新、常规性创新之间发挥部分中介作用，即金融科技可以帮助企业获得债务融资，从而进一步促进制造企业技术创新。其四，政府补助在金融科技与企业突破性创新、常规性创新之间发挥部分中介作用，即金融科技可以帮助政府将资金投向有价值的企业，提高政策的有用性。其五，专利补贴在金融科技与制造企业突破性创新之间发挥部分中介作用，在金融科技与制造企业常规性创新之间发挥完全中介作用，即金融科技可以帮助制造企业获得专利补贴，从而促进企业技术创新。

第七，金融科技促进了上市公司成长。本书以非金融类上市公司2013～2020年非平衡面板数据为研究样本，采用有调节的中介模型进行研究。实证结果如下：金融科技推动了上市公司成长，而经营风险的加大会削弱金融科技对企业成长的促进效应。主要是由于经营风险在调节金融科技促进企业成长的过程中起到了"预防性储蓄"的作用。进一步探究"预防性储蓄"的来源，可以发现经营风险在调节前半段路径中起到的"预防性储蓄"作用要大于调节后半段路径中的"投资效应"，因而经营风险在金融科技与企业成长中表现为"预防性储蓄"的削弱作用。

11.2　研究启示

第一，对上市公司来说，要高度重视金融科技对企业高质量发展的促进作用，顺应金融科技发展趋势，同时也要建立风险管理和防控体系。首先，加快企业与人工智能、大数据等新兴技术的全方位融合，加大数字技术等基础设施的投资力度，借助数字技术手段，升级硬件设施，优化软件服务，增强核心竞争力，持续推进企业数字化发展，尤其关注金融科技在企业投融资、财务管理、创新以及成长动力等方面的推动作用。其次，由于金融科技风险呈现出复杂性、系统性、脆弱性等特点，其感染速度更快，波及范围更广，对微观企业的影响也更大，所以企业应充分评估新兴技术与各业务深度融合的潜在风险，建立风险识别与预警防控机制，加强风险管理，提升风险抵御能力。

第二，对金融机构而言，立足为实体经济服务的宗旨，建立多元化金融科技体系。首先，要继续完善金融科技及相关配套产业的建设框架与总体规划，加强大数据、人工智能和区块链等新兴技术与各金融单元的深度融合，甄别优质企业，规范引导市场资金流向，提高资金使用效率。其次，要关注多种金融业态的发展，依靠市场规则，不断创造和挖掘用户新需求，催生与企业需求相契合的金融产业模式，为微观主体生产经营活动提供良好支撑，实现宏观环境的优质增效，为上市公司高质量发展提供保障。最后，消除行业垄断利润，提高金融竞争水平，发挥金融机构内部治理机制的监督作用，提升金融科技服务的效果，防范系统性金融风险与实体经济的"脱实向虚"风险。

第三，对政府而言，应该鼓励科技与金融的深度融合，实行差异化管理政策，同时完善金融监管。首先，以金融科技为突破口，针对中小企业融资难、融资贵等问题"对症下药"，扩大金融科技的覆盖深度与广度，结合金融机构与实体经济具体情况，发挥金融科技"互惠性"和"重塑性"的优势，让金融科技能够更好地服务于上市公司，促进上市公司高质量发展。其次，由于上市公司发展状况各不相同，相关部门应该因地制宜、精准施策，针对不同特征的上市公司提出差异化、动态化的支持方案，提升金融科技的作用效率及效果。最后，政府部门要完善法律法规，构建金融科技监管的完整体系和框架，着眼监管全局性、针对性和及时性，创新监管体制，实现创新与监管的动态平衡。

11.3　研究不足及展望

尽管本书对金融科技驱动上市公司高质量发展的内在逻辑进行了较为详细的理论阐述和实证研究，并取得了一定的研究成果。但是受收集资料、篇幅以及作者知识水平等客观因素的限制，本书研究尚存在一些不足，归纳如下：

第一，从研究数据层面看，本书的研究主要以沪深 A 股上市公司作为研究样本，无法代表所有上市公司，这也许会导致研究结果不具有普遍性。今后的研究可以进一步扩充研究样本，除了股票型上市公司之外，还可以加入债券型上市公司作为样本，或者加入未上市的中小企业作为研究样本，以增强结论的普适性。

第二，从研究方法层面看，本书主要运用系统分析、比较分析、理论分析与实证分析，数据分析和检验结果都有待进一步提升，实证模型和检验方法需要进一步深入探索。

第三，从研究范围层面来看，具有一定的局限性。本书主要运用上市公司的财务数据研究金融科技对上市公司发展的影响，但是影响上市公司高质量发展的因素中，除了用财务数据度量外，还包括一些非财务因素，比如人力资本等，未来或可从这些方面展开研究。

参 考 文 献

[1] 安同良，周绍东，皮建才. R&D 补贴对中国企业自主创新的激励效应 [J]. 经济研究，2009，44（10）：87-98.

[2] 巴曙松，白海峰，胡文韬. 金融科技创新、企业全要素生产率与经济增长——基于新结构经济学视角 [J]. 财经问题研究，2020（1）：46-53.

[3] 白万平，孙溶镁，白鸽. 数字金融能否提高中小企业全要素生产率？——基于中小板上市公司的分析 [J]. 新金融，2021（11）：53-62.

[4] 鲍星，李巍，李泉. 金融科技运用与银行信贷风险——基于信息不对称和内部控制的视角 [J]. 金融论坛，2022，27（1）：9-18.

[5] 蔡秉坤. 普惠金融实现中区块链应用的法律挑战及应对 [J]. 兰州大学学报（社会科学版），2020，48（5）：39-48.

[6] 蔡春，李明，和辉. 约束条件、IPO 盈余管理方式与公司业绩——基于应计盈余管理与真实盈余管理的研究 [J]. 会计研究，2013（10）：35-42，96.

[7] 蔡利，毕铭悦，蔡春. 真实盈余管理与审计师认知 [J]. 会计研究，2015（11）：83-89，97.

[8] 陈飞，刘宣宣，王友军. 数字经济是否缓解了农村多维相对贫困？——基于收入导向型视角 [J]. 浙江社会科学，2022，314（10）：25-36，155-156.

[9] 陈红，郭亮. 金融科技风险产生缘由、负面效应及其防范体系

构建［J］. 改革，2020（3）：63－73.

［10］陈红，王稳华，胡耀丹. 信息透明度、风险容忍与企业创新［J］. 哈尔滨商业大学学报（社会科学版），2021（1）：44－58.

［11］陈华. 浅析盈余管理成因及其对策［J］. 事业财会，2004（2）：53－55.

［12］陈惠中，赵景峰. 数字金融、产业结构优化与经济高质量发展［J］. 西南民族大学学报（人文社会科学版），2022，43（5）：94－108.

［13］陈建丽. 科技金融发展、融资约束与企业研发投入——来自A股上市公司的经验证据［J］. 科技管理研究，2020，40（14）：131－139.

［14］陈科. 普惠金融的风险评估及风险防范研究［J］. 上海金融，2017（10）：91－95.

［15］陈丽蓉，陈正威，姜梦园，邓利彬. 资本市场开放提高了审计费用吗？——基于行业竞争和市场竞争地位的双重调节效应［J］. 审计与经济研究，2021，36（2）：19－29.

［16］陈敏，孙华荣，傅琪. 大数据技术对中小微企业信贷供给的影响研究——以山东省为例［J］. 金融发展研究，2023，494（2）：44－53.

［17］陈强远，林思彤，张醒. 中国技术创新激励政策：激励了数量还是质量［J］. 中国工业经济，2020（4）：79－96.

［18］陈晓红，李杨扬，宋丽洁，等. 数字经济理论体系与研究展望［J］. 管理世界，2022，38（2）：208－224，13－16.

［19］陈星宇. 构建智能环路监管机制——基于数字金融监管的新挑战［J］. 法学杂志，2020，41（2）：115－121.

［20］陈银飞，邓雅慧. 企业数字化、业绩波动性与投资效率［J］. 财务研究，2022，43（1）：92－102.

［21］陈运森，黄健峤. 股票市场开放与企业投资效率——基于

"沪港通"的准自然实验［J］. 金融研究，2019（8）：151 – 170.

［22］陈中飞，江康奇. 数字金融发展与企业全要素生产率［J］. 经济学动态，2021（10）：82 – 99.

［23］陈柱，衣述冰. 金融科技影响银行体系稳定性的机制研究［J］. 金融与经济，2022，534（1）：24 – 34.

［24］程雪军. 人工智能深度介入消费金融：动因、风险及防控［J］. 深圳大学学报（人文社会科学版），2021，38（3）：67 – 76.

［25］程雪军. 我国监管科技的风险衍生与路径转换：从金融科技"三元悖论"切入［J］. 上海大学学报（社会科学版），2022，39（1）：74 – 90.

［26］程雪军，尹振涛，李心荷. 金融科技创新与监管路径探寻：基于监管科技的研究视角［J］. 电子政务，2021（1）：43 – 56.

［27］程毅然，李永建. 金融科技对小额贷款公司杠杆率的影响机制研究［J］. 证券市场导报，2021（7）：21 – 29.

［28］池仁勇，郑瑞钰，阮鸿鹏. 企业制造过程与商业模式双重数字化转型研究［J］. 科学学研究，2022，40（1）：172 – 181.

［29］崔耕瑞. 数字金融与产业高质量发展［J］. 西南民族大学学报（人文社会科学版），2022，43（2）：136 – 144.

［30］崔凌瑜，祝志勇. 新经济形势下企业社会责任报告披露、融资约束与投资效率：基于制度环境视角［J］. 工程管理科技前沿，2022，41（2）：70 – 76.

［31］达潭枫，刘德宇. 金融科技、融资约束与民营企业创新投入——基于 A 股上市公司数据的分析［J］. 哈尔滨商业大学学报（社会科学版），2023，188（1）：3 – 17.

［32］戴魁早，刘友金. 市场化改革能推进产业技术进步吗？——中国高技术产业的经验证据［J］. 金融研究，2020（2）：71 – 90.

［33］戴魁早，刘友金. 行业市场化进程与创新绩效——中国高技术产业的经验分析［J］. 数量经济技术经济研究，2013，30（9）：37 – 54.

［34］邓斯梅．互联网金融时代下我国小微企业融资面临的机遇与风险探析［J］．商讯，2021（21）：96－97．

［35］丁娜，金婧，田轩．金融科技与分析师市场［J］．经济研究，2020，55（9）：74－89．

［36］董龙训，张立光，亓鹏．数字普惠金融与传统农村金融：溢出效应抑或挤出效应［J］．金融发展研究，2023，494（2）：37－43．

［37］杜莉，刘铮．数字金融对商业银行信用风险约束与经营效率的影响［J］．国际金融研究，2022（6）：75－85．

［38］杜群阳，周方兴，战明华．信息不对称、资源配置效率与经济周期波动［J］．中国工业经济，2022（4）：61－79．

［39］杜善重．数字金融的公司治理效应——基于非家族股东治理视角［J］．财贸经济，2022，43（2）：68－82．

［40］杜勇，谢瑾，陈建英．CEO金融背景与实体企业金融化［J］．中国工业经济，2019（5）：136－154．

［41］段军山，庄旭东．金融投资行为与企业技术创新——动机分析与经验证据［J］．中国工业经济，2021（1）：155－173．

［42］范长煜．遮掩效应与中介效应：户籍分割与地方城市政府信任的中间作用机制［J］．甘肃行政学院学报，2016（3）：98－110．

［43］范经华，张雅曼，刘启亮．内部控制、审计师行业专长、应计与真实盈余管理［J］．会计研究，2013（4）：81－88，96．

［44］方芳，蔡卫星．银行业竞争与企业成长：来自工业企业的经验证据［J］．管理世界，2016（7）：63－75．

［45］费良蓉．当前企业面临的财务风险与防范思考［J］．全国流通经济，2020（30）：55－57．

［46］冯永琦，张浩琳．金融科技促进创新绩效提升了吗？［J］．外国经济与管理，2021，43（10）：50－67．

［47］付会敏，江世银．金融科技的经济增长效应——基于数字普惠金融指数的实证检验［J］．金融发展研究，2022（8）：12－19．

［48］高荣婧，曾振，张俊瑞，李彬．盈余管理与应计项目定价效率［J］．山西财经大学学报，2013，35（10）：104－112.

［49］高霞，雷林兴，马芬芬．数字金融、融资约束与企业成长［J］．财会通讯，2022（2）：68－71.

［50］耿彦军，孙淑萍，张柯贤．基于上市公司盈余管理的外部审计探讨［J］．财会通讯，2013（7）：77－78.

［51］龚强，班铭媛，张一林．区块链、企业数字化与供应链金融创新［J］．管理世界，2021，37（2）：22－34.

［52］龚强，马洁，班铭媛．中国金融科技发展的风险与监管启示［J］．国际经济评论，2022，162（6）：45－70，5.

［53］谷成，王巍．增值税减税、企业议价能力与创新投入［J］．财贸经济，2021，42（9）：35－49.

［54］顾宁，吴懋，赵勋悦．数字普惠金融对小微企业全要素生产率的影响——"锦上添花"还是"雪中送炭"［J］．南京社会科学，2021（12）：35－47.

［55］顾群．供应链金融缓解融资约束效应研究——来自科技型中小企业的经验证据［J］．财经论丛，2016（5）：28－34.

［56］郭峰，王靖一，王芳，孔涛，张勋，程志云．测度中国数字普惠金融发展：指数编制与空间特征［J］．经济学（季刊），2020，19（4）：1401－1418.

［57］郭峰，王瑶佩．传统金融基础、知识门槛与数字金融下乡［J］．财经研究，2020，46（1）：19－33.

［58］郭嘉琦，李常洪，焦文婷，等．家族控制权、信息透明度与企业股权融资成本［J］．管理评论，2019，31（9）：47－57.

［59］郭金录，喻平，付争．金融科技与金融结构变化：基于信贷视角的研究［J］．经济纵横，2023，451（6）：117－128.

［60］郭景先，胡红霞，李恒．政府补贴与企业研发投资——科技金融生态环境的调节作用［J］．技术经济，2019，38（7）：29－37，118.

［61］郭静怡，谢瑞峰．数字普惠金融、融资约束与环境敏感企业投资效率——基于1173家上市企业面板数据［J］．金融理论与实践，2021（9）：51－61．

［62］郭露，刘梨进．金融科技、收入不平等与多维相对贫困脆弱性［J］．财经科学，2023，420（3）：15－29．

［63］郭品，程茂勇，沈悦．金融科技发展对银行系统性风险的影响：理论机制与经验证据［J/OL］．当代经济科学：1－17［2023－07－11］．

［64］何帆，刘红霞．数字经济视角下实体企业数字化变革的业绩提升效应评估［J］．改革，2019（4）：137－148．

［65］何剑，魏涛，倪超军．数字金融何以纾解中小企业融资之困？［J］．武汉金融，2021（3）：29－36，45．

［66］何小钢，罗欣，郭晓斌．金融科技、资源配置与银行业结构［J］．当代财经，2023，463（6）：54－66．

［67］贺英杰．金融科技创新的安全风险及其对策分析［J］．人民论坛·学术前沿，2021（9）：136－139．

［68］胡滨．金融科技、监管沙盒与体制创新：不完全契约视角［J］．经济研究，2022，57（6）：137－153．

［69］胡滨，任喜萍．金融科技发展：特征、挑战与监管策略［J］．改革，2021（9）：82－90．

［70］胡定杰．金融发展水平与融资约束对企业财务柔性影响研究——基于2012－2018年上市公司数据的分析［J］．价格理论与实践，2019（9）：104－107．

［71］胡厚磊．互联网金融市场和传统金融市场风险关联性与溢出效应研究［D］．安徽：安徽财经大学，2021．

［72］胡灵，窦钱斌，刘崇书．数字金融有助于降低商业银行风险吗？——来自中国银行业的证据［J］．新金融，2022，396（1）：32－41．

[73] 黄东兵，王灵均，周承绪，刘骏．制造企业人工智能创新如何赋能高质量发展——来自中国上市公司的经验证据［J］．科技进步与对策，2022，39（8）：110－120.

[74] 黄靖雯，陶士贵．以金融科技为核心的新金融形态的内涵：界定、辨析与演进［J］．当代经济管理，2022，44（10）：80－90.

[75] 黄锐，赖晓冰，唐松．金融科技如何影响企业融资约束？——动态效应、异质性特征与宏微观机制检验［J］．国际金融研究，2020（6）：25－33.

[76] 黄锐，赖晓冰，赵丹妮，汤子隆．数字金融能否缓解企业融资困境——效用识别、特征机制与监管评估［J］．中国经济问题，2021（1）：52－66.

[77] 黄小琳，朱松，陈关亭．持股金融机构对企业负债融资与债务结构的影响——基于上市公司的实证研究［J］．金融研究，2015（12）：130－145.

[78] 黄新建，张宗益．盈余管理研究现状及其展望［J］．商业研究，2004（4）：36－38.

[79] 黄卓，王萍萍．金融科技赋能绿色金融发展：机制、挑战与对策建议［J］．社会科学辑刊，2022，262（5）：101－108.

[80] 黄子珩．融资约束与减税政策的宏观效果——基于 DSGE 的模拟与分析［J］．财经理论与实践，2021，42（5）：101－107.

[81] 惠献波．数字普惠金融发展与城市全要素生产率——来自278个城市的经验证据［J］．投资研究，2021，40（1）：4－15.

[82] 贾俊生，伦晓波，林树．金融发展、微观企业创新产出与经济增长——基于上市公司专利视角的实证分析［J］．金融研究，2017（1）：99－113.

[83] 江红莉，侯燕，蒋鹏程．数字经济发展是促进还是抑制了企业实体投资——来自中国上市公司的经验证据［J］．现代财经（天津财经大学报），2022，42（5）：78－94.

［84］江红莉，蒋鹏程．数字金融能提升企业全要素生产率吗？——来自中国上市公司的经验证据［J］．上海财经大学学报，2021，23（3）：3－18．

［85］江金启，王振华．数字金融发展与中国居民包容性创业实现——来自县域层面数字金融与传统金融关系的证据［J］．劳动经济研究，2022，10（4）：111－140．

［86］姜付秀，伊志宏，苏飞，黄磊．管理者背景特征与企业过度投资行为［J］．管理世界，2009（1）：130－139．

［87］姜红丙，王景，王秋月．组合创新理论视角下的商业模式创新路径研究——以腾讯企业为例［J］．管理现代化，2021，41（5）：103－111．

［88］姜双双，刘光彦．风险投资、信息透明度对企业创新意愿的影响研究［J］．管理学报，2021，18（8）：1187－1194．

［89］蒋建勋，唐宇晨，李晓静．双碳背景下数字金融赋能新能源企业绿色创新：基于融资约束视角［J］．当代经济管理，2022（4）：1－19．

［90］孔琳．山西小微企业融资问题比较分析［J］．现代工业经济和信息化，2021，11（8）：19－23．

［91］赖黎，玄宇豪，巩亚林．保险机构持股与银行风险决策［J］．世界经济，2020，43（12）：176－192．

［92］郎香香，张朦朦，王佳宁．数字普惠金融、融资约束与中小企业创新——基于新三板企业数据的研究［J］．南方金融，2021（11）：13－25．

［93］黎文靖，郑曼妮．实质性创新还是策略性创新？——宏观产业政策对微观企业创新的影响［J］．经济研究，2016，51（4）：60－73．

［94］李斌，江伟．金融发展、融资约束与企业成长［J］．南开经济研究，2006（3）：68－78．

［95］李博阳，沈悦，张嘉望．金融资产配置、企业经营风险与企业杠杆率［J］．当代经济科学，2019，41（5）：116－128．

［96］李常青，李宇坤，李茂良．控股股东股权质押与企业创新投入［J］．金融研究，2018（7）：143－157．

［97］李春涛，闫续文，宋敏，杨威．金融科技与企业创新——新三板上市公司的证据［J］．中国工业经济，2020（1）：81－98．

［98］李海凤，史燕平．信息披露质量影响资本配置效率实证检验［J］．重庆大学学报，2015（2）：42－47．

［99］李佳，段舒榕．数字金融减轻了企业对银行信贷的依赖吗？［J］．国际金融研究，2022（4）：88－96．

［100］李江涛，何苦．上市公司以真实盈余管理逃避高质量审计监督的动机研究［J］．审计研究，2012（5）：58－67．

［101］李洁，张天顶，黄璟．融资约束与中国制造业企业成长动态［J］．产业经济研究，2016（2）：62－73．

［102］李静，韩维芳，刘念．投资效率研究文献综述［J］．财会月刊，2016（10）：113－115．

［103］李万利，潘文东，袁凯彬．企业数字化转型与中国实体经济发展［J］．数量经济技术经济研究，2022，39（9）：5－25．

［104］李为，谭素瑶，吴非．金融科技发展与企业数字化转型——基于融资约束纾解与创新促进的中介传递［J］．科技管理研究，2022，42（20）：28－38．

［105］李小静，孙柏．政府干预对新兴企业技术创新的影响研究——基于负二项式模型［J］．华东经济管理，2015，29（9）：159－164．

［106］李小玲，崔淑琳，赖晓冰．数字金融能否提升上市企业价值？——理论机制分析与实证检验［J］．现代财经（天津财经大学学报），2020，40（9）：83－95．

［107］李小青，何玮萱，霍雨丹，等．数字化创新如何影响企业高质量发展——数字金融水平的调节作用［J］．首都经济贸易大学学报，2022，24（1）：80－95．

［108］李新宁．监管科技治理的基本逻辑：美英案例及其启示［J］．

新金融，2022（1）：50-57.

[109] 李雪，李晓翔.经济政策不确定性与中小企业风险承担水平——基于资产专用性视角的研究 [J].中州大学学报，2021，38（6）：28-32，39.

[110] 李瑛.金融科技风险下的监管转型研究 [J].当代经济管理，2022，44（2）：87-96.

[111] 李颖.我国科技创新现状与创新能力分析 [J].科技促进发展，2015（5）：650-655.

[112] 李增福，郑友环，连玉君.股权再融资、盈余管理与上市公司业绩滑坡——基于应计项目操控与真实活动操控方式下的研究 [J].中国管理科学，2011，19（2）：49-56.

[113] 李志辉，陈海龙，张旭东.金融科技对商业银行盈利能力的影响 [J].中南财经政法大学学报，2022，254（5）：56-68.

[114] 梁榜，张建华.中国普惠金融创新能否缓解中小企业的融资约束 [J].中国科技论坛，2018（11）：94-105.

[115] 梁帆.融资约束、风险投资与中小企业成长——基于中国A股上市公司的实证 [J].河北经贸大学学报，2015，36（2）：72-79.

[116] 梁琦，林爱杰.数字金融对小微企业融资约束与杠杆率的影响研究 [J].中山大学学报（社会科学版），2020，60（6）：191-202.

[117] 廖理，廖冠民，沈红波.经营风险、晋升激励与公司绩效 [J].中国工业经济，2009（8）：119-130.

[118] 林钟高，丁茂桓.内部控制缺陷及其修复对企业债务融资成本的影响——基于内部控制监管制度变迁视角的实证研究 [J].会计研究，2017（4）：73-80.

[119] 蔺元.我国上市公司产融结合效果分析——基于参股非上市金融机构视角的实证研究 [J].南开管理评论，2010，13（5）：153-160.

[120] 刘柏，徐小欢.信息透明度影响企业研发创新吗？[J].外国

经济与管理，2020，42（2）：30 - 42.

［121］刘畅，刘冲，马光荣. 中小金融机构与中小企业贷款［J］. 经济研究，2017，52（8）：65 - 77.

［122］刘飞. 数字化转型如何提升制造业生产率——基于数字化转型的三重影响机制［J］. 财经科学，2020（10）：93 - 107.

［123］刘静，陈志斌. 大股东控制、市场化程度与公司现金持有水平［J］. 财经理论与实践，2011，32（6）：76 - 80.

［124］刘克富，郝云平，牟卫卫. 中国金融科技的区域差异及其空间收敛性［J］. 科技管理研究，2023，43（10）：88 - 97.

［125］刘莉，刘玉敏，任广乾，陈青. 国企实际控制人、市场化程度与企业绩效［J］. 西安交通大学学报（社会科学版），2021，41（2）：52 - 62.

［126］刘莉，杨宏睿. 数字金融、融资约束与中小企业科技创新——基于新三板数据的实证研究［J］. 华东经济管理，2022，36（5）：15 - 23.

［127］刘孟飞，王琦. 数字金融对商业银行风险承担的影响机制研究［J］. 会计与经济研究，2022，36（1）：86 - 104.

［128］刘素坤，燕玲. 融资结构视角下货币政策对企业创新的影响［J］. 首都经济贸易大学学报，2021，23（5）：98 - 112.

［129］刘潭，徐璋勇，张凯莉. 数字金融对经济发展与生态环境协同性的影响［J］. 现代财经（天津财经大学学报），2022，42（2）：21 - 36.

［130］刘帷韬，任金洋，冯大威，高琦. 经济政策不确定性、非效率投资与企业全要素生产率［J］. 经济问题探索，2021（12）：13 - 30.

［131］刘伟，戴冰清. 数字金融赋能企业创新：结构、功能与传导路径［J］. 金融发展研究，2022（3），39 - 49.

［132］刘心怡，吴非，叶显. 金融科技对企业融资约束的影响——结构优化、机制检验与金融监管效应差异［J］. 金融论坛，2022，27（7）：22 - 31.

［133］刘星，计方，郝颖．大股东控制、集团内部资本市场运作与公司现金持有［J］．中国管理科学，2014，22（4）：124－133．

［134］刘元雏，华桂宏．金融科技能否促进企业创新？——来自战略性新兴产业上市公司的经验证据［J］．江苏社会科学，2022，325（6）：149－158．

［135］卢太平，张东旭．融资需求、融资约束与盈余管理［J］．会计研究，2014（1）：35－41，94．

［136］陆凤芝，徐鹏，李仲武．数字普惠金融与城市创新创业质量［J］．武汉大学学报（哲学社会科学版），2022，75（5）：35－48．

［137］陆国庆，王舟，张春宇．中国战略性新兴产业政府创新补贴的绩效研究［J］．经济研究，2014，49（7）：44－55．

［138］陆岷峰．数字科技金融赋能小微科创企业发展路径研究［J］．会计之友，2023，710（14）：35－44．

［139］陆岷峰，徐博欢．普惠金融：发展现状、风险特征与管理研究［J］．当代经济管理，2019，41（3）：73－79．

［140］吕长江，张海平．股权激励计划对公司投资行为的影响［J］．管理世界，2011（11）：118－126．

［141］吕越，陈帅，盛斌．嵌入全球价值链会导致中国制造的"低端锁定"吗？［J］．管理世界，2018，34（8）：11－29．

［142］罗琦，彭梓倩．真实盈余管理的渠道效应研究［J］．经济管理，2016，38（8）：135－148．

［143］马广奇，陈雪蒙．数字普惠金融、融资约束与中小上市公司成长性［J］．哈尔滨商业大学学报（社会科学版），2021（1）：32－43．

［144］马连福，王丽丽，张琦．混合所有制的优序选择：市场的逻辑［J］．中国工业经济，2015（7）：5－20．

［145］马凌远，尤航．科技金融、信息不对称与融资约束［J］．财会月刊，2021（14）：56－63．

［146］马亚明，周璐．基于双创视角的数字普惠金融促进乡村振兴

路径与机制研究 [J]. 现代财经（天津财经大学学报），2022，42（2）：3 – 20.

[147] 牟卫卫，刘克富. 金融科技发展能抑制公司违规吗 [J]. 山西财经大学学报，2021，43（9）：29 – 43.

[148] 聂秀华. 数字金融促进中小企业技术创新的路径与异质性研究 [J]. 西部论坛，2020，30（4）：37 – 49.

[149] 聂秀华，吴青. 数字金融对中小企业技术创新的驱动效应研究 [J]. 华东经济管理，2021，35（3）：42 – 53.

[150] 牛丽娟. 数字金融与经济高质量发展：理论分析与实证检验 [J]. 西南民族大学学报（人文社会科学版），2023，44（1）：125 – 138.

[151] 潘立生，任雨纯. 高新技术企业投资效率问题研究 [J]. 财会通讯，2010（23）：10 – 12.

[152] 庞加兰，张海鑫，王倩倩. 数字普惠金融、融资约束与民营经济高质量发展 [J]. 统计与决策，2023，39（5）：130 – 135.

[153] 钱状状. 我国互联网金融与传统金融行业风险溢出效应研究 [D]. 南京：南京财经大学，2021.

[154] 邱晗，黄益平，纪洋. 金融科技对传统银行行为的影响——基于互联网理财的视角 [J]. 金融研究，2018（11）：17 – 29.

[155] 权锡鉴，朱雪. 政府补助、资本结构与企业技术创新效率——基于利益相关者理论的实证研究 [J]. 商业研究，2022（2）：96 – 103.

[156] 邵学峰，胡明. 金融科技有助于提升企业投资效率吗？——基于中国 A 股上市企业的实证研究 [J]. 学习与实践，2022（3）：38 – 46.

[157] 申慧慧，于鹏，吴联生. 国有股权、环境不确定性与投资效率 [J]. 经济研究，2012，47（7）：113 – 126.

[158] 申明浩，谭伟杰，陈钊泳. 数字经济发展对企业创新的影响——基于 A 股上市公司的经验证据 [J]. 南方金融，2022，546（2）：30 – 44.

[159] 沈伟. 金融创新三元悖论和金融科技监管困局：以风险为原点的规制展开 [J]. 中国法律评论，2022，44（2）：186－199.

[160] 盛天翔，范从来. 金融科技、最优银行业市场结构与小微企业信贷供给 [J]. 金融研究，2020（6）：114－132.

[161] 施炳展，李建桐. 互联网是否促进了分工：来自中国制造业企业的证据 [J]. 管理世界，2020，36（4）：130－149.

[162] 施先旺，李志刚，刘拯. 分析师预测与上市公司审计收费研究——基于信息不对称理论的视角 [J]. 审计与经济研究，2015，30（3）：39－48.

[163] 宋佳琪，白子玉，刘俊杰. 数字金融发展背景下农户信贷约束影响因素实证分析——基于传统信贷和数字信贷的比较 [J]. 世界农业，2022（3）：62－73.

[164] 宋科，刘家琳，李宙甲. 数字普惠金融能缩小县域城乡收入差距吗？——兼论数字普惠金融与传统金融的协同效应 [J]. 中国软科学，2022，378（6）：133－145.

[165] 宋敏，周鹏，司海涛. 金融科技与企业全要素生产率——"赋能"和信贷配给的视角 [J]. 中国工业经济，2021（4）：138－155.

[166] 宋玉臣，李连伟. 企业投资效率的范式演化与框架构建——基于文献分析的视角 [J]. 江海学刊，2017（3）：69－75，238.

[167] 苏亚民，毕妍. 数字普惠金融、债务融资与中小企业融资约束 [J]. 财会通讯，2023（1）：81－86.

[168] 粟勤，魏星. 金融科技的金融包容效应与创新驱动路径 [J]. 理论探索，2017（5）.

[169] 谭常春，王卓，周鹏. 金融科技"赋能"与企业绿色创新——基于信贷配置与监督的视角 [J]. 财经研究，2023，49（1）：34－48，78.

[170] 谭之博，赵岳. 企业规模与融资来源的实证研究——基于小企业银行融资抑制的视角 [J]. 金融研究，2020（3）：166－179.

[171] 谭中明, 刘倩, 李洁, 等. 金融科技对实体经济高质量发展影响的实证 [J]. 统计与决策, 2022, 38 (6): 139 – 143.

[172] 唐琼. "双循环"格局下中国制造业高质量发展的实践路径 [J]. 技术经济与管理研究, 2022, 311 (6): 111 – 116.

[173] 唐士亚. 中国金融科技治理模式变迁及其逻辑 [J]. 经济社会体制比较, 2022, 223 (5): 90 – 99.

[174] 唐松, 苏雪莎, 赵丹妮. 金融科技与企业数字化转型——基于企业生命周期视角 [J]. 财经科学, 2022, 407 (2): 17 – 32.

[175] 唐松, 伍旭川, 祝佳. 数字金融与企业技术创新——结构特征、机制识别与金融监管下的效应差异 [J]. 管理世界, 2020, 36 (5): 52 – 66, 9.

[176] 童勇, 史庆义. 代理成本、股权质押与非效率投资关系的实证研究 [J]. 商业研究, 2021 (6): 93 – 101.

[177] 涂凌. 会计稳健性、业绩期望差距与企业创新投入 [J]. 财会通讯, 2021 (5): 36 – 39.

[178] 涂心语, 严晓玲. 数字化转型、知识溢出与企业全要素生产率——来自制造业上市公司的经验证据 [J]. 产业经济研究, 2022, 117 (2): 43 – 56.

[179] 万佳彧, 李彬, 徐宇哲. 数字金融对企业投资效率影响的实证检验 [J]. 统计与决策, 2022, 38 (19): 135 – 139.

[180] 万佳彧, 周勤, 肖义. 数字金融、融资约束与企业创新 [J]. 经济评论, 2020 (1): 71 – 83.

[181] 万晓榆, 罗焱卿. 数字经济发展水平测度及其对全要素生产率的影响效应 [J]. 改革, 2022 (1): 101 – 118.

[182] 汪雯羽, 贝多广. 数字普惠金融、政府干预与县域经济增长——基于门限面板回归的实证分析 [J]. 经济理论与经济管理, 2022, 42 (2): 41 – 53.

[183] 王道平, 刘琳琳. 数字金融、金融错配与企业全要素生产

率——基于融资约束视角的分析 [J]. 金融论坛，2021，26（8）：28 -
38.

[184] 王定祥，胡小英. 数字金融研究进展：源起、影响、挑战与
展望 [J]. 西南大学学报（社会科学版），2023，49（1）：101 - 110.

[185] 王宏鸣，孙鹏博，郭慧芳. 数字金融如何赋能企业数字化转
型？——来自中国上市公司的经验证据 [J]. 财经论丛，2022（10），
3 - 13.

[186] 王敬勇，孙彤，李珮，等. 数字化转型与企业融资约束——基
于中小企业上市公司的经验证据 [J]. 科学决策，2022，304（11）：1 -
23.

[187] 王可第. 信息透明度与企业技术创新——来自中国上市公司
的证据 [J]. 当代财经，2021（7）：77 - 89.

[188] 王璐，李晨阳. 数字经济下的生产社会化与企业分工协作：
演进与特性 [J]. 北京行政学院学报，2022，137（1）：84 - 94.

[189] 王韧，张奇佳，何强. 金融监管会损害金融效率吗 [J]. 金
融经济学研究，2019，34（6）：93 - 104.

[190] 王善高，陈燕齐，田旭. 中国数字普惠金融的发展现状及收
敛性研究——基于 logit 检验方法的考察 [J]. 兰州学刊，2022（1）：53 -
66.

[191] 王威. 金融科技背景下替代数据的应用与发展 [J]. 征信，
2023，41（6）：59 - 64.

[192] 王相宁，刘肖. 金融科技对中小企业融资约束的影响 [J].
统计与决策，2021，37（13）：151 - 154.

[193] 王小华，邓晓雯，周海洋. 金融科技对商业银行经营绩效的
影响：促进还是抑制？[J]. 改革，2022，342（8）：141 - 155.

[194] 王小华，宋檬，孟祥众，等. 金融科技与制造业创新结构特
征——兼论科技和金融结合试点的效应差异 [J]. 西南大学学报（社会
科学版），2023，49（4）：119 - 133.

[195] 王小华，周海洋，程琳．中国金融科技发展：指数编制、总体态势及时空特征 [J]．当代经济科学，2023，45（1）：46-60．

[196] 王小鲁，樊纲，胡李鹏，陈绍业．中国分省份市场化指数报告（2018）[M]．北京：社会科学文献出版社，2019．

[197] 王一鸣．百年大变局、高质量发展与构建新发展格局 [J]．管理世界，2020，36（12）：1-13．

[198] 王昱，夏君诺，刘思钰．产融结合对企业研发投入的影响研究 [J]．管理评论，2022，34（5）：56-68．

[199] 王竹泉，王贞洁，李静．经营风险与营运资金融资决策 [J]．会计研究，2017（5）：60-67．

[200] 韦庄禹．数字经济发展对制造业企业资源配置效率的影响研究 [J]．数量经济技术经济研究，2022，39（3）：66-85．

[201] 魏成龙，郭琲楠．金融科技创新与缓解企业融资约束问题研究——基于金融科技指数测算与实证分析 [J]．价格理论与实践，2020（1）：163-166．

[202] 魏成龙，罗天正．互联网、金融发展与科技创新 [J]．经济经纬，2021（1）：1-15．

[203] 魏浩，白明浩，郭也．融资约束与中国企业的进口行为 [J]．金融研究，2019（2）：98-116．

[204] 温忠麟，叶宝娟．有调节的中介模型检验方法：竞争还是替补？[J]．心理学报，2014，46（5）：714-726．

[205] 温忠麟，叶宝娟．中介效应分析：方法和模型发展 [J]．心理科学进展，2014，22（5）：731-745．

[206] 文学舟，周志慧，干丹婷．金融科技对小微企业信贷可获得性的影响研究——基于担保机构介入的 DSGE 模型分析 [J]．金融理论与实践，2022，515（6）：20-29．

[207] 翁辰，马良泽．高管薪酬激励与企业创新——基于中国上市公司的经验证据 [J]．重庆大学学报（社会科学版），2022，28（3）：

67 – 81.

［208］吴传琦，张志强．金融科技对中小企业成长的影响及机制分析［J］．四川轻化工大学学报（社会科学版），2021，36（3）：73 – 87.

［209］吴德军．责任指数、公司性质与环境信息披露［J］．中南财经政法大学学报，2011（5）：49 – 54.

［210］吴秋生，黄贤环．财务公司的职能配置与集团成员上市公司融资约束缓解［J］．中国工业经济，2017（9）：156 – 173.

［211］吴晓俊．地方政府政策对中小企业融资成本影响的实证研究［J］．财政研究，2013（9）：53 – 56.

［212］夏诗园，尹振涛．数字经济下金融数据风险及治理研究［J］．电子政务，2022，235（7）：57 – 66.

［213］向海凌，丁子家，徐斯旸，等．金融科技与企业数字化转型［J］．中国软科学，2023，389（5）：207 – 215.

［214］向为民，文旭初，何琪．风险投资、政府补贴与企业技术创新［J］．软科学，2022，36（1）：77 – 83.

［215］项桂娥，吴铖铖，胡晓明．融资决策、融资约束与企业创新投资——基于创业板上市公司的经验证据［J］．现代管理科学，2021（8）：57 – 67.

［216］谢平，邹传伟，刘海二．互联网金融的基础理论［J］．金融研究，2015（8）：1 – 12.

［217］谢乔昕，王珺怡，侯和宏．环境不确定性、会计信息质量与投资效率［J］．山东工商学院学报，2021，35（6）：94 – 103.

［218］谢婷婷，高丽丽．数字金融对中小企业技术创新的影响及机制研究——基于传统金融结构错配分析［J］．金融发展研究，2021（12）：60 – 68.

［219］谢纬，柳波，袁东阳．金融科技破解中小微企业融资难［J］．中国金融，2019（21）：96 – 97.

［220］谢煜．金融科技对高技术产业价值链升级的影响［J］．技术

经济与管理研究，2023，323（6）：13-18.

[221] 谢周亮，周素华. 数字金融是否推动了企业去杠杆——基于沪深 A 股上市公司的证据 [J]. 会计之友，2021（23）：23-29.

[222] 辛清泉，孔东民，郝颖. 公司透明度与股价波动性 [J]. 金融研究，2014（10）：193-206.

[223] 熊娜，宋洪玲，江少波. 企业风险承担、高管财务背景与投资效率 [J]. 会计之友，2020（10）：16-22.

[224] 熊正德，黎秋芳. 数字金融对企业技术创新的影响——基于 370 家数字创意产业上市公司的证据 [J]. 湖南农业大学学报（社会科学版），2022，23（3）：80-89.

[225] 徐冰洁. 企业风险投资管理过程中面临的常见问题和对策研究 [J]. 商场现代化，2021（14）：149-151.

[226] 徐冬根，杨潇. 三重变奏：法律语境下监管科技与金融监管数字治理变革创新 [J]. 南通大学学报（社会科学版），2023，39（3）：70-80.

[227] 徐璐，卢小宾，卢瑶. 金融科技产业创新发展与建议研究 [J]. 中国软科学，2022（1）：31-39.

[228] 许多奇. 金融科技的"破坏性创新"本质与监管科技新思路 [J]. 东方法学，2018（2）：4-13.

[229] 许芳，何剑. 数字金融发展与企业风险承担能力：多重效应与异质性分析 [J]. 金融理论与实践，2022，517（8）：12-21.

[230] 许晓芳. 中小上市公司盈余管理问题考察 [J]. 财会月刊，2014（22）：20-23.

[231] 许月丽，孙昭君，李帅. 数字普惠金融与传统农村金融：替代抑或互补？——基于农户融资约束放松视角 [J]. 财经研究，2022，48（6）：34-48.

[232] 薛莹，胡坚. 金融科技助推经济高质量发展：理论逻辑、实践基础与路径选择 [J]. 改革，2020（3）：53-62.

［233］闫伟宸，肖星，王一倩．国企性质、高管特征和投资效率［J］．科研管理，2020，41（8）：148－159.

［234］杨承启．会计稳健性与企业创新投入［J］．中国注师，2021（5）：49－53.

［235］杨华军，胡奕明．制度环境与自由现金流的过度投资［J］．管理世界，2007（9）：99－106.

［236］杨君，肖明月，吕品．数字普惠金融促进了小微企业技术创新吗？——基于中国小微企业调查（CMES）数据的实证研究［J］．中南财经政法大学学报，2021（4）：119－131，160.

［237］杨名彦，浦正宁．数字经济对经济"脱实向虚"的影响：来自上市公司的证据［J］．经济评论，2022（3）：110－126.

［238］杨汉明，陈国英，颜子．投资不足对企业可持续增长影响的实证分析［J］．统计与决策，2019，35（11）：167－170.

［239］杨松令，刘梦伟，张秋月．中国金融科技发展对资本市场信息效率的影响研究［J］．数量经济技术经济研究，2021，38（8）：125－144.

［240］杨晓亮．金融科技与出口产品质量——来自中国上市公司的经验证据［J］．国际经贸探索，2022，38（6）：103－116.

［241］杨英英，徐向艺，白露．子公司自主性、风险承担与企业创新投入［J］．科技进步与对策，2022，39（6）：82－91.

［242］杨亦民，罗文婷，曾雄旺．金融科技赋能农村金融机构信贷资源高效配置的机理研究［J］．湖南社会科学，2022，210（2）：60－65.

［243］杨筝，李茫茫，刘放．产融结合与实体企业技术创新：促进还是抑制——基于金融机构持股实体企业的实证研究［J］．宏观经济研究，2019（10）：62－77.

［244］姚德权，王帅，罗长青，黄学军．产融结合型上市公司运营效率评价的实证研究［J］．中国软科学，2011（3）：140－148.

［245］姚王信，夏娟，孙婷婷．供应链金融视角下科技型中小企业

融资约束及其缓解研究 [J]．科技进步与对策，2017，34（4）：105 - 110.

[246] 姚小涛，亓晖，刘琳琳，等．企业数字化转型：再认识与再出发 [J]．西安交通大学学报（社会科学版），2022，42（3）：1 - 9.

[247] 姚耀军，董钢锋．中小企业融资约束缓解：金融发展水平重要抑或金融结构重要？——来自中小企业板上市公司的经验证据 [J]．金融研究，2015（4）：148 - 161.

[248] 姚耀军，董钢锋．中小银行发展与中小企业融资约束——新结构经济学最优金融结构理论视角下的经验研究 [J]．财经研究，2014，40（1）：105 - 115.

[249] 叶陈刚，刘猛．分析师关注、产权性质与盈余管理路径 [J]．中南财经政法大学学报，2018（3）：33 - 42，159.

[250] 叶陈毅，杨蕾，管晓．金融科技视域下农村商业银行发展创新路径研究 [J/OL]．当代经济管理：1 - 13 [2023 - 07 - 11].

[251] 叶莉，王荣．金融科技、银行业竞争与企业技术创新 [J]．现代经济探讨，2021（6）：49 - 57.

[252] 叶蜀君，李展．金融科技背景下商业银行面临的风险及应对策略 [J]．山东社会科学，2021（3）：104 - 111.

[253] 叶勇，王思瑞．数字金融对企业融资约束的缓解效应 [J]．财会月刊，2021（13）：42 - 51.

[254] 易宪容．金融科技的内涵、实质及未来发展——基于金融理论的一般性分析 [J]．江海学刊，2017（2）：13 - 20.

[255] 于江波，白凯，王晓芳．数字金融能否引领全要素生产率和经济产出跨越胡焕庸线 [J]．山西财经大学学报，2022，44（2）：31 - 46.

[256] 余国杰，赵钰．半强制分红政策与再融资企业的盈余管理——来自 PSM 的证据 [J]．南京审计大学学报，2018，15（5）：75 - 85，93.

［257］余明桂，钟慧洁，范蕊．民营化、融资约束与企业创新——来自中国工业企业的证据［J］.金融研究，2019（4）：75－91.

［258］俞红海，徐龙炳，陈百助．终极控股股东控制权与自由现金流过度投资［J］.经济研究，2010，45（8）：103－114.

［259］宇超逸，王雪标，孙光林．数字金融与中国经济增长质量：内在机制与经验证据［J］.经济问题探索，2020（7）：1－14.

［260］喻平，豆俊霞．数字普惠金融发展缓解了中小企业融资约束吗［J］.财会月刊，2020（3）：140－146.

［261］喻平，豆俊霞．数字普惠金融、企业异质性与中小微企业创新［J］.当代经济管理，2020，42（12）：79－87.

［262］袁淳，肖土盛，耿春晓，盛誉．数字化转型与企业分工：专业化还是纵向一体化［J］.中国工业经济，2021（9）：137－155.

［263］袁康，程扬．金融科技的数据风险及其防控策略［J］.北京航空航天大学学报（社会科学版），2023，36（2）：46－58.

［264］翟淑萍，韩贤，陈曦．数字金融对企业投融资期限错配的影响及其路径分析——基于"短贷长投"视角［J］.广东财经大学学报，2021，36（4）：96－110.

［265］翟淑萍，韩贤，张晓琳，陈曦．数字金融能降低企业债务违约风险吗［J］.会计研究，2022（2）：117－131.

［266］张艾莲，时若歌．中小企业的创新投入激励：债务融资还是股权控制？［J］.西安交通大学学报（社会科学版），2022（7）：1－14.

［267］张安军．市场竞争、并购商誉与投资效率［J］.云南财经大学学报，2020，36（2）：74－88.

［268］张长江，张思涵，侯梦晓．企业高质量发展：内涵、测度与路径选择［J］.财会月刊，2022，929（13）：137－144.

［269］张功富，宋献中．我国上市公司投资：过度还是不足？——基于沪深工业类上市公司非效率投资的实证度量［J］.会计研究，2009（5）：69－77.

［270］张红伟，林晨，陈小辉．金融科技能影响金融分权吗？——来自金融科技信贷的证据［J］．经济与管理研究，2020，41（11）：77－91．

［271］张嘉怡，胡志明．中国城市数字普惠金融发展的时空演化特征及影响因素研究［J］．西南民族大学学报（人文社会科学版），2022，43（4）：108－118．

［272］张杰，郑文平，新夫．中国的银行管制放松、结构性竞争和企业创新［J］．中国工业经济，2017（10）：118－136．

［273］张捷，王霄．中小企业金融成长周期与融资结构变化［J］．世界经济，2002（9）：63－70．

［274］张金清，李柯乐，张剑宇．银行金融科技如何影响企业结构性去杠杆？［J］．财经研究，2022，48（1）：64－77．

［275］张菊香．基于动机视角的盈余管理文献综述［J］．审计与经济研究，2007（6）：60－65．

［276］张凯．金融科技：风险衍生、监管挑战与治理路径［J］．西南金融，2021（3）：39－51．

［277］张敏，童丽静，许浩然．社会网络与企业风险承担——基于我国上市公司的经验证据［J］．管理世界，2015（11）：161－175．

［278］张琴，郑少锋，何凤平．上市公司利用会计变更进行盈余管理的现状及治理对策［J］．特区经济，2006（3）：257－258．

［279］张顺葆．经济发展阶段、金融活动与企业成长［J］．山西财经大学学报，2014，36（1）：43－53．

［280］张晓旭，姚海鑫，杜心宇，王选乔．高新技术上市公司连续并购的同伴效应研究——企业研发的调节作用［J］．科技进步与对策，2021，38（6）：65－74．

［281］张晓燕．金融科技风险及其治理机制研究［J］．甘肃社会科学，2023（2）：225－236．

［282］张新生．我国企业技术创新工作的现状与对策［J］．中国信

息导报，2000（2）：55 - 56.

[283] 张璇，李子健，李春涛. 银行业竞争、融资约束与企业创新——中国工业企业的经验证据［J］. 金融研究，2019（10）：98 - 116.

[284] 张一林，龚强，荣昭. 技术创新、股权融资与金融结构转型［J］. 管理世界，2016（11）：65 - 80.

[285] 张友棠，常瑜泠. 数字金融对科技型企业投资效率影响的实证检验［J］. 统计与决策，2020，36（16）：179 - 183.

[286] 张云辉，李少芳. 数字金融发展能提升能源效率吗［J］. 财经论丛，2022（3）：47 - 55.

[287] 张云，李宝伟，冯学良. 金融科技提升企业创新绩效了吗？——基于中国 A 股上市公司数据的实证分析［J］. 经济体制改革，2022（1）：172 - 179.

[288] 赵芮，曹廷贵. 数字金融发展有助于企业去杠杆吗［J］. 现代经济探讨，2022（1）：71 - 82.

[289] 赵瑞瑞，张玉明，刘嘉惠. 金融科技与企业投资行为研究——基于融资约束的影响机制［J］. 管理评论，2021，33（11）：312 - 323.

[290] 赵尚梅，陈星. 中小企业融资问题研究［M］. 北京：知识产权出版社，2007.

[291] 赵通，任保平. 金融资本和产业资本融合促进实体经济高质量发展的模式选择［J］. 贵州社会科学，2018（10）：112 - 117.

[292] 赵武，梁智野，张沂娜，等. 创新开放度、知识获取与高新技术企业成长［J］. 科技管理研究，2022，42（20）：128 - 136.

[293] 赵岳，谭之博. 电子商务、银行信贷与中小企业融资——一个基于信息经济学的理论模型［J］. 经济研究，2012，47（7）：99 - 112.

[294] 郑宇璐，吴晓黎. 引导金融科技创新健康发展的制度实验——基于监管沙箱视角［J］. 兰州大学学报（社会科学版），2023，51（3）：77 - 91.

［295］郑雨稀，杨蓉，Mohammad Heydari. 数字金融促进了突破式创新还是渐进式创新？［J］. 云南财经大学学报，2022，38（2）：49－69.

［296］郑宗杰，任碧云. 金融科技、政府监管与商业银行风险承担［J］. 科学决策，2022，295（2）：103－115.

［297］中国企业家调查系统，李兰，张泰，等. 新常态下的企业创新：现状、问题与对策——2015·中国企业家成长与发展专题调查报告［J］. 管理世界，2015（6）：22－33.

［298］钟腾，汪昌云. 金融发展与企业创新产出——基于不同融资模式对比视角［J］. 金融研究，2017（12）：127－142.

［299］周少甫，陈亚辉，袁青青. 数字普惠金融对地区技术创新效率的影响研究——基于地级市面板数据的实证分析［J］. 金融与经济，2021（5）：34－41.

［300］周升师. 数字金融发展与企业现金持有调整——来自中国上市企业的经验证据［J］. 财经论丛，2022（4）：69－80.

［301］朱东波，张相伟. 中国数字金融发展的环境效应及其作用机制研究［J］. 财经论丛，2022（3）：37－46.

［302］朱杰堂，焦冉晴，谢伟丽. 数字普惠金融如何影响绿色全要素生产率——理论分析与经验证据［J］. 金融监管研究，2022，123（3）：54－70.

［303］朱兢，肖婧文，付晓蓉. "一带一路"视角下高水平外循环与企业技术创新［J］. 科研管理，2022，43（5）：121－130.

［304］朱沛华. 负面声誉与企业融资——来自上市公司违规处罚的经验证据［J］. 财贸经济，2020，41（4）：50－65.

［305］朱德胜，周晓珮. 股权制衡、高管持股与企业创新效率［J］. 南开管理评论，2016，19（3）：136－144.

［306］朱小平，杨扬. 对我国企业盈余管理现状的思考——读《实证会计理论》有感［J］. 财务与会计，2011（8）：37.

［307］庄旭东，王仁曾. 金融科技、企业金融投资动机与"脱实向虚"问题——基于中国企业微观数据的实证证据［J］. 南方经济，2023，401（2）：90-109.

［308］庄旭东，王仁曾. 数字金融能促进产业创新成果转化吗［J］. 现代经济探讨，2021（6）：58-67.

［309］Akdoğu E, MacKay P. Investment and Competition［J］. Journal of Financial and Quantitative Analysis, 2009, 43（2）：299-330.

［310］Alexiev A S, Jansen J J P, Van den Bosch F A J, et al. Top Management Team Advice Seeking and Exploratory Innovation：The Moderating Role of TMT Heterogeneity［J］. Journal of Management Studies, 2010, 47（7）.

［311］Al-Smadi M O. Examining the Relationshipbetween Digital Finance and Financial Inclusion：Evidence from MENA Countries［J］. Borsa Istanbul Review, 2022.

［312］Armstrong C S, Guay W R, Weber J P. The Role of Information and Financial Reporting in Corporate Governance and Debt Contracting［J］. Journal of Accounting and Economics, 2010, 50（2-3）：179-234.

［313］Arner D W, Barberis J, Buckley R P. The Evolution of Fintech：A New Post-Crisis Paradigm？［J］. Georgetown Journal of International Law, 2016, 11（47）：1271-1319.

［314］Atuahene-Gima K. Resolving the Capability-Rigidity Paradox in New Product Innovation［J］. Journal of Marketing, 2005, 69（4）：61-83.

［315］Baron R M, Kenny D A. The Moderator-Mediator Variable Distinction in Social Psychological Research：Conceptual, Strategic and Statistical Considerations［J］. Journal of Personality and Social Psychology, 1986, 51（6）：1173-1182.

［316］Beck T, Demirgüç-Kunt A, Maksimovic V. Financing Patterns

Amund the World: Are Small Firms Different? [J]. Journal of Financial Economics, 2008, 89 (3): 467 – 487.

[317] Berg T, Burg V, Gombović A, et al. On the Rise of FinTechs: Credit Scoring Using Digital Footprints [J]. The Review of Financial Studies, 2020, 33 (7): 2845 – 2897.

[318] Biddle G C, Hilary G, Verdi R S. How does Financial Reporting Quality Relate to Investment Efficiency? [J]. Journal of Accounting and Economics, 2009, 48 (2 – 3): 112 – 131.

[319] Boot A, Hoffmann P, Laeven L, Ratnovski L. Fintech: What's Old, What's New? [J]. Journal of Financial Stability, 2021, 53.

[320] Brammertz W, Mendelowitz A I. From Digital Currencies to Digital Finance: The Case for a Smart Financial Contract Standard [J]. The Journal of Risk Finance, 2018, 19 (1): 76 – 92.

[321] Bushman R M, Smith A J. Financial Accounting Information and Corporate Governance [J]. Journal of Accounting and Economics, 2001, 32 (1 – 3): 237 – 333.

[322] Chen F, Hope O K, Li Q Y, et al. Financial Reporting Quality and Investment Efficiency of Private Firms in Emerging Markets [J]. The Accounting Review, 2011, 86 (4): 1255 – 1288.

[323] Chen Y Y, Kumara E K, Sivakumar V. Investigation of Finance Industry on Risk Awareness Model and Digital Economic Growth [J]. Annals of Operations Research, 2021: 1 – 22.

[324] Coase R H. The Nature of the Firm [J]. Economica, 1937, 4 (16): 386 – 405.

[325] Darrough M N, Stoughton N M. Financial Disclosure Policy in an Entry Game [J]. Journal of Accounting and Economics, 1990, 12 (1), 219 – 243.

[326] Dechow P M, Dichev I D. The Quality of Accruals and Earnings:

The Role of Accrual Estimation Errors [J]. The Accounting Review, 2002, 77 (s-1): 35-59.

[327] Falk T, Kunz W H, Schepers J J L, et al. How Mobile Payment Influences the Overall Store Price Image [J]. Journal of Business Research, 2016, 69 (7): 2417-2423.

[328] Fan W L, Wu H Q, Liu Y. Does Digital Finance Induce Improved Financing for Green Technological Innovation in China? [J]. Discrete Dynamics in Nature and Society, 2022: 1-12.

[329] Fazzari S, Hubbard R G, Peterson B C. Financing Constraints and Corporate Investment [J]. Brooking Papers on Economic Activity, 1988, 1: 141-195.

[330] Foellmi R, Zweimüller J. Structural Change, Engel's Consumption Cycles and Kaldor's Facts of Economic Growth [J]. Journal of Monetary Economics, 2008, 55 (7): 1317-1328.

[331] Frost J, Gambacorta L, Huang Y, et al. BigTech and the Changing Structure of Financial Intermediation [J]. Economic Policy, 2020.

[332] Gao Y Y, Jin S Y. Corporate Nature, Financial Technology, and Corporate Innovation in China [J]. Sustainability, 2022, 14 (12).

[333] Geng Z C, He G S. Digital Financial Inclusion and Sustainable Employment: Evidence from Countriesalong the Belt and Road [J]. Borsa Istanbul Review, 2021, 21 (3): 307-316.

[334] Hadlock C J, Pierce J R. New Evidence on Measuring Financial Constraints: Moving Beyond the KZ Index [J]. The Review of Financial Studies, 2010, 23 (5): 1909-1940.

[335] Hall B H. The Financing of Research and Development [J]. Oxford Review of Economic Policy, 2002, 18 (1): 35-51.

[336] Hann R N, Ogneva M, Ozbas O. Corporate Diversification and the Cost of Capital [J]. The Journal of Finance, 2013, 68 (5): 1961-

1999.

[337] Hansen B E. Threshold Effects in Non – Dynamic Panels: Estimation, Testing, and Inference [J]. Journal of Econometrics, 1999, 93 (2).

[338] Holmstrom B. Agency Costs and Innovation [J]. Journal of Economic Behavior & Organization, 1989, 12 (3): 305 – 327.

[339] Huang Y, Lin C, Sheng Z, et al. FinTech Credit and Service Quality [R]. Geneva Financial Research Institute, Working Papers, 2018.

[340] Ifere E O, Okosu N D. Can Optimal Digital Innovation and Financial Inclusion Drive Poverty Reduction in the Niger Delta Region of Nigeria? [J]. International Journal of Economics and Financial Issues, 2017, 7 (1): 539 – 546.

[341] Jansen J J P, Van Den Bosch F A J, Volberda H W. Exploratory Innovation, Exploitative Innovation, and Performance: Effects of Organizational Antecedents and Environmental Moderators [J]. Management Science, 2006, 52 (11).

[342] Ji Y, Shi L N, Zhang S M. Digital Finance and Corporate Bankruptcy Risk: Evidence from China [J]. Pacific – Basin Finance Journal, 2022, 72: 101731.

[343] Jugend D, Silva S L, Salgado M H, et al. Product Portfolio Management and Performance: Evidence from a Survey of Innovative Brazilian Companies [J]. Journal of Business Research, 2016, 69 (11): 5095 – 5100.

[344] Kahn M, Watts R L. Estimation and Empirical Properties of a Firm – Year Measure of Accounting Conservatism [J]. Journal of Accounting and Economics, 2009, 48 (2 – 3): 0 – 150.

[345] Lamont O, Polk C, Saaá – Requejo J. Financial Constraints and Stock Returns [J]. The Review of Financial Studies, 2001 (4): 529 – 554.

[346] Lang M H, Lins K V, Miller D P. Concentrated Control, Analyst

Following, and Valuation: Do Analysts Matter Most When Investors Are Protected Least? [J]. Journal of Accounting Research, 2004, 42 (3): 589 – 623.

[347] Lee S – H, Lee D – W. Fintech – Conversions of Finance Industry Based on ICT [J]. Journal of the Korea Convergence Society, 2015, 6 (3): 97 – 102.

[348] Li R, Rao J, Wan L Y. The Digital Economy, Enterprise Digital Transformation, and Enterprise Innovation [J]. Managerial and Decision Economics, 2022, 43 (7): 2875 – 2886.

[349] Lorca C, Sánchez – Ballesta J P, Garcia – Meca E. Board Effectiveness and Cost of Debt [J]. Journal of Business Ethics, 2011, 100 (4): 613 – 631.

[350] Luo S. Digital Finance Development and the Digital Transformation of Enterprises: Based on the Perspective of Financing Constraint and Innovation Drive [J]. Journal of Mathematics, 2022.

[351] Lu Z Q, Wu J J, Li H Y, et al. Local Bank, Digital Financial Inclusion and SME Financing Constraints: Empirical Evidence from China [J]. Emerging Markets Finance and Trade, 2022, 58 (6): 1712 – 1725.

[352] March J G. Exploration and Exploitation in Organizational Learning [J]. Organization Science, 1991, 2 (1).

[353] Myers S C, Majluf N S. Corporate Financing and Investment Decisions When Firms Have Information that Investors do not Have [J]. Journal of Financial Economics, 1984 (13): 187 – 221.

[354] Ongena S, Penas M F. Bondholders' Wealth Effects in Domestic and Cross – Border Bank Mergers [J]. Journal of Financial Stability, 2009, 5 (3): 256 – 271.

[355] Qian C L, Wang H L, Geng X S, et al. Rent Appropriation of Knowledge – Based Assets and Firm Performance When Institutions Are Weak:

A Study of Chinese Publicly Listed Firms [J]. Strategic Management Journal, 2017, 38 (4): 892 – 911.

[356] Rajan R G, Zingales L. Financial Dependence and Growth [J]. The American Economic Review, 1998, 88 (3): 559 – 586.

[357] Richardson S. Over – Investment of Free Cash Flow [J]. Review of Accounting Studies, 2006, 11 (2 – 3): 159 – 189.

[358] Roychowdhury S. Earnings Management Through Real Activities Manipulation [J]. Journal of Accounting and Economics, 2006, 42 (3): 335 – 370.

[359] Sheng T X. The Effect of Fintech on Banks' Credit Provision to SMEs: Evidence from China [J]. Finance Research Letters, 2020, 39 (prepublish).

[360] Shleifer A, Vishny R W. A Survey of Corporate Governance [J]. The Journal of Finance, 1997, 52 (2).

[361] Song N, Appiah – Otoo I. The Impact of Fintech on Economic Growth: Evidence from China [J]. Sustainability, 2022, 14 (10).

[362] Tai – Leung Chong T, Lu L P, Ongena S. Does Banking Competition Alleviate or Worsen Credit Constraints Faced by Small-and Medium – Sized Enterprises? Evidence from China [J]. Journal of Banking & Finance, 2013, 37 (9): 3412 – 3424.

[363] Tok Y W, Heng D. 金融科技: 金融普惠还是金融排斥? [J]. 新金融, 2022, 404 (9): 8 – 15.

[364] Trinugroho I, Pamungkas P, Wiwoho J, et al. Adoption of Digital Technologies for Micro and Small Business in Indonesia [J]. Finance Research Letters, 2022, 45: 102156.

[365] Tushman M L, O'Reilly C A. Ambidextrous Organizations: Managing Evolutionary and Revolutionary Change [J]. California Management Review, 1996, 38 (4): 8.

［366］ Ullah I, Majeed M A, Fang H X. Female CEOs and Corporate Investment Efficiency: Evidence From China ［J］. Borsa Istanbul Review, 2020.

［367］ Wang X H, Fu Y. Digital Financial Inclusion and Vulnerability to Poverty: Evidence from Chinese Rural Households ［J］. China Agricultural Economic Review, 2022, 14 (1): 64 – 83.

［368］ Wang Z L. Digital Finance, Financing Constraint and Enterprise Financial Risk ［J］. Journal of Mathematics, 2022.

［369］ Wang Z R, Zhang D H, Wang J C. How Does Digital Finance Impact the Leverage of Chinese Households? ［J］. Applied Economics Letters, 2022, 29 (6): 555 – 558.

［370］ Wang Z Y, Wang Y. Bank Customer Default Risk Based on Multimedia in the Background of Internet Digital Finance ［C］. International Conference on Machine Learning and Big Data Analytics for IoT Security and Privacy. Springer, Cham, 2021: 1001 – 1009.

［371］ Williamson O E. The Economic Institutions of Capitalism ［M］. New York: Free Press, 1985.

［372］ Wu A H. The Signal Effect of Government R&D Subsidies in China: Does Ownership Matter? ［J］. Technological Forecasting and Social Change, 2017, 117: 339 – 345.

［373］ Xiong S Y. The Innovative Development Path of Financial Media Based on Mobile Edge Computing Technology from the Perspective of Rural Revitalization ［J］. Wireless Communications and Mobile Computing, 2022.

［374］ Yang L H, Wang S X. Do Fintech Applications Promote Regional Innovation Efficiency? Empirical Evidence from China ［J］. Socio – Economic Planning Sciences, 2022, 83.

［375］ Yao L Y, Yang X L. Can Digital Finance Boost SME Innovation by Easing Financing Constraints? Evidence from Chinese GEM – Listed Companies [J]. Plos One, 2022, 17 (3): e0264647.

[376] Yue P P, Korkmaz A G, Yin Z C, et al. The Rise of Digital Finance: Financial Inclusion or Debt Trap? [J]. Finance Research Letters, 2021, 102604.

[377] Yu K. Risk Evaluation of the New Fintech Institutions in China Based on Fuzzy Analytical Hierarchy Process [J]. Mathematical Problems in Engineering, 2022.

[378] Zhu Christina. Big Data as a Governance Mechanism [J]. The Review of Financial Studies, 2019, 32 (5): 2021 - 2061.

后　记

从教 18 载，第四本专著，作为自己"知天命"的一份纪念吧。时间真是我的敌人，也是我的朋友啊。

感谢经济科学出版社，三审三校，字字"计较"。

感谢我的研究生毛秋霖、谢磊、陈之雨、刘思敏、林敏、尹思翔、文雅、张影、武珊珊等的卓有成效的数据收集、分析与文稿校对工作，你们是最优秀的。

感谢我爱的人们，你们是我源源不竭的动力，"当时只道是寻常"，我很幸运也愿意陪你们认真的走过更多寻常的日子。

何　涌

2023 年 11 月于湖南工业大学崇信楼